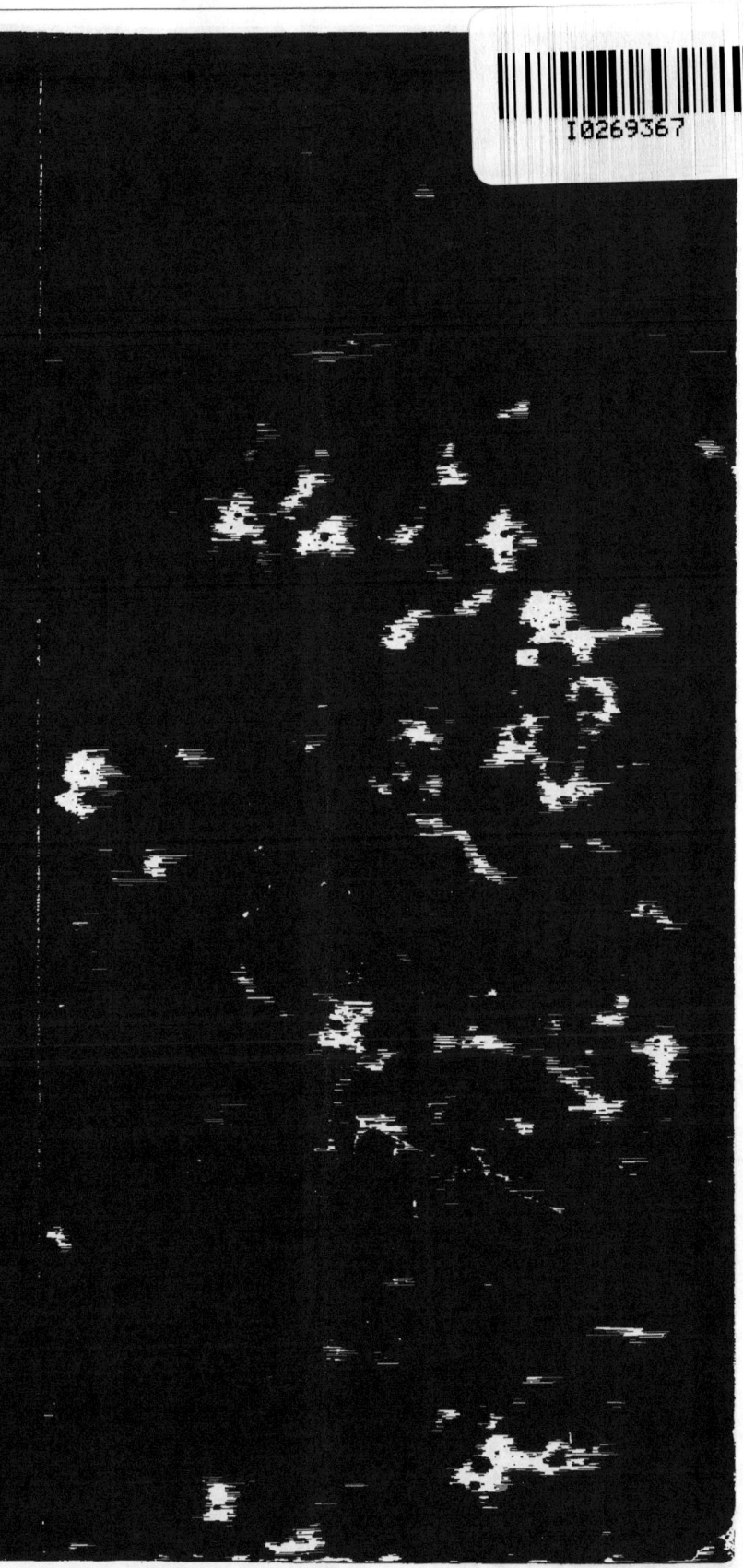

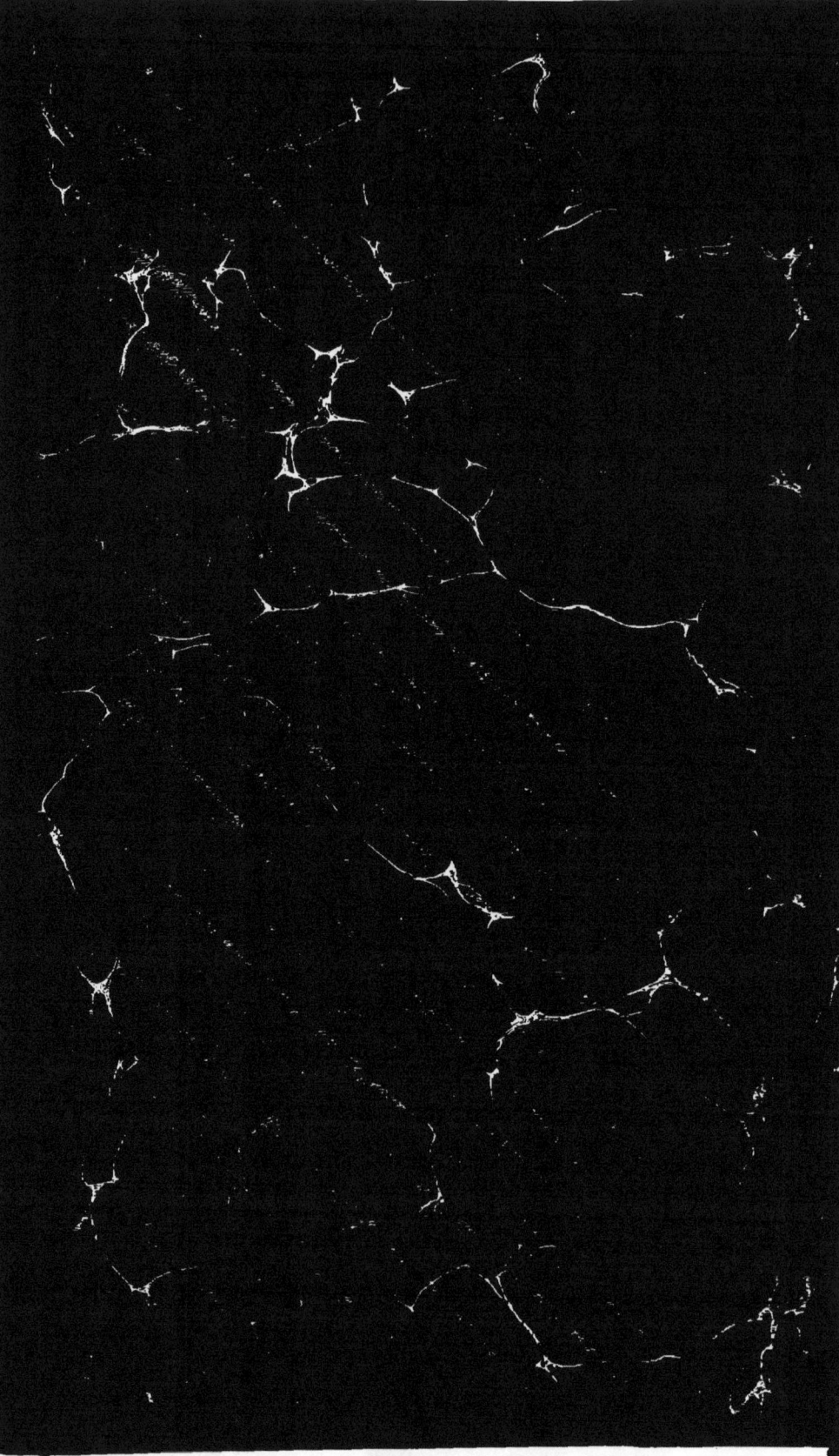

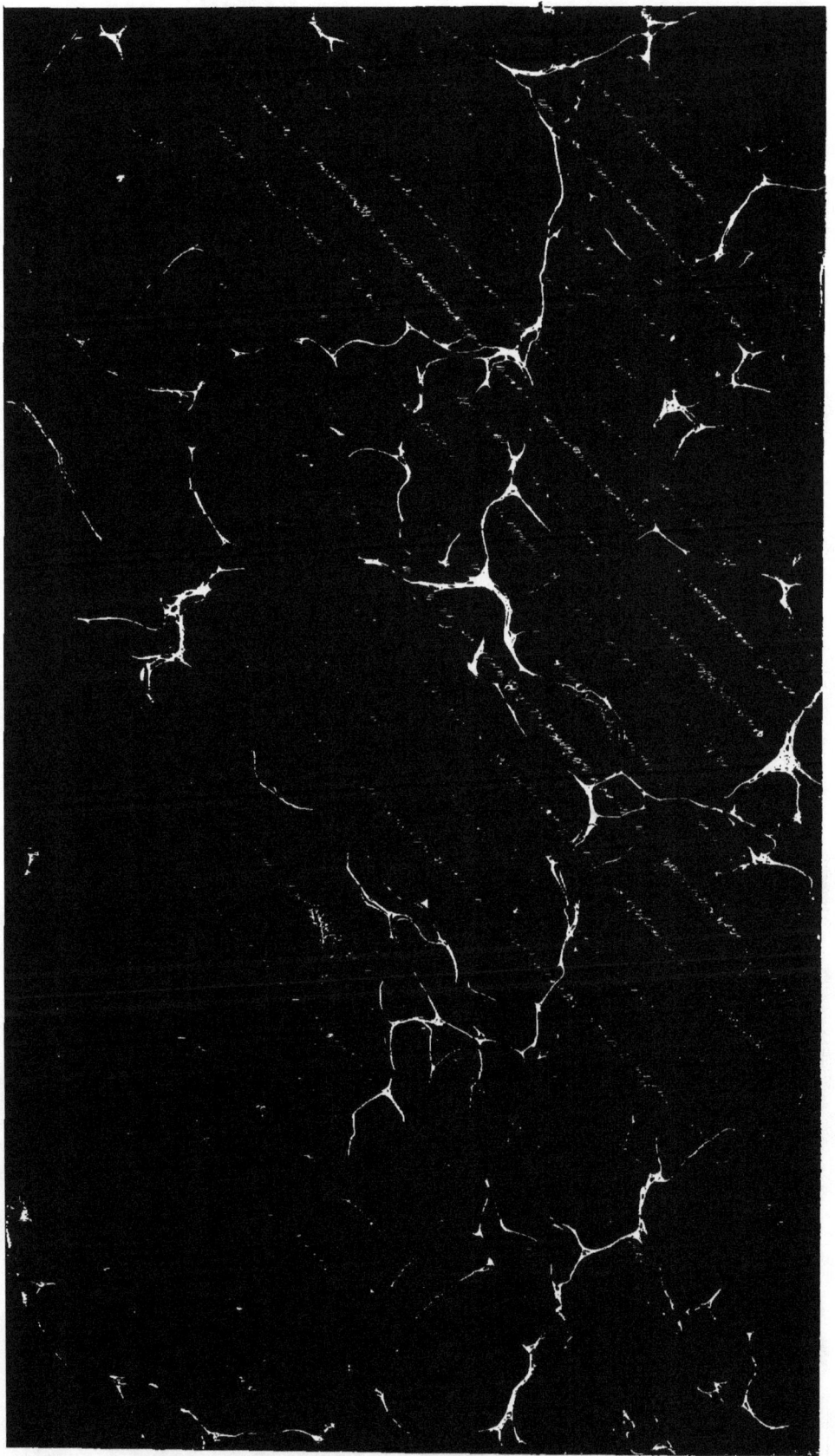

8° L.k.7 1670

STATISTIQUE

DE LA

COMMUNE DE CASSIS.

STATISTIQUE
DE LA
COMMUNE DE CASSIS
DÉPARTEMENT DES BOUCHES-DU-RHONE.
PAR
ALFRED SAUREL,

Vérificateur des Douanes,
Membre de la Société française pour la description et la
conservation des Monuments historiques,
Membre correspondant de la Société de Statistique de Marseille.

*Ouvrage couronné
par la Société de Statistique de Marseille (Concours de 1856).*

Prenons garde de faire peu
en écrivant trop.

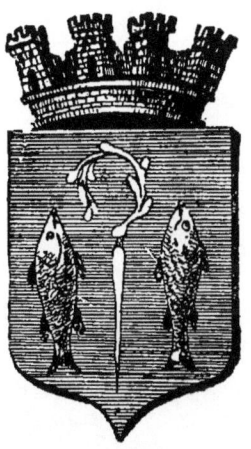

MARSEILLE.
TYPOGRAPHIE-ROUX, RUE MONTGRAND, 12.
1857

A Messieurs les Membres
de la Société de Statistique de Marseille.

Messieurs,

L'histoire des localités d'un rang secondaire dont le présent n'offre, au premier abord, que peu d'intérêt pour le commerce et l'industrie, et dont le passé n'a pas été marqué par des faits extraordinaires, est généralement peu connue.

Les auteurs qui se livrent aux travaux si compliqués et le plus souvent si arides de l'étude de ce qui a été, choisissent à peu près toujours, pour sujets de leurs écrits, des pays et des provinces qui ont leur place déjà faite par des écrivains dont le nom fait autorité, et des villes dont la réputation est déjà universellement répandue. — L'histoire des bourgs et des villages continue à rester ensevelie dans l'indifférence et dans l'oubli.

La raison de ce fait est bien appréciée par vous, Messieurs, puisque vous consacrez à l'encouragement de l'étude historique et statistique de toutes les communes, grandes ou petites, des récompenses pécuniaires ou honorifiques.

Vous comprenez, en effet, que sans la certitude qu'a un auteur, pour si médiocre qu'il soit, qu'il sera lu, apprécié, discuté, sinon par la masse des curieux qui s'arracheront son livre, du moins par une société d'hommes éclairés, patients, studieux, qui reconnaîtront le mérite là où il existe et qui prendront soin de ménager son amour-propre, si ses moyens sont insuffisants ou si son travail est mauvais, sans cette certitude, dis-je, cet auteur, ou cessera de se livrer à la recherche des faits inconnus, ou, copiant de l'un et de l'autre, mettra au jour, sous un titre qui attirera l'attention, un recueil de plagiats, un genre de *centons* en prose qui, après avoir trompé la confiance du public, rejaillira sur lui en mépris ou en ridicule justement gagné.

Vos encouragements ont donc pour effet, Messieurs, de soutenir les auteurs dans la recherche de faits d'une curiosité de deuxième et de troisième ordre et d'amener ainsi parfois la découverte et la discussion de ces faits qui, convenablement éclaircis, finissent par procurer des matériaux pour l'Histoire générale des communes de notre belle et chère patrie.

C'est donc parce que je suis sûr d'être lu et jugé par vous, Messieurs, que j'ai rédigé la statistique complète de la commune de CASSIS. Vous verrez que je n'ai rien négligé pour en éclaircir l'*histoire*. J'ai discuté son existence comme *ville romaine*; j'ai examiné sa valeur comme *oppidum* du moyen-âge et j'ai terminé par les détails sur sa situation actuelle. — J'ai, en ce qui concerne la *statistique*, puisé mes renseignements aux sources officielles; ce qui me donne le droit de garantir l'exactitude de mes chiffres.

C'est à vous, Messieurs, à examiner si mon travail est complet et si j'ai mérité de vous, sinon un éloge ou la récompense promise, du moins un mot de satisfaction qui me dédommagera de toutes mes fatigues.

Cassis, le 31 janvier 1855.

VII

Aux Habitants de Cassis.

Voici un livre dont l'apparition calmera bien des craintes, apaisera bien des inquiétudes, arrêtera bien des jugements téméraires. Qui le croirait !....Depuis cinq ans au moins il s'est trouvé bon nombre de personnes qui, sans connaître l'auteur autrement que par des fréquentations très-éloignées, des conversations insignifiantes, des écrits plus que superficiels, s'en allaient, prêchant partout que ce livre, annoncé depuis si longtemps, ne serait qu'un libelle infâme, attaquant l'honneur des uns, l'intérêt des autres, jetant le ridicule sur tous les habitants de Cassis ! Dieu merci, nous avons su fermer l'oreille à tous ces bruits calomnieux. Notre ouvrage répondra de lui-même à toutes les injures dont on l'a gratifié d'avance.

Ayant habité Cassis pendant plus de trois ans, nous avons pu étudier la localité dans ses moindres détails, faire revivre les ruines par la tradition, ressusciter l'histoire par les monuments écrits. Puisant nos renseignements aux sources les plus respectables, on reconnaîtra, nous l'espérons, que la vérité fut notre guide, que l'intérêt du pays fut notre but.

Nous devons dire du reste que si, au début de nos recherches, nous avons eu l'ennui de rencontrer quelques hommes jaloux et ennemis du progrès, qui s'étaient donné la mission d'entraver notre travail, nous avons eu, en revanche, la satisfaction d'être aidé par les personnes les plus honorables du pays. Nous citerons, notamment, M. ALLEMAND ainé, Maire de la commune, M. Xavier d'AUTHIER, M. Moïse COULIN, secrétaire de la Mairie, M. AUTHEMAN, M. GARAUDY. Que ces Messieurs et tous ceux encore dont nous aurons occasion de parler dans le cours de ce livre reçoivent ici le témoignage public de notre gratitude.

Quant à nos détracteurs, ils n'en déblatéreront pas moins contre nous, mais qu'importe !....

STATISTIQUE

DE LA COMMUNE DE CASSIS,

Département des Bouches-du-Rhône.

PREMIÈRE PARTIE.

TOPOGRAPHIE.

CHAPITRE UNIQUE.

Située presque à l'extrémité orientale du département des Bouches-du-Rhône, la commune de Cassis fait partie du canton de la Ciotat, arrondissement de Marseille.

Elle est bornée au Nord par les communes de Marseille et d'Aubagne, à l'Est par celles de Roquefort et de Ceyreste, au Sud par celle de la Ciotat, et à l'Ouest par la mer Méditerranée. Sa plus grande longueur, du *Mouro d'aou buou* à l'Ouest à la *Belle-Fille* (1) à l'Est, est de 7,110 mètres ; sa plus

---

(1) Le mot de *pas* ne signifie autre chose que passage entre deux montagnes.

Les *puits* ont, dès le moment que la compascuité fut introduite par les Baux, servi à l'usage commun des bestiaux *gros* et *menus* appartenant aux communes jouissant du droit de compascuité.

L'acte de limitation de 1663 prouve que les lieux nommés aujourd'hui : *Puits et pas de la Belle-Fille et pas d'Oulliers*, s'appelaient alors : *puits et pas de Bofies ou Boffies et puits d'Olier, d'Ollier ou d'Ollier du Levant*. C'est uniquement pour franciser le mot que Boflies est devenu Belle-Fille.

grande largeur, des *Fourniers* au Nord au cap *Soubeiran* (1) au Sud, est de 6,407 mètres; sa superficie totale est de 2,636 hectares, 16 ares, 48 centiares.

La petite ville de Cassis, chef-lieu de la commune, est bâtie sur le bord de la mer et placée sous le 43°, 13', 12" de latitude, et le 3°, 12', 22" de longitude orientale. Elle est distante de Paris de 807 kilomètres; de Marseille de 22 kil.; de la Ciotat de 11 kil.; de la Bédoule (commune de Roquefort) de 7 kil. 1|4.

§ 1er. TERRITOIRE.

Le sol de la commune de Cassis, formé en majeure partie de montagnes assez élevées, paraît au premier abord un peu sec et médiocrement fertile.

Ces montagnes appartiennent toutes aux chaînes de la Gardiole (2) et de Roquefort, ramifications du massif de la

---

(1) Soubeiran peut très bien provenir des deux mots latins : *sub ire*, aller dessous, passer sous la montagne de Canaille.

(2) La *Gardiole*, *Gardule* ou *Gradule* prend son nom d'un ancien château de garde appelé dans les vieux titres *Castel-de-Veilh*, *Castellum de Vigilia* et non pas *Casteou-vieï*, comme le dit la statistique des Bouches-du-Rhône. Nous qui avons plusieurs fois demandé le nom à des gens du pays dont l'ignorance nous garantit qu'ils sont incapables de faire la moindre distinction sur la valeur d'un mot, nous pouvons assurer que dans l'idiôme du pays c'est bien : *Castel dé veï* ou *Casteou dé veï* et non *Casteou-vieï*.

Deux fois nous avons parcouru les rochers qui forment la presqu'île de Castel de Veilh pour tâcher de retrouver quelques ruines de l'ancien château; mais il n'en reste aucun vestige remarquable. Il y a seulement un mur qui peut dater de la dernière période gallo-romaine et qui termine un petit retranchement adossé au rocher et des débris de tombeaux qui tous ont été fouillés.

Il est certain, toutefois, qu'il y avait là jadis une fortification plus sérieuse. Ce fait nous paraît prouvé d'abord par ce nom de Castel de Veilh que porte la presqu'île et ensuite par celui d'*Oule* qui est donné de temps immémorial à l'une des baies par lesquelles la presqu'île est formée. Le mot d'*Oule* n'étant autre chose que celui de *Aula*, Château, la qualification de *Anse de l'Oule* doit se traduire par celle de *Anse du Château*.

Sainte-Baume. Les considérant nous-même, relativement à l'étendue du territoire, nous les diviserons en quatre branches.

La première, appelée *Canaille* (1), au S.-S.-E. de Cassis et la plus haute de toutes, court du N.-E. au Sud. Le sommet le plus élevé est celui de *Canaille* qui compte 416 mètres au-dessus du niveau de la mer dont les flots baignent la base ; viennent ensuite le *Baou de la Saoupo* et celui de *Baou Redoun* (2), qui ont à peine quelques mètres de moins d'élévation.

La seconde branche, nommée les *Rompides*, prenant naissance sur le bord de la mer, reçoit successivement les noms de *Sainte-Croix* et de *Rompides* et va se relier avec le *Collet de Gibaou*, qui appartient à la commune de Roquefort. Elle se dirige de l'Ouest à l'Est.

La troisième, celle de *Ris*, n'est qu'une ramification de la Gineste dont les extrémités s'étendent vers Carpiagne.

La dernière branche, enfin, que nous appellerons *Notre-Dame*, à l'Ouest de Cassis, prenant sur deux points les noms de *Bestouan* et de *Picouveou*, se lie du côté Nord à la chaine de la Gineste et se perd au Sud dans la mer.

Formé de pareilles montagnes, le territoire de Cassis ne peut avoir ni vastes plaines, ni marécages. Il n'y a que des vallons dont quelques uns sont pourtant assez considérables.

Nous citerons, parmi les quartiers les mieux cultivés ou placés dans les conditions les plus favorables à l'agriculture :

---

(2) *Canaille* n'a, selon nous, d'autre étymologie que le mot latin *Canalis* : *Canalium Mons*, Montagne de canaux, des aqueducs. (Voir pour plus de détails la 2ᵐᵉ partie, Chapitre II : *Carsicis portus*). Nous donnons comme termes de comparaison les autres étymologies que nous avons entendu citer. *Kaneh*, (Hébreu) roseau — Κaννa, roseau. — *Canna*, (latin) roseau. — *Canis*, (latin) Chien, Renard.

(1) *Baou*, mot ligurien signifiant : escarpement. (*Statistique des Bouches du Rhône*).

— 4 —

Le Plan proprement dit, petite plaine située à l'Ouest de la chaîne des Rompides; *le Pignier*, *le Bagnol* et *la Douane*, sur le versant Nord et Ouest de Canaille, et *Collongue*, vallon assez profond, entre les Rompides, au Nord, et le Baou-Redoun, à l'Est et au Sud, au fond duquel se trouve le petit hameau des *Janots*.

Aucune rivière n'arrose la commune; il se forme seulement à l'époque des pluies quelques torrents qui roulent au fond des vallons sans utilité pour l'agriculture, leur lit étant desséché aussitôt que la cause qui les a fait naître a cessé. Les principaux se nomment : 1° *Le Vallat de Moouvallon*, qui se jette dans l'anse de Pormiou; 2° Le *Vallat des Brayes* (1) ou de *Loubet* (2), qui dégorge dans la mer, au Bestouan, après avoir reçu le *Vallat de Marignan* qui vient des montagnes de la Bedoule; 3° Le *Vallat de Pebro*, qui se jette également à la mer, à l'anse de l'Arène, 4° Enfin, le *Vallat du Petit-Jesus* ou *de la Roustagne* qui traverse une partie de la ville et aboutit au port.

Si nous en exceptons les fontaines de l'*Arène* et de *Merel*, qui sont utilisées pour les besoins de la ville, et deux ou trois autres sans importance, il n'y a dans tout le territoire aucune de ces sources qui, à défaut de rivières, portent la fécondité dans les champs. Il est à supposer, par l'abondance de l'eau que l'on peut se procurer sur tous les points, au

---

(1) Nous avons cherché longtemps une étymologie raisonnable de ce nom, peu décent, au premier abord, et nous avons été assez heureux pour la trouver là où nous ne pouvions guère espérer de la rencontrer, dans l'*Histoire de Provence* par Nostradame : « La partie qui regarde notre mer, dit cet historien, a « été autrefois appelée *Brayee*, comme qui dirait portant *brayes* » terme provençal équivalant au mot français *chausses*. — Le vallat des Brayes se jetant à la mer après avoir couru quelque temps le long de la côte, l'explication de ce nom se présente d'elle-même.

(2) Ce nom de *Loubet*, dit M. Masse, de la Ciotat, rappelle la louve de Rome et les Lupanaria qui se trouvaient au bord de l'eau.

moyen de puits, qu'il existe à une profondeur plus ou moins grande des cours souterrains considérables. Il n'y aura plus à en douter si l'on tient compte de la multitude de sources qui dégorgent dans le port de Cassis et dans la caranque de Pormiou. Malheureusement on ne pourrait les utiliser à moins de dépenser des sommes importantes.

Nous n'avons pas l'intention de faire de dissertation scientifique sur la nature du sol de la commune. M. MASSE (de la Ciotat) trouve qu'en résumé le bassin de Cassis est un terrain psammite calcaire granitoïde; M. GIRAUD DE SAINT-FARGEAU, de son côté, le définit ainsi : terrain crétacé inférieur, grès vert. Ce qui sûrement sautera aux yeux de tout explorateur même superficiel, c'est que la partie Ouest de la commune est calcaire pur, tandis que l'autre est grès et argile. La séparation de ces deux natures du sol se trouve assez bien marquée par le vallon qui divise les montagnes de Sainte-Croix et de Canaille de celles de la Gineste et de la Gardiole et que suit dans toute sa longueur la route départementale de Cassis à la Bedoule.

§ 2°. CÔTE MARITIME.

Tout le littoral de la commune de Cassis forme un golfe de cinq kilomètres de circuit au fond duquel se trouvent le port et la ville. Les deux pointes qui servent de limites entre la commune de Marseille, d'un côté, et celle de la Ciotat de l'autre, sont : à l'Ouest, le cap *Cacau* (1), appelé aussi à tort cap *Cable* (2) et le cap Soubeiran, à l'Est.

(1) Le lecteur se rappelle sans doute la crainte que les anciens navigateurs ressentaient dans les environs de Carybde et de Scylla. Les marins de l'antique Massilia ont bien pu appeler Κακος, méchant, ce promontoire qui n'est pas toujours des plus faciles à doubler, si l'on songe surtout au courant qui sort de Pormiou.

(2) Nous protestons contre la dénomination de *Cable* qui a été

Plusieurs enfoncements, auxquels on donne le nom de *calanques* ou *caranques*, forment autant de rades ou de ports qu'il importe de connaître pour bien comprendre ce que nous aurons à dire sur les évènements qui s'y sont passés jusqu'à ce jour.

Le premier enfoncement que l'on rencontre en suivant les bords escarpés de Canaille, à partir du cap Soubeiran et dans la direction de la ville, se nomme *l'Arène* (1). Arrêtée des deux côtés par la roche, la mer vient battre le sol qui lui fait face. Rongeant lentement dans les jours calmes, elle creuse largement lorsqu'elle est grossie par les vents du Sud et de l'Ouest et avance ainsi de jour en jour. C'est là qu'étaient autrefois, s'il faut en croire deux ou trois auteurs et quelques personnes du pays qui appellent tradition leur propre conviction, une ville et un port romains, en un mot le *Carsicis portus* de l'itinéraire d'ANTONIN.

Ce n'est point encore le moment de discuter ce sujet; nous en faisons seulement mention ici afin que le lecteur, après avoir examiné la carte que nous mettons sous ses yeux, puisse se rappeler dans l'occasion la forme actuelle de l'Arène comparativement à ce qu'elle a été autrefois.

Après avoir dépassé la pointe de *Michel*, petit promontoire qui borne l'Arène à l'Ouest, on arrive à une autre anse presque en tous points semblable à celle que l'on vient de parcourir et que l'on appelle indistinctement *Courton* (2), de la

imposée au Cap Cacau. Ce terme dont on s'est servi fort rarement autrefois, mais qui a été choisi, en 1813, par les employés du cadastre qui dressèrent le plan de la commune, est une innovation que rien ne justifie et qui ne fait qu'embrouiller la nomenclature déjà trop longue des caps, promontoires, pointes, etc. Le nom véritable et le seul que nous emploierons, est celui de *Cacaou* et en français Cacau.

(1) *Arène*, du mot latin *Arena*, sable. M. MARIN, historien de la Ciotat, a eu la bonhomie de dire : « Ce lieu porte un nom « qui rappelle les grands monuments des Romains, *à savoir* : *les* « *Arènes.* »

(2) *Courton*, du mot latin *cortina*, chaudière, cuve, marmite. (Voir de plus longues explications, 2ᵐᵉ partie, chapitre II).

Madeleine ou des *Lombards*. Le premier de ces noms est celui que nous adoptons de préférence aux deux autres, attendu son étymologie, tandis que celui de Madeleine est proprement la qualification d'une petite chapelle, aujourd'hui ruinée, attenant à la maison de campagne qui domine cette partie de la mer, et que le nom de Lombards appartient plus spécialement à la pointe qui sépare cette anse de la rade même.

Une batterie, située sur la pointe des Lombards, défend d'un côté l'Arène et le Courton et bat de l'autre la rade conjointement avec les canons du Château et de la Lèque.

A peu de distance des Lombards et au sommet de la colline est le château, cet ancien *Castrum*, citadelle de la ville, descendue aujourd'hui, malgré ses tours et ses remparts, au simple rang de batterie. Comme forteresse, le Château est dans une position admirable; élevé au-dessus des côteaux voisins, il domine la ville, le port, la rade; on n'est point étonné, en le voyant, que François Ier ait dit de lui autrefois : *qu'il est garde et desfence des circonvoisins*.

Au-dessous du Château, au fond d'un vallon formé par les collines de Sainte-Croix, est le bourg dont on peut de la hauteur compter les blanches maisons et les rues alignées.

Abrité des vents du N-O. et d'Ouest, en hiver, et rafraîchi pendant l'été par la brise de la mer, Cassis jouit d'une température beaucoup plus agréable que celles des localités environnantes. Bâtie dans la partie la plus reculée d'une rade où les mouillages sont excellents, avec un port sûr et commode, cette petite ville aurait tout ce qu'il faut pour devenir un point maritime plus important sans le voisinage de Marseille et de la Ciotat.

Le *Bestouan*, plage au fond de laquelle se prolonge un vallon étroit, est la première anse que l'on rencontre à l'Ouest en sortant du port et après avoir dépassé le phare et la batterie de la *Lèque* (1). Il y a une observation à faire ici. Nous avons dit tout-à-l'heure que la mer s'enfonce dans les terres à l'Arène et menace d'occasioner bientôt encore des éboulements considérables; une action toute opposée se produit à l'anse du Bestouan. Cela ne fait que confirmer les mille remarques qui ont été faites sur le mouvement de la mer : elle s'avance partout où elle rencontre de la résistance et s'éloigne sur les points où le sol est bas et sablonneux.

De l'anse du Bestouan jusqu'au cap Cacau, limite de la commune, il ne se trouve qu'une caranque, mais c'est la plus profonde et la mieux abritée, c'est *Pormiou* (2).

Excellent port naturel dans lequel les navires du plus fort tonnage peuvent entrer avec les vents d'Ouest, de Sud et d'Est et sortir avec ceux d'Ouest, de Nord et de Nord

---

(1) M. MASSE, de la Ciotat, dont l'autorité, en fait d'étymologies, n'est certes pas à dédaigner, pense que le mot de *Lèque* n'est autre chose que celui de Οικος, maison, précédé de l'article et le prouve jusqu'à un certain point en citant, au territoire du Castelet, une grande maison appelée l'*Aouque*, dans les environs de la Cadière, un hameau nommé *Lequettes*, etc.

Quelque estime et quelque amitié que nous ayons pour M. MASSE, nous n'adopterons pas cette fois sa manière de voir. Puisqu'il est prouvé qu'en fait d'étymologies la plus probable est à peu-près la meilleure, nous donnerons la notre comme préférable. *Lèque* n'est autre chose que l'*Aigue* provenant de l'*Aqua*, eau. Il n'y a pas si longtemps que le mot français était *Aigue*. Aller à l'*Aigue* et par corruption à la *Laigue* et enfin à la *Laïque* ou *Lèque*, c'est aller à l'eau, aller à la mer, surtout pour l'habitant voisin de la côte. Les exemples ne manquent pas ; nous trouvons tout près de nous : le golfe des Lèques ou de la Lèque à la Ciotat ; l'anse de la Lèque à Cassis ; la pointe de la Lèque à Port de Bouc, près Martigues ; la plage de la Lèque à Cette, etc.

(2) Ce n'est que depuis peu d'années que l'on écrit Port-Miou ; c'était autrefois *Proumiou*, *Pormioux* et *Pormioulx*; nous avons préféré *Pormiou* qui ne s'éloigne pas trop de l'ancienne ortographe et qui a des rapports assez reconnaissables avec son étymologie : *Promylius*, mot latin signifiant divinité placée au devant des ports à laquelle on adressait des vœux pour un heureux retour. (Voir pour de plus amples détails 4ᵐᵉ partie, Chapitre II, § 2, article N. D. de santé).

Est, Pormiou est une relâche sûre et commode. Ouverte à l'Est avec un fond de 14 brasses, la caranque tourne vers le Nord entre deux montagnes arides et élevées qui la garantissent de tous les vents, et pénètre fort avant en formant quelques courbes qui servent encore à arrêter les ondulations de la mer. On dirait un bassin n'ayant aucune communication avec la rade.

Un seul inconvénient déprécie un peu Pormiou ; c'est la source, ou, si l'on préfère, le courant d'eau qui dégorge dans la caranque au point où elle s'allonge vers le Nord.

Cette rivière souterraine a soulevé une question qu'il serait peut-être curieux de discuter. Le premier, le Comte de Marsigli, qui fit des observations intéressantes sur cette partie de la mer, en 1706 et 1707, en parla assez longuement. Est-ce réellement une source d'eau douce ou n'est-ce qu'un courant marin ?

Quant à nous, sans entrer dans une longue dissertation, voici notre opinion :

Il existe, entre Gémenos et Aubagne, à la distance d'environ 11 kil. de Cassis, une plaine appelée *paluns* ou *paluds*. Ce nom qui signifie proprement marais, rappelle que ce terrain, aujourd'hui plaine fertile, était autrefois un marais qui commença à être desséché sous Charles de Castillon, baron d'Aubagne, au moyen de creux ou fentes de rocher au devant desquels on creusa des fossés et on amassa des pierres sèches d'un côté pour faciliter l'écoulement et de l'autre pour retenir la vase et l'empêcher d'obstruer l'ouverture de ces creux auxquels on donne le nom d'*Embucs* ou *entonnoirs*.

Le bassin de Cuges est sujet aux mêmes inconvénients que les paluns d'Aubagne. Inondé après chaque pluie considérable, l'eau ne s'en écoule que fort lentement au moyen d'Embucs.

Nous pensons et nous avons cette fois avec nous la croyance généralement répandue, que c'est à Pormiou que viennent dégorger les masses d'eau qui descendent des montagnes de la Sainte-Baume, par mille vallons étroits et sinueux, et forment momentanément des lacs dans les paluns de Cuges et d'Aubagne, qui sont placés à une hauteur de 150 à 160 mètres au-dessus du niveau de la mer. On conçoit, dès lors, la violence que doit avoir ce courant souterrain à son dégorgement à Pormiou, et l'abondance des eaux augmentant après les pluies de printemps et d'automne, on s'explique la contrariété qu'éprouvent parfois les navires à leur entrée dans la caranque.

Entouré de montagnes de nature calcaire et ayant pour fond un sol calcaire, il ne saurait y avoir, dans le golfe de Cassis, de bancs de sable; les récifs devraient plutôt y être nombreux, et cependant il n'y en a aucun. Nous ne parlons pas de celui de *Cassidagne* (1) dernière cime de la chaîne sous-marine qui court tout le long de la côte parallèlement avec la chaîne de la Gardiole et à laquelle appartiennent les rochers de Riou, de Jaïre, de Maïre, etc., qui forment autant d'îles. Cassidagne appartient à la commune de la Ciotat.

§ 3 Curiosités naturelles.

Il est rare que le voyageur qui arrive pour la première fois dans une localité, pour si minime quelle soit, ne demande, ses affaires étant terminées, ce qu'il y a à voir dans le pays.

Nous nous chargeons de répondre à celui qui sera curieux d'examiner les particularités naturelles de Cassis et nous le prierons de nous suivre dans la courte et rapide promenade où nous allons lui servir de guide.

Martin Bouffo est parfois le baromètre des pêcheurs de Cassis. Ce Martin Bouffo n'est autre chose qu'une espèce de soupirail par lequel il s'échappe un vent comme celui qui sort d'un soufflet de forge et qui est d'autant plus fort que le mouvement de la mer est plus considérable. Il doit son

---

(1) *Cassidagne* du mot latin *Cassida*, Casque, crête.

origine à une grotte creusée dans le roc dont la voûte est percée à la partie supérieure. Les vagues s'engouffrant dans cette grotte, en chassent l'air avec violence et il s'échappe au dehors de la voûte qui s'ouvre par un conduit étroit.

Rien de plus lugubre que le sifflement de ce soufflet par une nuit noire et orageuse et il faut être bien maître de soi pour ne pas se sentir frissonner en l'écoutant de près.

Il existe un autre conduit du même genre entre *Porpin* et *Pormiou*; il porte le nom de *Souffleur*.

Pormiou mérite, à plus d'un titre, l'attention des amateurs. Cette anse remarquable par sa profondeur, la source puissante et la singulière aridité des rochers qui l'entourent, doit toujours être pour les étrangers le but d'une promenade par mer, terminée par une bouillabaisse; l'une ne va guère sans l'autre. Mais nous recommandons aux explorateurs de ces lieux sauvages de ne point les quitter avant d'avoir grimpé par le sentier du poste de douane, de la Cacau jusqu'aux *Puits*. Ce sont deux gouffres étroits creusés perpendiculairement dans le roc par la nature jusqu'à une profondeur de 25 mètres. Ils contiennent toute l'année une eau salée, il est vrai, mais infiniment moins que celle de la mer, malgré les conduits souterrains qui les font communiquer. Cela nous porterait à croire que c'est la source, qui se jette dans la mer quelques mètres plus loin, qui les alimente.

Le *baou Canaille*, qui domine l'extrémité opposée du golfe de Cassis, ne saurait être négligé par un voyageur intelligent. De quel point de vue grandiose ne jouit-on pas du sommet de cette montagne ? Placé à 416 mètres au dessus de la mer qui semble à peine se rider, même par les mauvais temps, il peut d'un côté voir la Ciotat, le golfe des Lèques et la rade de Toulon ; portant ensuite les yeux du Nord à l'Ouest, les montagnes de la Sainte-Baume, celles de Marseille, la crête de la Gardiole, et, perdu au milieu de la mer, le dernier sommet de la chaîne de Roquefort, le rocher abandonné de Riou.

La grotte vulgairement appelée *Ragage* (1) est au bord du chemin ; on ne saurait continuer son excursion avant d'avoir visité les stalactites qu'elle renferme. Cette grotte fort remarquable n'a, suivant beaucoup de personnes qui se contentent de s'en rapporter aux on dit plutôt que de vérifier le fait, d'autre fond que la mer. Nous, qui l'avons examinée dans tous les sens, nous assurons que cette croyance est fausse et nous hésitons d'autant moins à le dire que nous espérons par là engager un plus grand nombre de curieux à l'aller visiter. Pour les femmes et les enfants, cette exploration pourrait offrir quelques difficultés ; pour les hommes, elle n'en présente aucune. Il s'agit seulement d'un peu de courage et de sûreté dans le pied ; l'entrée de la grotte est glissante et rapide, mais large et dégarnie d'arbustes piquants et incommodes.

Une fois descendu et habitué à la clarté des torches, dont il est indispensable de se munir, on peut admirer à l'aise la largeur de la grotte, la hauteur de la voûte à laquelle pendent des stalactites aux formes les plus bizarres et enfin les diverses ouvertures d'une grotte supérieure, formant en quelque sorte un premier étage, auquel conduit un passage rude et étroit.

Nous conseillons au voyageur une expérience dont il obtiendra le succès le plus complet : qu'il allume au fond de la grotte un feu de broussailles et se place alors à la partie supérieure, et il jouira du spectacle le plus fantastique dont un cauchemar affreux peut seul donner l'idée.

Après avoir franchi le *pas de la Colle* (2), involontairement le voyageur appréciateur des points de vue s'arrêtera pour jouir du gracieux paysage qui se déroule à ses pieds, et oubliera ainsi en partie l'âpreté du chemin qu'il vient de

---

(1) Ragage, Ῥαγάς, fente, enfoncement.
(2) *Pas de la Colle*, en français : passage de la colline.

franchir et la monotonie de celui qu'il doit parcourir encore avant de rentrer au bourg.

§ 4. Météorologie.

Il ne serait pas sensé de donner sur la nature et la direction des vents qui règnent dans la commune et dans le golfe de Cassis des règles absolues. Aussi nous contenterons nous de généraliser les faits.

Le vent qui souffle le plus habituellement est le vent du N.-O., plus connu sous le nom de mistral. Arrivant presque toujours à la suite de la pluie et avec d'autant plus de violence que celle-ci a été plus légère, il règne à peu près la moitié de l'année.

Par les temps calmes, particulièrement l'été, la brise de terre commence avec l'aube et ne cesse que lorsque le soleil est à une certaine hauteur ; c'est alors le tour du vent de la mer ou du large, vent salutaire et frais sans lequel Cassis, par sa situation même au fond de son horizon de montagnes, serait consumé par la chaleur.

Les vents du N. et du N.-E. se font sentir plus rarement et à peu près toujours en hiver ; plus froids que tous les autres, ils sont nuisibles à certaines cultures.

Le vent d'Est, doux et humide, amène ordinairement la pluie, surtout lorsque les nuages qu'il chasse sont contrariés par un autre vent ; il y a alors, notamment aux équinoxes, des bourrasques et des rafales qui se terminent ou par un mistral violent ou par une pluie abondante.

Tous les vents que nous venons de nommer, lorsqu'ils ne sont pas trop forts, sont également bons pour la navigation dans le golfe. Le pire de tous est celui de S.-O. ou de *labech* dont nous n'avons pas encore parlé. Ce vent là, souvent d'une violence extrême, quelquefois d'une bénignité perfide, est presque toujours à redouter à cause des bouleversements de la mer qu'il occasionne. On verra dans la partie historique des détails sur les tempêtes arrivées en 1693, 1739 et 1821. Toutes étaient soulevées par le *labech*.

D'après ce que nous venons de dire des vents, on peut se former une idée du climat de Cassis. En général, termes moyens pris sur des positions analogues, la température est habituellement plus élevée d'un degré que celle de la Ciotat et de deux degrés que celle de Marseille. Il y a des expositions tout à fait exceptionnelles, principalement aux voisinages de la mer, où les primeurs réussissent presque chaque année. Somme toute, le climat de Cassis est sec et parfaitement sain.

DEUXIÈME PARTIE.

HISTOIRE.

On dirait, à lire certains auteurs, que l'histoire des temps les plus reculés, des peuples les plus inconnus est tellement certaine, qu'on ne saurait élever le moindre doute sur les faits qu'ils racontent, sur les dates qu'ils présentent. Dieu sait, cependant, ce qu'il en est de ces récits merveilleux ! Parce qu'un historien de l'antiquité aura soupçonné un évènement, calculé une époque, faut-il que ceux qui viennent après lui donnent cet évènement et cette époque comme exacts, comme réels ? Conservons le doute pour les faits qui ne sont que présumables, gardons la conviction pour ceux que des documents authentiques nous donnent comme positifs : telle est, à notre avis, la seule manière d'écrire l'histoire.

Telle sera aussi la marche que nous suivrons dans ce livre. Hasardant avec discrétion nos suppositions et nos probabilités, lorsque nous ne pourrons mieux faire, nous émettrons hardiment les certitudes, au risque de nous trouver dans l'occasion en complet désaccord avec les auteurs qui ont écrit avant nous, comptant du reste sur l'impartialité du lecteur dans les discussions qui surgiront sous notre plume.

CHAPITRE PREMIER.

Liguriens et Marseillais.

§ 1ᵉʳ. Des Habitants du littoral de la Méditerranée avant l'arrivée des Phocéens.

Les *Ligures* ou *Liguriens*, peuples d'origine celtique, nous paraissent avoir été les premiers habitants de cette partie de la Gaule, comprise entre le Rhône, la Durance, le Var et la mer. Cette opinion n'est pas partagée par tous les auteurs ; un grand nombre d'entr'eux pensent que les Ligures étaient d'origine ibérienne et qu'ils quittèrent leur pays natal pour le littoral de la Gaule. Cette incertitude dans des faits aussi reculés de nous, doit peu nous inquiéter ; l'essentiel serait plutôt d'être d'accord sur le nom des diverses fractions ou tribus de ce peuple.

Pour nous, afin d'éviter au lecteur l'ennui d'une dissertation, nous adopterons celui de *Celtoligyens* que nous donnerons aux peuplades qui habitaient le territoire appelé aujourd'hui *Commune de Cassis*. Bien des critiques nous prouveraient peut-être que le nom de Celtoligyens, que nous préférons, peut bien n'être pas reconnu par tous les savants, mais comme en fin de compte on ne peut opposer qu'une incertitude à une incertitude, nous maintenons l'appellation que nous avons choisie.

Notre sol était loin d'être, comme aujourd'hui, nu et pelé ; d'épaisses forêts qui subsistèrent longtemps après encore, en grande partie, les couvraient à peu près en entier. Les habitants de l'intérieur vivaient sans doute des animaux qu'ils tuaient et se revêtaient de leurs dépouilles : ceux de la côte pêchaient et troquaient leur pêche contre les vêtements que leurs voisins leur donnaient en échange; les Phéniciens et même les Carthaginois, dont les connaissances nautiques étaient si élevées, ont dû fréquenter la côte avant la fondation de Marseille et commercer avec les Celtoligyens. Ce qui paraît plus certain, c'est que ceux-ci vivaient surtout de piraterie. Cachés dans les nombreuses *caranques* dont la côte est festonnée, ils se tenaient toujours prêts à se précipiter sur les barques qu'ils apercevaient en mer; d'un courage à toute épreuve, ils exerçaient leur industrie au milieu même des orages et des tempêtes. Ce fait est constaté par la peine infinie qu'eurent plus tard les Marseillais à réprimer ces brigandages : temps et fatigues, rien ne leur coûta, et, cependant, l'extirpation de la piraterie ne fut jamais complète.

On ne peut hasarder que des suppositions sur l'état social de ces peuplades. Ce qui est plus positif, c'est qu'ils avaient des lieux de rassemblement où tous les hommes valides se réunissaient au moment voulu, des marchés où ils troquaient les marchandises et des camps fortifiés où ils se retranchaient lorsqu'ils étaient attaqués par des forces supérieures. Les bienfaits de l'agriculture étaient inconnus, le bonheur de l'agglomération dans les villes entièrement ignoré.

Nous avons des traces certaines de l'existence d'une de ces tribus sauvages sur le sol même de la commune; ces traces sont les ruines d'un camp. Mais, avant d'en parler, transcrivons quelques lignes de la Statistique de M. de Villeneuve, qui serviront à éclairer le lecteur sur notre monument.

« Beaucoup de personnes prennent pour des camps ro-
« mains des camps liguriens.... Tous ces camps sont faits
« sur les mêmes principes. Un mur de pierres sèches, et
« d'une épaisseur qui n'est jamais moindre d'un mètre, en-
« toure tout le haut du talus de la colline et ne laisse que
« deux ouvertures dans les endroits les plus escarpés. Un

« second mur et quelquefois un troisième sont renfer-
« més dans l'enceinte extérieure, de telle sorte que les
« ouvertures sont sur une ligne qui coupe, à angles
« droits, la ligne des deux parties extérieures. L'intérieur
« de ces lieux fortifiés est une plate-forme dans laquelle on
« trouve de gros quartiers de rochers placés à des distances
« égales en conservant la courbe naturelle du plan de la
« colline. Ce genre de fortification est loin d'être uniforme
« partout, mais il est aisé pourtant de voir qu'elles ont été
« construites par des peuples encore grossiers. »

Le camp ou plutôt le retranchement ligurien que nous
avons trouvé nous même dans les nombreuses recherches
auxquelles nous nous sommes livré pendant plus de trois
ans que nous avons habité Cassis, est situé au sommet de
la montagne dite *Baou Redoun*, sur un plateau incliné de
l'Ouest et l'Est. Cette fortification consiste en une forte muraille de quatre vingt-dix mètres de long construite à sec
avec des blocs de pierres énormes sur une épaisseur de deux
mètres cinquante centimètres à deux mètres soixante-dix
centimètres. Rongé par tant de siècles, le mur est renversé à
plusieurs endroits; sur quelques uns il est encore d'une élévation qui va jusqu'à deux mètres. Une ouverture de trois
mètres est pratiquée au tiers de la longueur de la muraille
qui s'avance d'un côté jusqu'au bord du rocher qui est là affreusement escarpé; l'extrémité opposée, dirigée également
vers le précipice, paraît avoir été détruite.

La hauteur de la montagne qui domine admirablement
tous les alentours et surtout les vallons par lesquels pouvaient seuls à l'époque être tracés les sentiers qui reliaient
les tribus voisines; l'analogie que nous trouvons entre cette
ruine et celles de quelques autres constructions liguriennes,
tout nous fait penser que les Celtoligyens avaient établi là
un retranchement inexpugnable.

§ 2. La Colonie Phocéenne dans les Gaules.

Tel était à peu près l'état des Celtoligyens lorsque la troupe grecque abandonnant Phocée, menacée d'esclavage, aborda sur les côtes de la Gaule. Nous ne redirons point après tant d'autres historiens les circonstances si romanesques de l'établissement des Phocéens ; il nous suffit de raconter en peu de mots comment, attirés par l'aménité de caractère des nouveaux venus, les habitants du pays commencèrent peu à peu à s'en rapprocher ; comment sous leur habile direction ils apprirent à défricher la terre, à planter la vigne, à greffer l'olivier. Avec les idées agricoles, les idées commerciales s'introduisirent partout ; les tribus errantes dans les bois et sur les bords de la mer se réunirent insensiblement et adoptèrent le langage et les institutions des Massiliotes. L'esprit de piraterie résista seul longtemps encore aux idées de civilisation : à couvert dans les nombreuses retraites que leur offraient la côte et les îles *Stœchades,* les habitants du rivage ne cessèrent de se livrer à leurs habitudes que lorsque, maîtresse sur tous les points, Massilia construisit les postes d'observation qui rendirent la piraterie à peu près impossible.

Alors commença l'exploitation du corail dont les Marseillais savaient tant apprécier la valeur et dont se paraient si volontiers les dames romaines : *Corallium laudatissimum circà Stœchades insulas.* (Pline II, 32.)

Loin de ressentir, comme les autres peuples, l'influence civilisatrice de leurs nouveaux voisins, les Saliens entreprirent de réduire au sol de leur propre ville le territoire des Marseillais. La guerre commença. Déjà puissante, la colonie phocéenne résista seule d'abord, mais les relations d'amitié qu'elle avait contractées depuis longtemps avec la République romaine lui offraient un appui trop puissant pour qu'elle n'en profitât pas. Heureux de leur côté d'avoir un prétexte pour mettre le pied sur cette terre gauloise, les Romains s'empressèrent de prendre, en faveur des Massiliotes, les armes contre les Saliens. Trois traités successifs de paix terminèrent dans peu de temps trois premières guerres.

Mais bientôt commença, vers l'an 124 avant l'ère chrétienne, sous le consulat de C. Cassius Longinus et de C. Sextius Calvinus, une quatrième guerre dont le résultat fut décisif. Les Saliens sous la conduite de Teutomal, leur Roi, furent complètement défaits par Sextius et leur ville tomba au pouvoir du vainqueur. Ils demandèrent la paix, mais les conditions auxquelles ils l'obtinrent furent onéreuses. Ils furent obligés de céder aux Massiliotes tout le littoral, depuis Massilia jusqu'au Var, sur une longueur de douze stades dans les lieux qui offraient des ports commodes, et de huit stades partout ailleurs.

Massilia sut profiter d'aussi grands avantages; son premier soin fut de fonder des colonies sur tous les points qui en étaient susceptibles; c'est de cette époque, suivant un grand nombre d'historiens que date la fondation de *Cytharista*, *Tauroentium*, etc.

Ce serait également alors, si nous acceptions les yeux fermés ce que veulent bien écrire quelques compilateurs, qu'aurait eu lieu l'établissement de *Cassicis*. Mais trop de doutes s'élèvent à cet égard dans notre esprit pour que nous puissions partager cette opinion. Supposer que les diverses caranques du golfe servaient, au besoin, de refuge aux nombreuses carènes de Massilia, est chose trop raisonnable pour que nous ne cherchions pas à la proclamer. Aussi présumons nous (et cette idée n'a rien de si extraordinaire pour que l'on crie à l'extravagance) que la petite baie, qui est devenue port avec le temps, mais alors plus spacieuse puisqu'elle s'enfonçait profondément dans les terres, possédait un poste, un établissement quelconque. Qu'elle relâche plus favorable pour les navires, rencontrant aux premières Stœchades, (*Riou*,

Maïre, Jayre) ce terrible vent du N. O. si redouté des anciens navigateurs !.. Qui peut nous assurer aussi qu'il n'y avait pas là un lieu de réunion et de repos pour les pêcheurs de corail ?

Ce que nous avançons là peut assurément être contesté, mais est toujours plus probable que l'existence d'une colonie florissante comme la métropole, riche comme Massilia.

Quoi qu'il en soit, la reine de la Méditerranée, grâce à la protection de Rome, était à l'apogée de sa splendeur, lorsque la guerre éclata entre Pompée et Jules César. Trop fier pour souffrir un rival, chacun des deux chercha à renverser son ennemi. Massilia qui avait juré fidélité à Pompée eut donc tout à redouter du conquérant des Gaules. En effet, ce dernier vint en personne assiéger la nouvelle Phocée. Cernée avec vigueur, attaquée sur tous les points à la fois, Massilia capitula. Le vainqueur, pour réduire sa puissance, lui enleva les sources où elle puisait sa prospérité, en lui arrachant toutes ses colonies et ne lui laissant que son propre territoire. La Ligurie devint province romaine et reçut le nom de *Narbonnaise seconde*.

CHAPITRE DEUXIÈME.

Carsicis Portus.

§ 1ᵉʳ. Domination des Romains.

Le premier soin de Jules César après la reddition de Massilia fut d'établir à Arles une colonie qui put contrebalancer l'importance de la nouvelle Phocée, et, dans ce but, il rattacha à Arles tous les pays qu'il avait enlevés aux Massiliotes ou à leurs alliés. Ces pays formaient quatre divisions principales. La troisième, dont *Cytharista* était le chef-lieu, comprenait tout le littoral depuis Massilia jusqu'à Tauroentum.

Outre l'extension qu'ils s'appliquaient à donner à l'agriculture, les Romains, intéressés à avoir avec Arles des relations sûres et régulières, établirent d'une part une ligne de navigation sur la côte et ouvrirent de l'autre plusieurs routes qui reliaient un certain nombre de villes et de postes fortifiés et aboutissaient toutes à Rome.

On a voulu reconnaître, dans quelques chemins qui sillonnent certains vallons de notre commune, des routes, *Actus* ou voies pour un charriot. N'ayant aucun motif de révoquer le fait en doute, nous l'adopterons sans discussion. Suivant, M. de Villeneuve, deux routes partaient de Marseille dans la direction Est. La première, la seule dont nous ayons à nous occuper, en quittant la ville, passait par Mazargues et contournant la Gineste qu'on ne gravissait pas alors comme on a fait dans les temps postérieurs, s'enfonçait dans un vallon qui appartient à la terre de Lumini et débouchait derrière le Logisson. Des masures qui apparaissent entre cette métairie et le pied de la Gardiole ont été probablement l'asile

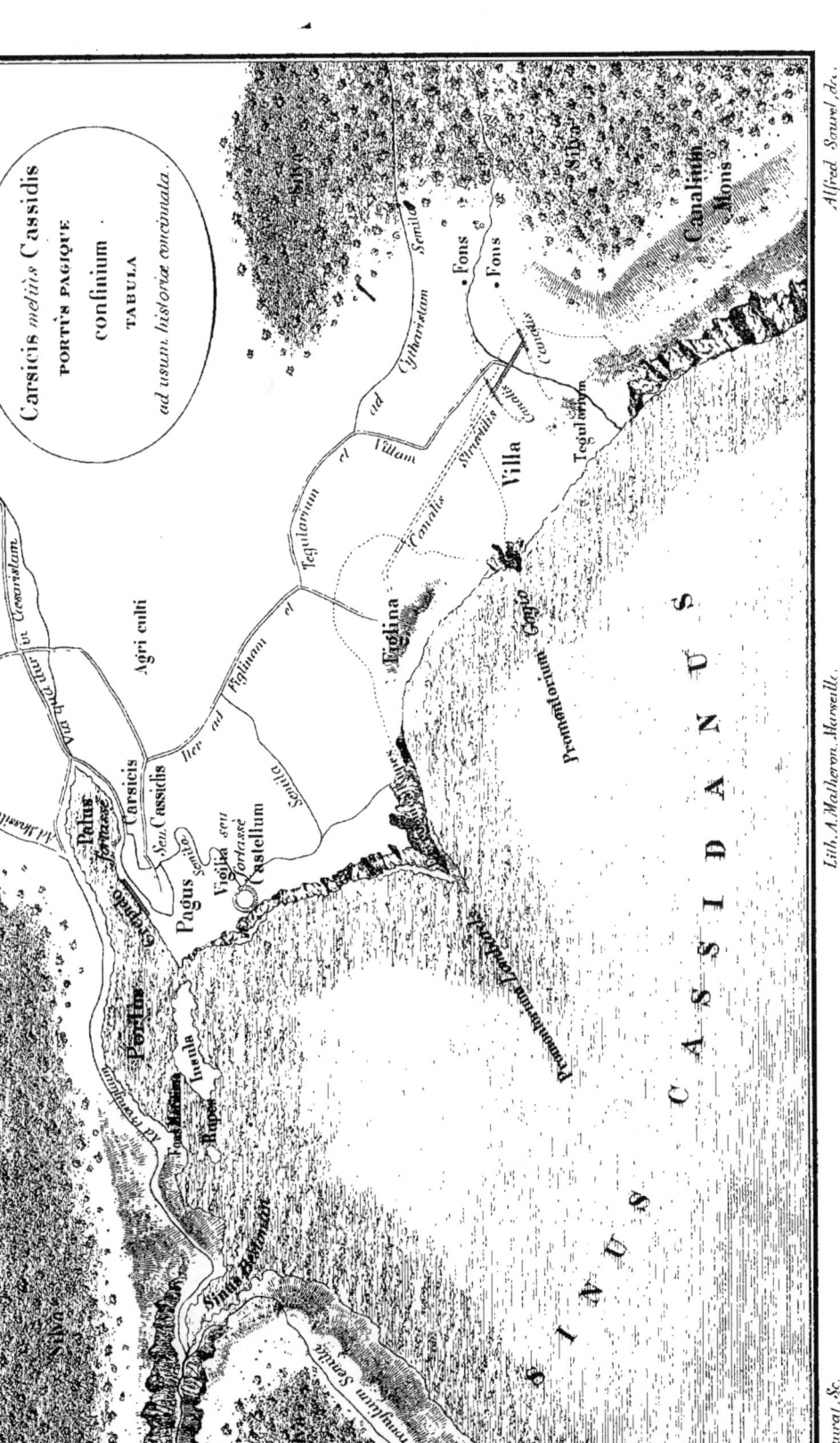

temporaire ou cabaret ouvert aux voyageurs à cette époque. Près de Cassis deux embranchements se formaient : l'un qui menait à *Cæsarista* par le chemin appellé aujourd'hui des *Janots* qui coupe la montagne à l'endroit nommé le *pas de la Belle-fille*; l'autre qui conduisait à Cassis et qui fut prolongé jusqu'à la Ciotat, par le *pas de la Colle*, lorsque ces deux villes commencèrent à être quelque chose.

Le centre de la ligne de navigation était à *Forum Julii*, port nouveau creusé tout exprès pour servir de station à la flotte établie pour protéger le commerce maritime. C'est cette ligne de navigation qui est décrite dans l'itinéraire d'Antonin et qui s'étendait de Rome jusqu'à Arles.

Avant d'entrer dans les détails nécessaires pour expliquer où était et ce qu'était *Carsicis portus*, nous dirons au lecteur, avec sincérité, que nous allons lui parler de la fondation, de l'emplacement et de l'importance de Cassis d'une façon à laquelle il ne songe peut-être pas; que nous allons tant nous éloigner de ce qui a été écrit jusqu'à ce jour, de ce que certaines personnes du pays prônent avec ardeur, que nous nous attendons à soulever au premier abord de vigoureuses réclamations. Sans doute il eut été beaucoup plus simple de laisser subsister toutes ces idées magnifiques sur le passé de Cassis. L'amour mal entendu du clocher fera peut-être que ces mêmes personnes renonceront difficilement encore à leur prétendue origine phénicienne, carthaginoise, si flatteuse pour soi quand on parle de son pays; renonceront plus difficilement encore à l'importance de cette ville au port spacieux, aux tours inexpugnables. Mais, quoiqu'on en puisse dire, nos idées sont arrêtées. Elles sont arrêtées parce que nous avons tout recherché, tout étudié, tout compulsé; elles sont donc vraies pour nous, du moins, et nous espérons que le lecteur impartial nous rendra cette justice qu'ayant fait toutes nos recherches sans arrière pensée, le résultat ne peut en être que consciencieux.

Pour être plus précis dans ce que nous avons à dire, nous diviserons ce paragraphe en trois articles :

1º Où était *Carsicis portus?*

2º Quel est le nom véritable de *Carsicis* et quelle est l'étymologie de ce nom?

3º Quelle importance avait *Carsicis Portus?*

1º *Où était Carsicis Portus.*

Carsicis Portus aurait été, suivant l'itinéraire d'Antonin, une station de cette ligne de navigation dont le centre était à *Forum Julii (Fréjus.)*

Et d'abord qu'est-ce que l'itinéraire d'Antonin? L'itinéraire d'Antonin est la note des différents ports de la méditerranée depuis Rome jusqu'à Arles, dressée sous l'Empereur Antonin vers l'an 150 après J.-C., pour indiquer les distances d'un port à un autre. Ces distances sont marquées au moyen du pas romain.

Tel qu'il était ce monument de l'antiquité devait être entouré de tant d'égards qu'il ne fut permis à personne d'en contester les détails. Cependant plutôt que de dire : cet itinéraire rappelle bien des noms conformes à nos idées sur les noms de certains points, de certaines localités, mais les calculs du géographe romain ne concordant point avec nos propres calculs, nous ne comprenons pas ce qu'il a voulu écrire, quelques écrivains se sont écriés : le géographe romain ne sait ce qu'il veut dire, il prend un point pour un autre... corrigeons; ou bien ceci : le géographe romain avait bien écrit, mais le copiste s'est trompé.;... corrigeons.

Et c'est sur un document corrigé et considérablement défiguré que l'on prétend reconnaître l'antiquité!...

Papon trouve une copie de l'itinéraire d'Antonin qui porte les noms et chiffres suivants :

A *Telone Martio Taurœntum portu* : M. P. XII
A *Taurœnto Carsicis portus* : M. P. XII
A *Carsicis Citharista portus* : M. P. XVIII

A Citharista portu Œmines posito :   M. P. VI
A portu Œmines Immadras posito :   M. P. XII

Mais, attendu que ces chiffres et ces noms ne concordent pas avec ces idées, il corrige.

Surviennent d'autres auteurs qui se livrent à leur tour à de longues dissertations plus ou moins curieuses. (1) Arrive, ensuite, M. de Villeneuve qui n'est pas du même avis que Papon, il est vrai, mais qui est aussi en désaccord avec l'itinéraire : paraissent enfin d'autres archéologues, chacun avec son explication, de telle façon que *l'Œmines positio* est pour ceux-ci l'île des Embiez, et pour ceux-là Pormiou ; *Cytharista,* la Ciotat pour les uns, Ceyreste pour les autres ; si bien, qu'après avoir trouvé l'itinéraire fautif, chaque écrivain nouveau trouve les écrivains antérieurs également mal renseignés... Eh ! mon Dieu, ne vaut-il pas mieux laisser l'itinéraire tel qu'il est et dire plutôt que le géographe romain était mal instruit des distances comme tous les anciens, du reste, et que dès lors on ne peut guère se baser sur la géographie de l'antiquité ?..

M. de Villeneuve, celui de tous les historiens qui a examiné les côtes du département avec le plus d'attention, corrige donc l'itinéraire d'Antonin et écrit ainsi :

A Telone Martio Œmines posito,   M. P. XII
A Portu Œmines Tauroento portus,   M. P. XII
A Tauroento Cytharista portus,   M. P. VI
A Cytharista portu, Carsicis portus,   M. P. XII
A Carsicis Immadras positio,   M. P. XII

D'après ce que nous avons dit tout-à-l'heure, le lecteur comprendra que, toute judicieuse que soit cette correction, nous ne pouvons être pourtant tout à fait de son avis. Nous nous y rangerons, cependant, pour quelques moments

(1) Nous recommandons la lecture de l'article : *Tauroentum,* du dictionnaire d'Achard.

et nous examinerons ensuite le moyen que l'on a employé pour retrouver les lieux mentionnés sur l'itinéraire.

Or, M. de VILLENEUVE nous apprend que pour arriver à ce résultat il a calculé le temps que met un bateau à rames ordinaire pour franchir un certain nombre de milles et que, cette base établie, il a divisé le nombre total de milles d'une station à l'autre par le temps.

Hé ! bien, nous le demandons, quelle exactitude ce calcul peut il offrir ? Rapprochez-vous ou écartez-vous tant soit peu d'un promontoire, enfoncez-vous dans une baie ou coupez droit d'un point à l'autre, le même calcul répété dix fois donnera dix résultats différents. Et c'est sur un pareil calcul qu'on s'est appuyé pour prouver que *Carsicis portus* était là où est aujourd'hui l'anse de l'Arène ni plus près ni plus loin, et chose fatale ! le sol s'est englouti justement là, ni plus haut ni plus bas !

Qu'on nous dise, cependant, combien de temps il faudra de plus à un bateau venant du Cap Soubeiran avec une marche déjà réglée pour venir à Cassis, qu'à un autre bateau remplissant exactement les mêmes conditions qui s'arrêtera à l'Arène ? Cinq minutes, dix minutes au plus !

Nous ne pouvons donc pas faire dépendre d'un tel calcul l'existence d'une ville romaine. Mais hâtons-nous d'ajouter que ces messieurs, après avoir dit que le port de Carsicis était à l'*Arène*, ajoutent que ce port peut très bien aussi avoir été au *Lombard* !....

Quant à nous, après avoir sérieusement examiné la localité, nous disons : il n'y a jamais eu de port proprement dit à l'Arène pas plus qu'au Courton. *Portus Carsicis* était à l'endroit même où se trouve la ville actuelle.

Le port de Cassis est loin d'être aujourd'hui ce qu'il était autrefois. Tout nous porte à croire que du temps des Romains c'était une crique, une caranque s'enfonçant dans les terres de la même façon à peu-près que nous voyons maintenant l'anse de Pormiou. Des travaux exécutés, il y a quelques années, dans la grand'rue du village, ont fait reconnaître que le terrain est là entièrement d'alluvion; le sable, la terre, le gravier roulés pendant plusieurs siècles des montagnes environnantes par les eaux pluviales ont comblé l'anse et en ont fait insensiblement un terrain solide.

Une autre preuve vient à l'appui de cette opinion. A la rue de la *Paroisse*, dans une maison appartenant à M. ALLEMAND, existe une construction que l'on reconnaît sans peine pour être un quai. Bâti de ce mode de construction qu'on est convenu d'appeler le grand appareil, en pierres de taille d'une épaisseur et d'une largeur magnifiques, ce quai qui se prolonge dans les maisons voisines supporte plusieurs murailles tout-à-fait modernes. Il y a peu de temps qu'on y voyait encore, scellés dans la pierre avec du plomb, plusieurs anneaux de fer pour l'amarrage des navires. La direction de cette *crepido* peut-être indiquée au moyen d'une ligne droite tirée de la balance publique de la place Cendrillon à la porte du Jardin de M. D'AUTHIER.

De ces deux faits nous concluons qu'il y avait jadis la mer là où se trouvent aujourd'hui *la Grand'rue, la rue de la Paroisse, la place Cendrillon*, etc. et que cette fraction de mer était *Carsicis portus*. Voici une dernière preuve qui nous confirme dans l'idée qu'il y avait aussi des habitations :

« Par acte du 15 octobre 1408, notaire BEAUCET BERTRAND, ALIAS MELASSI acheta un jardin à *Cassis-le-vieil* proche l'église *Notre-Dame* servile au prieuré du dit Cassis. »

Cette note trouvée par nous dans les archives nous a paru concluante. Prouver d'un côté, que l'Eglise *Notre-Dame-de-la-Mer* (1) était à peu de chose près sur le même emplacement

(1).. Patheat et sit notum quòd probus vir Jacobus Oliverii barillerius civitatis Massiliensis.... vendidit et tradidit et concessit probo viro Francisco Aydosii mercatori Castri de Cassiciis videlicet quodam casale, sive luegam domus, in quo cepta ædificari

que l'église actuelle, de l'autre qu'en 1408, à l'époque où la ville était encore en grande partie renfermée dans le château, les actes publics sont là pour le prouver, la *Bourgade* est appelée l'ancien Cassis, *Cassis le vieil!...* n'est-ce pas prouver qu'il y avait là autrefois une agglomération quelconque de maisons; que ces maisons étaient ruinées, abandonnées? Et par qui faudra-t-il supposer quelles avaient été construites, sinon par les Romains qui y avaient déjà construit un quai solide, établi un port, *portus?* (1)

Et ce mot lui-même de *Bourgade* que porte depuis si longtemps ce quartier, le plus ancien de la ville, ne dit-il pas qu'il y avait là, indépendamment d'une vigie sur la crête de la colline, une fortification, une tour, *burgus?*

Mais, nous dira-t-on, il y avait cependant des ruines à l'Arène, au Courton; ces ruines étaient bien romaines: qu'y a-t-il eu donc là? Il y a eu, répondrons-nous tout-à-l'heure, une tuilerie; *tegularium :* une maison de campagne, *villa*; une fabrique de poterie; *figlina.*

2° Quel est le véritable nom de Carsicis et quelle est l'étymologie de ce nom.

Il n'est rien de plus séduisant mais parfois aussi de plus faux qu'une étymologie. Nous pourrions avancer que *Carsicis* vient de l'hébreu, du phénicien, du grec, mais nous préférons faire remarquer le rapprochement de certains noms de

---

quœdam domus, situm in territorio seu burgata dicti Castri de Cassiciis loco vulgariter dicto *al paous prope ecclesiam Nostræ Dominæ de Mari* confron. ab una parte cum luega domus Antonii Arnoldi cum terrâ hered. Antonii Depino; cum alia luega domus dicti emptoris et alt. cum itinere publiquo quo itur ad portum dicti loci de Cassiciis et cum aliis suis confrontationibus.... *(Extrait d'un acte du 17 août 1528, Notaire Antoine Etienne. — Archives de la Ville).*

(1). Ajoutons qu'à plusieurs reprises, la *drague* a retiré du port actuel de nombreux débris de briques et d'amphores romaines.

différents points du pays qui tous ont le même radical : *Canaille, Cassidagne, Cassis, Cacau, Canoubier*, qui tous indiquent des points plus ou moins élevés aussi bien que *caput*, tête, sommet. Toutes curieuses que seraient les recherches auxquelles ce rapprochement pourrait donner lieu, nous ne nous y arrêterons pas. Constatons seulement la manière dont le nom de Cassis a été écrit jusqu'à ce jour.

Chose étrange ! Les historiens qui nous représentent Carsicis comme une ville florissante, ne sont pas fixés sur l'orthographe de son nom. L'Itinéraire d'Antonin indique *CarSicis portus* et la fameuse inscription dont parle d'ANVILLE et que ce géographe assure avoir été remise à l'illustre Barthelemy, portait : *Tutelæ CarCitanæ*. Quant à nous, en présence des erreurs vraies ou supposées de l'itinéraire d'ANTONIN et du doute que nous élevons sur l'authenticité de l'inscription, nous pensons qu'il faut écrire : *Cassicis* pour *Cassidis*, devenu plus tard *Cassitis* et *Cassiciis* et revenu enfin ce qu'il a dû être en principe *Cassis*, soit le mot latin *Cassis*, Casque.

Nous sommes confirmé dans cette idée par le nom lui-même qui est donné depuis des siècles aux habitants de Cassis. Le mot de *Cassidens* vient évidemment de *Cassidis*, absolument comme celui de *Cioladens* dérive de *Ciotad* et nous ne craignons pas de dire que si le nom primitif eût été réellement *Carsicis*, comme on a bien voulu le répéter jusqu'ici, la tradition n'eût pas manqué de conserver aux habitants du pays le nom de *Carsiciens* ou tout autre approchant au lieu de celui de *Cassidens*.

Nous avons lu et entendu dire plusieurs fois : il existait une ville qui s'appelait *Carsicis portus ;* absolument comme si l'on disait : une ville a existé qui se nommait *Massilia portus*. Pour dire ou répéter cela il faut oublier que le mot de *portus* n'étant autre chose que celui de *port*, on a dit : *Portus Cassicis* comme on a dit plus tard *Castrum Cassiciis, locus de Cassiciis*, château, lieu de Cassis. Mais lorsqu'il n'a plus été question de port pas plus que de château n'a-t-il pas fallu, à moins d'employer le terme de *Civitas*, remplacer le génitif par le nominatif et dire simplement *Cassis* ?

Nous pensons donc, en résumé, que le nom de Cassis vient du mot latin *Cassis, Casque*, de la forme plus ou moins bien prononcée qu'a la colline que domine aujourd'ui le château. Si quelqu'un s'en étonne, nous le prierons d'examiner *le Cap de l'Aigle* et d'élever ensuite une objection sérieuse sur son nom.

Enfin, si l'on est surpris de voir que nous changions un simple *r*, *Carsicis*, ou un *s*, *Cassicis*, nous demanderons qu'on réponde à cette simple question : Pourquoi de *MaSsilia* a-t-on fait *MaRseille* ?

3°. *Quelle importance avait Carsicis Portus.*

Nous avons dit, mais il nous reste à prouver, qu'il n'y avait pas de ville à l'Arène, qu'il y existait seulement une *Tuilerie* et une *Maison de campagne* et, au Courton, une *Fabrique de poterie*.

Un historien de la Ciotat, Marin, avait prétendu faire de *Carsicis Portus* une ville aussi belle qu'Arles, aussi riche en monuments que Nimes et cela parce que l'anse à la place de laquelle il supposait la cité romaine, porte le nom d'Arène. « Ce qui vient à l'appui de ma conjecture, écrit ce respec-« table historien, c'est que ce lieu porte un nom qui an-« nonce les grands monuments des Romains, à savoir : *les* « *Arènes*. »

D'abord, répondrons-nous à M. Marin, ce n'est point les Arènes que l'on dit, mais l'Arène, du mot latin *arena*, sable, nom parfaitement approprié à l'endroit, la mer y formant une plage couverte de gravier et de sable comme partout où elle ne rencontre pas le rocher. Mais admettre, comme vous le supposez, un cirque, un de ces amphithéâtres dont les ca-pitales seules étaient dotées, c'est vouloir faire là une ville de premier ordre. Et de cette ville puissante, défendue par des remparts et des tours et maîtresse d'un port que reste-t-il?... Rien. — Ah! nous dira-t-on, c'est qu'il est survenu là des bouleversements épouvantables! Le sol s'est affaissé, la montagne s'effondrant sur sa base s'est engloutie dans la mer entraînant tout avec elle! Et cependant, chose vraiment surprenante! il y a cent ans à peine, lorsque la mer qui, nous en conviendrons si l'on veut, s'avance journellement, était encore bien loin de là, on ne découvrait que quelques ruines perdues au milieu des vignes et des légumes qui y étaient cultivés! Et vous voudriez reconnaître là les vestiges d'une ville si importante!....

Nous avons entendu dire à quelques personnes : Nous maintenons qu'il y avait une ville à l'Arène parce que la tradition s'en est conservée. A cela nous répondrons : Il n'y a rien d'aussi respectable que la tradition et, à défaut de renseignements plus positifs, un historien doit toujours en tenir grand compte ; mais entendons-nous bien sur le mot *tradition*. La tradition, dit un auteur recommandable, *n'est point la transmission d'un rêve d'un père à son fils;* c'est, dirons-nous nous-même, le récit, l'explication d'un fait conservé, transmis de génération en génération dans la partie de la population ignorante, illettrée, dont la foi n'est ni combattue, ni éclairée, ni affermie par le raisonnement de l'instruction. Or, nous qui, comme pour tout le reste, avons voulu nous assurer de la vérité de cette tradition chez le *peuple* de Cassis, nous certifions ne l'avoir jamais rencontrée, quelque peine que nous ayons prise pour arriver à notre but. Pour les personnes instruites qui lisent ou qui savent ce qui est écrit, cette tradition existe ; pour la classe ignorante elle n'existe pas, *quoi que l'on ait fait pour la lui inculquer.*

Mais s'il n'y avait pas de ville à l'Arène, il y avait une tuilerie, *tegularium*. Le nom est resté à un point de l'anse, S.-S.-E., qui se nomme encore aujourd'hui la *Teouliero*. Cela nous autorise à croire qu'il y avait là une de ces fabriques considérables auxquelles les Romains attachaient une grande importance, attendu l'énorme consommation qu'ils faisaient de tuiles et de briques, et l'on conviendra pour cette fois que notre étymologie est exacte et que le mot de *Téouliero* n'est autre chose que celui de *tegularium*.

Nous croyons aussi qu'il y avait au *Courton* une fabrique de poterie. Nous justifions cette présomption : 1° par le nom lui-même de Courton qui nous paraît fort provenir du mot latin *Cortina*, marmite, cuve, etc.; 2° par un restant de mur que l'on a cru jusqu'ici avoir fait partie d'un rempart quelconque et qui n'est pour nous autre chose que la suite de cette même muraille qui était au fond de l'Arène et qui a disparu depuis quelques années à peine, et que nous pensons être un aqueduc : *canalis structilis*. Or, comme il n'existe aucune ruine de même nature de l'autre côté du Courton, nous présumons que cet aqueduc portait l'eau à la fabrique de poterie, *Figlina*, dont la mer a balayé, il y a plus ou moins longtemps, les ruines et les vestiges.

Pour se convaincre de l'existence du *tegularium* et de la *figlina* et comme preuve irrécusable de ce que nous avançons, il suffit de jeter un coup-d'œil sur les deux plages de l'Arène et du Courton. Fragments de briques, de tuiles, de poteries de toute espèce, se présentent, par milliers, sous les pas; le sol en est jonché et, après dix-huit siècles, chaque éboulement récent ne cesse d'en découvrir de nouveaux.

Comme justification dernière, nous prions le lecteur d'examiner la carte des *Environs de l'ancien Cassis*, que nous avons dressée expressément pour venir à l'appui de cet ouvrage. Il verra trois aqueducs : le premier, construit en pierres (1), a pour but de conduire l'eau au Courton pour le

---

(1) *Voir 4e partie, chap.* II. §. 1er.

service de la fabrique de poterie ; les deux autres souterrains aboutissent, l'un à la *Villa*, l'autre au *Tegularium*, et c'est cette même source qui coule aujourd'hui dans les murs de Cassis qui les alimentait alors. Nous allions oublier de faire remarquer que le sol de l'Arène et la base du mont Canaille, *Canalium Mons,* la montagne des aqueducs, sont éminemment argileux et par conséquent excessivement favorables pour les établissements dont nous venons de parler.

A peu de distance du *Tegularium* se trouvait, sans doute encore, une de ces maisons de campagne auxquelles on donnait le nom de *villa,* ou peut-être simplement l'habitation du propriétaire des deux fabriques. On sait le luxe dont les Romains s'entouraient dans leurs logements particuliers aussi bien que dans les lieux publics. Ce n'étaient point les sénateurs, les patriciens seulement qui vivaient dans les splendides demeures; les affranchis, possesseurs de fortunes colossales, éclipsaient souvent leurs anciens maîtres. L'industrie et le commerce, que dédaignent les nobles, procuraient aux plébéiens les splendeurs de la richesse. Nous pensons que les ruines qui gisaient là, il y a quelques années encore (1), n'étaient autres que celles d'une de ces demeures somptueuses où le riche, noble ou roturier, jouissait de la vie loin du tumulte des grandes villes.

La médaille la plus ancienne, trouvée à l'Arène, est de DOMITIEN; la plus moderne est de VALENTINIEN III; faut-il en conclure, comme nous l'avons entendu dire, que c'est environ à ces deux époques que furent fondés et détruits ces établissements, c'est-à-dire de la moitié du Ier siècle à la fin du IVe?

Nous ne l'assurerons pas, attendu que nous n'avons rien de positif à dire là-dessus. Nous ne ferons pas même de dissertation sur une inscription qui date de la fin du premier

(1) Voir 4e *partie, chap. II,* §. 1er.

siècle de l'ère chrétienne, laquelle a été transportée par un fait vraiment inexplicable de Cassis à Alger. Cette pierre funéraire, excessivement importante dans toute autre circonstance, ne peut malheureusement avoir pour nous qu'un intérêt secondaire puisque nous ignorons sur quel point elle a été recueillie. Cela doit faire du reste l'objet d'un mémoire spécial (1).

Outre le *Portus* de la Bourgade ; la *Villa* et le *Tegularium* de l'Arène et la *Figlina* du Courton, il y a dans la commune d'autres traces romaines. Il est assez probable qu'il y avait dans la partie N.-O. du Plan, au quartier appelé *Closson*, un dépôt, peut-être même une fabrique de poterie. Il n'est pas hors de raison de supposer, inspection faite du terrain, que le vallat des Brayes ou de Loubet, formait dans la partie basse un petit lac ou marais dont l'étendue variait suivant la quantité et la durée des pluies et qui était occasioné par le manque d'écoulement des eaux. Peut-être existait-il une autre *Figlina*, peut-être bien n'y avait-il qu'un entrepôt, mais ce qui est incontestable, c'est qu'on trouve à cet endroit un grand nombre de débris de briques, d'urnes, d'amphores et de coupes et ce qui vient changer cette probabilité d'un établissement quelconque en certitude, c'est la découverte qui y a été faite, en juillet 1838, de tombeaux romains (2).

Pour terminer cette revue de ce qu'il y avait ou pouvait y avoir de constructions et d'établissements romains à Cassis ou dans ses environs, disons qu'à cette même place où est le château, les Romains devaient avoir établi sinon une citadelle, *Castellum*, du moins une vigie, un sémaphore dont les premières murailles furent successivement agrandies, fortifiées et changées enfin en remparts réguliers, au commencement du XIIIe siècle.

(1) Voir d'ailleurs 3e *partie, chap. V, §., 3.*
(2) Voir 4e *partie, chap. II, §. 1er.*

Quant à l'importance, au commerce, à l'industrie du *Cassidis portus* de la Bourgade, on ne peut former que des conjectures. Lieu de station pour les bateaux-postes des Romains, il devait aussi servir de relâche aux navires de Marseille et d'Ostie. La pêche était probablement florissante; l'exploitation des carrières, si nous en jugeons par plusieurs monuments (1), y était pratiquée; les poteries, les tuileries, alimentaient son commerce; la pêche du corail introduite par les Phocéens y occupait bon nombre de bras. Tout cela cessa avec les invasions des barbares; le port se combla, les habitations furent saccagées.

Examinons quel est celui de ces peuples qui a laissé le plus de traces de son passage dans ces pays.

§ 2e. INVASIONS DES BARBARES.

Rome, en courbant la tête sous le despotisme de ses Empereurs, commença à décliner : tant il est vrai de dire que l'amour de la liberté peut inspirer de grandes choses.

Nous n'entrerons pas dans de longs détails au sujet des guerres continuelles que les barbares suscitèrent à l'Empire d'abord et qu'après la chute du colosse ils entreprirent les uns contre les autres. Ce serait jeter de l'obscurité sur des ténèbres; aussi ne rappellerons nous que ce qu'il est indispensable de savoir pour la suite de cette histoire.

456 à 459. — Des barbares qui envahirent la Provence, les Bourguignons doivent marcher en première ligne. En 456 après avoir débordé dans le Dauphiné, ils entrèrent en Provence, se rendirent maîtres de Marseille, s'emparèrent de ses richesses et de ses reliques, et mirent tout au pillage. Repoussés et revenant sans cesse à la charge, ils la prirent et la reprirent de nouveau en 457, 458 et 459.

(1) *Voir* 3me *partie, chapitre V, §.* 3me.

476. — Les Visigoths parurent ensuite et sous la conduite d'Euric, leur chef, ils s'emparèrent de la même ville.

506. — En 506, Théodoric, Roi des Ostrogoths, fort de son alliance avec les Francs, les Visigoths et les Vandales, pénètre en Provence à la tête d'une armée de **80,000** hommes et retourne en Italie après avoir ravagé les villes principales.

577. — Les Lombards réunis sous la conduite de quelques uns de leurs Ducs, franchissent à leur tour les Alpes au Mont Genève, en 577, pénètrent dans la Gaule et la ravagent. L'année suivante, dirigés par leur chef Amo, ils s'avancent jusqu'à Arles d'où ils sont repoussés : traversant alors la Crau, ils viennent jusqu'aux portes de Marseille : mais battus par Mummol, patrice d'Arles, ils repassent les Alpes en désordre en dévastant tout sur leur passage.

C'est à cette même époque et par ces mêmes Lombards, s'il faut en croire M. de Villeneuve, que Carsicis aurait été complètement saccagé. Quant à nous, nous sommes loin d'admettre cette assertion, car rien, après avoir approfondi l'histoire de l'invasion des barbares, ne la justifie. Nous venons de voir que les Lombards furent battus à deux reprises et forcés de reprendre la route par laquelle ils étaient arrivés. Le récit de M. de Villeneuve s'accorde avec celui que nous venons de faire nous-même d'après les principaux chroniqueurs de la Provence, jusqu'à l'arrivée de ces barbares devant Marseille, mais seul il ajoute : « Ils vinrent devant Marseille dont ils ravagèrent le territoire et une de ces bandes, s'étant embarquée sur des bateaux, étendit ses ravages sur toute la côte. Ces barbares débarquèrent au port de Carsicis et détruisirent la ville de fond en comble. Le port où ils avaient fait leur descente, prit depuis le nom de *Golfe des Lombards* qu'il conserve encore aujourd'hui. »

Voilà assurément une expédition fort bien narrée ; mais pourquoi sommes nous obligé de la traiter de *pure invention*, et de dire que la *Pointe* et le *Golfe des Lombards* ne s'appellent ainsi que du nom de deux frères, propriétaires de ce quartier, qui furent longtemps en procès avec la Commune au sujet de certains droits et redevances qu'ils refusaient de payer!.... Sans doute il est beau de faire brûler, ruiner, saccager une ville importante par une bande de barbares féroces; malheureusement il n'y a pas eu plus de barbares que de ville.

Nous disons que la *pointe* des *Lombards* a pris le nom de ses anciens propriétaires. Cela se voit tous les jours, et nous en avons une preuve bien palpable. Le petit promontoire qui sépare l'Arène du Courton ne s'appelle-t-il pas *pointe de Michel*, du nom de *Michel* son ancien propriétaire? De même on a dit *pointe des Lombards* du nom des sieurs Lombards anciens possesseurs de ce terrain. — Avons-nous besoin d'insister d'avantage?

Ce qu'il est permis de supposer avec toute raison, c'est que les villes et les campagnes durent souffrir beaucoup des invasions successives de tant de barbares qui détruisaient avec le fer ce qu'ils avaient pillé et incendiaient ce qu'ils n'avaient pu détruire.

732. — Dans le courant du VIIIe siècle les Maures ou Sarrasins, maîtres de l'Espagne, pénétrèrent dans l'Aquitaine. Charles Martel, que l'on peut à juste titre nommer le sauveur de la civilisation à cette époque, en tailla une partie en pièces, en 731, dans les plaines de Poitiers. Mais pendant que le vainqueur était occupé d'un côté, ligués de l'autre avec les Alains et les Vandales, les Sarrasins inondèrent de nouveau les provinces méridionales où pendant quatre années ils se livrèrent à tous les excès.

737. — En 737, ces mêmes barbares, sous la conduite d'Akbé, franchirent de nouveau les Pyrénées et s'avancèrent jusqu'à Avignon. Repoussés à deux reprises par Charles-Martel, ils revinrent rappelés cette fois par Mauronte lui même. Mauronte, Gouverneur de la Provence, aspirant à se

rendre indépendant, ourdissait des complots avec d'autres Comtes. Sûre de trouver un puissant appui, l'armée sarrasine déborde en cette contrée exposée de nouveau aux calamités dont ces invasions terribles étaient toujours marquées. « Mauronte, dit un historien, était le génie infernal qui, debout aux portes de sa patrie, semblait indiquer du doigt les villes à piller, les châteaux à rançonner, les églises à détruire, les populations à décimer. » Cette fois Charles-Martel dut appeler à son aide Luitprand qui régnait avec gloire en Lombardie. Leurs forces réunies se composent de Francs, de Bourguignons, de Provençaux et de Lombards et forment une armée redoutable. Ils livrent combat aux Sarrasins unis aux Visigoths près de Narbonne et remportent une éclatante victoire. Des deux Rois barbares, Amorrhée est tué et Anthyme prend la fuite : Mauronte est chassé de Marseille et les Sarrasins, forcés de se replier du côté du Var, sont pressés entre les deux armées et presque entièrement exterminés.

Cette dernière expédition purgea enfin la Provence des Infidèles qui n'y reparurent plus durant tout le VIIIe siècle. Mais de toutes les invasions aucune n'eut pour la Provence de suites plus funestes. Rien ne fut épargné et les habitants n'eurent d'autres ressources que de se disperser dans les bois ou de s'entasser dans quelques villes qui, après une défense inutile, furent obligées de se rendre par composition et d'être les tristes témoins des fureurs et des violences de leurs farouches vainqueurs.

Les villes et les villages furent alors détruits; les monuments de la puissance romaine et les édifices religieux n'offrirent plus que des ruines. Le nombre des morts passe toute croyance. Un monument contemporain de l'abbaye de Lérins nous apprend que la Provence devint un véritable désert. Le peu d'habitants qui avaient survécu à ces désastres, laissant le pays plat sans culture dans la crainte de nouvelles irruptions, prirent enfin le parti de se retrancher sur les collines et dans les lieux de difficile accès où ils se fortifièrent.

Suivant la tradition, c'est à cette époque que les premières murailles fortifiées du château auraient été élevées, non pas, peut-être, comme on l'a dit, à l'aide des matériaux arrachés par les habitants de Carsicis à leur ville fumante et ensanglantée, mais bien avec les pierres et les rochers qui constituent le sol de la montagne.

Ce château, selon nous, était loin d'être régulièrement bâti comme il est aujourd'hui et de former ainsi un *oppidum*. Ce ne fut que plus tard, sous la domination des Baux, que le château moderne fut élevé avec toutes les conditions de solidité qui en ont amené la durée jusqu'à nos jours. A l'époque dont nous nous occupons ici, c'est-à-dire dans le courant du VIIIe siècle, les habitants du pays durent se contenter d'élever des murailles grossières qui, vu leur éloignement et surtout leur misère, les garantissaient suffisamment. Ce qui peut prouver que c'est bien de cette époque que datent ces retranchements, c'est le nom de *St.-Michel* donné à l'église qui fut bâtie dans leur enceinte. Le nom de St.-Michel, vainqueur du Diable, eût pour effet de consacrer le souvenir de la défaite des Sarrasins ou *diables* comme les appellent les chroniques du temps, les mots de Sarrasin et de Diable étant synonymes dans les anciens écrits (1).

Rien ne nous empêche de croire aussi que ce fut à la même époque et toujours à la suite de cette même invasion des Sarrasins, en 739, que le *Tegularium* et la *villa* de l'Arène,

---

(1) Le portail de l'Église de Château-sur-Allier renferme un Saint-Michel, habillé en chevalier du XVIe siècle et portant au cou le collier de l'ordre institué sous son nom. Le diable qu'il terrasse est aussi habillé en chevalier ; seulement son cimeterre et son petit bouclier, *armes habituelles des infidèles*, ne le dénoncent pas moins que ses cornes, sa queue et ses pieds fourchus. *(XXI session du Congrès archéologique de France)*.

les *figlinæ* du Courton et du Plan, ainsi que les établissements du *Portus* furent détruits et abandonnés. De tous les habitants les pêcheurs durent rester à peu près seuls dans les retranchements du Château dans les moments de danger, sur le bord de la mer ou dans leurs embarcations, aussitôt que l'ennemi avait disparu de l'horizon, et c'est ainsi qu'ils traversèrent les invasions suivantes.

847. — Au milieu du IXe siècle, les Maures reparurent devant Marseille, mais cette fois ils l'attaquèrent par mer. Leur flotte était considérable; ils parcoururent le littoral détruisant tout par le fer et le feu. Ils disparurent, enfin, ne trouvant plus chez les habitants, ni dans les monastères, ni dans les églises, des objets capables de tenter leur avidité. Douze ans après, ils reparurent à l'embouchure du Rhône et devant Marseille, précédant les Normands qui vinrent à leur tour faire des courses désastreuses dans les mêmes contrées.

905. — Enfin au commencement du Xe siècle, les Hongrois descendants des Huns, vinrent plus d'une fois porter la désolation jusque dans la Provence. Ils en traitèrent les habitants avec tant de cruauté, ils répandirent tant de sang, ils brulèrent tant d'églises et de monastères qu'on s'imagina que la fin du monde était arrivée.

. . . .

Tel est le dernier tableau des invasions des barbares. Mais les malheurs des provinces méridionales de la Gaule ne se terminent point là; les guerres civiles de la féodalité ne font que les continuer.

CHAPITRE TROISIÈME.

Castrum Casiciis.

§ 1er LES VICOMTES DE MARSEILLE, LA MAISON DES BAUX ET LES SEIGNEURS D'AUBAGNE,

Aux dernières invasions des barbares succède la féodalité. La nécessité de se renfermer dans des forteresses, est plus absolue que jamais; la grande culture est oubliée, les défrichements entrepris par les Romains sont abandonnés, la campagne, du moins la partie cultivée, se borne aux penchants des collines que dominent les châteaux. Des murs en terrasse soutiennent les terres où l'on cultive l'olivier, la vigne et les légumes; des sentiers étroits et abruptes sont les seules voies de communication (**1**).

Tel est le lugubre tableau au milieu duquel s'élevaient péniblement de pauvres villages habités par des malheureux, que se disputaient, les armes à la main, de riches seigneurs, des maîtres rapaces entourés de farouches soldats.

980. — S'il faut en croire BOUCHE, BOSON 1er, Roi d'Arles, donna à son frère à titre de vicomté, la ville de Marseille et ses dépendances. Celui-ci eût des successeurs qui peu-à-peu étendirent leur juridiction et possédèrent dans la suite tout le pays depuis Hyères jusqu'à Martigues.

Avant d'aller plus loin il est bon de faire remarquer que depuis l'époque dont nous parlons jusqu'au milieu du XVe siècle, Cassis et Roquefort ne formaient qu'une seule et même terre. Ce fait est prouvé, non seulement par la tradition, mais encore par des monuments écrits, ainsi que nous le

(1) *Statistique des Bouches-du-Rhône.*

ferons remarquer en son lieu. Il n'y a donc pas à s'étonner que, pendant plusieurs siècles, alors même que Cassis devait être déjà quelque chose, il n'en soit pas nommément question, mais qu'il ne soit, au contraire, parlé que de Roquefort.

965 à 1008. — Pons 1er, Évêque de Marseille, fils de Guillaume 1er, vicomte de la même ville, aurait été, suivant M. de Villeneuve, le protecteur des habitants de Cassis et ce serait par suite des secours qu'il leur aurait accordés que ceux-ci auraient construit l'église S.-Michel. Il serait difficile de prouver le contraire. Nous croyons, cependant, qu'il y a erreur dans les suppositions de cet historien. Pons II, neveu et successeur de Pons 1er, qui siégea de 1008 à 1073 fut pour un grand nombre de localités environnantes d'une protection bien plus efficace et peut-être fit-il quelque chose dans l'intérêt du château de Cassiciis.

1117. — Un grand différent s'étant élevé entre le chapitre de la Cathédrale de Marseille et l'abbaye de S.-Victor, à propos de certaines possessions, le Pape Gélase II fut obligé d'intervenir pour rétablir la paix et l'Archevêque d'Arles ayant été choisi pour arbitre, il fut décidé, entr'autres questions : « que les Moines de S.-Victor céderaient au clergé de la Cathédrale l'église de Roquefort *avec tout ce qui lui appartenait.* »

1153 — Une bulle du Pape Anastase IV, donnée, en 1153, en faveur de la Cathédrale rappelle que l'église de Roquefort fait partie des propriétés de l'Église de Marseille.

1163. — Une sentence des Évêques d'Antibes et de Carpentras, prononcée en 1163, confirme de nouveau le chapitre de Marseille dans la possession de l'Église de Roquefort. (1)

Tirant la conséquence de ce que nous avons dit tout-à-l'heure, nous devons conclure que par suite de ses constatations de droits, la terre de Cassis appartenait au Chapitre de la Cathédrale de Marseille.

(1) *De l'antiquité de l'église de Marseille.*

1200. — C'est du règne de Raymond Bérenger IV que datent les institutions qui rendirent quelque bonheur à la Provence. Beaucoup de villages et même de petites villes furent fondés à cette époque et la population augmenta considérablement. Ce prince attira à la Ciotat quelques familles de pêcheurs catalans et encouragea l'agriculture, le commerce et l'industrie.

Cassis n'est pas compris sur les états d'affouagement dressés à cette époque, et quelques historiens ont conclu de là qu'il n'existait pas. Cependant il est parlé du château de Cassis dans un acte du 17 mai 1200, (1) et nous pouvons encore prouver son existence par un acte postérieur de peu d'années.

---

(1) Bien que nous nous étayions de cet acte qu'on peut lire dans l'histoire de la Commune de Marseille, de Méry et Guindon, tome 1er, page 198, pour prouver que Cassis existait en 1200, nous devons avouer qu'il ne nous inspire qu'une médiocre confiance parce que :

1°. Il y est indiqué que le Comte de Provence a continuellement à souffrir des tracasseries des Catalans, tandis que les historiens sont généralement d'accord que ce prince les attira sur notre côte.

2°. La mère de Bérenger IV s'appelait *Garcende* et non pas *Guillaumette*.

3°. Raymond Bérenger, n'ayant perdu son père qu'en 1209, ne régnait pas en 1200.

Quant à la langue même employée dans cet acte, il est évident que c'est et que ce ne peut être que la provençale. Voici du reste l'histoire de la copie que nous avons trouvée à la mairie de Cassis :

1° Fait la présente copie et extrait de son propre original, due collation faite par moi Durand de Salerne, notaire de Marseille.
(Point de date).

2° Extrait le 9 novembre 1753, des archives d'Aubagne par moi :
Signé : Pierre-Paul Pierre.

3° Collationné par moi Greffier de la Communauté de Roquefort, *signé* Rodolphe Tricon, à l'extrait que nous soussigné *Secrétaire greffier* de la municipalité dudit Roquefort avons transcrit et traduit de l'ancienne langue provençale en langue française.
Signé : Bérenger, *Secrétaire greffier*.

1223. — C'est de 1223 que date la possession de Roquefort et de ses dépendances par la maison des Baux. Cette famille qui n'était vers 979 que pastorale s'occupa aussi bientôt après d'agriculture et de commerce dans ses terres que l'on a appelé de leur nom *Terres Baussenques*. Ces terres étaient un certain nombre de communautés sur lesquelles cette maison avait des droits de seigneurie ou de propriété. On ne les distinguait des autres communautés de la Provence que parce qu'elles conservèrent longtemps l'exemption et l'affranchissement de toutes sortes de péages, tributs et impositions.

Voici comment Cassis tomba au pouvoir de cette famille (1). La terre d'Aubagne relevait depuis longtemps de l'église de Marseille qui en avait investi les vicomtes sous une cense annuelle. Ces seigneurs l'ayant partagée entr'eux, RONCELIN, Vicomte de Marseille, en avait eu le tiers qui avait passé par droit de succession ou par quelque autre voie à HUGUES DE BAUX, qui avait épousé BARRALLE, nièce de RONCELIN. Comme on avait cessé de payer la cense, le Chapitre prétendit qu'il avait droit de reprendre cette portion de la terre d'Aubagne et que l'inféodation qu'il en avait faite n'avait plus lieu. Il en était de même de Roquefort et de Juillans qui avaient appartenu à RONCELIN, et qui étaient alors possédés par HUGUES DE BAUX.

Ce seigneur ayant prouvé ses droits on renouvela l'inféodation et on investit de nouveau HUGUES DE BAUX, et ses

---

4° Je soussigné *Secrétaire greffier* de cette Mairie de Cassis certifie à tous à qui il appartiendra que le présent extrait a été copié et après collationné par moi sur celui que le *Secrétaire greffier* de la communauté de Roquefort avait copié de celui déposé dans les archives de cette commune tiré de celles d'Aubagne.

Signé : NICOLAS.

(1) *De l'antiquité de l'église de Marseille.*

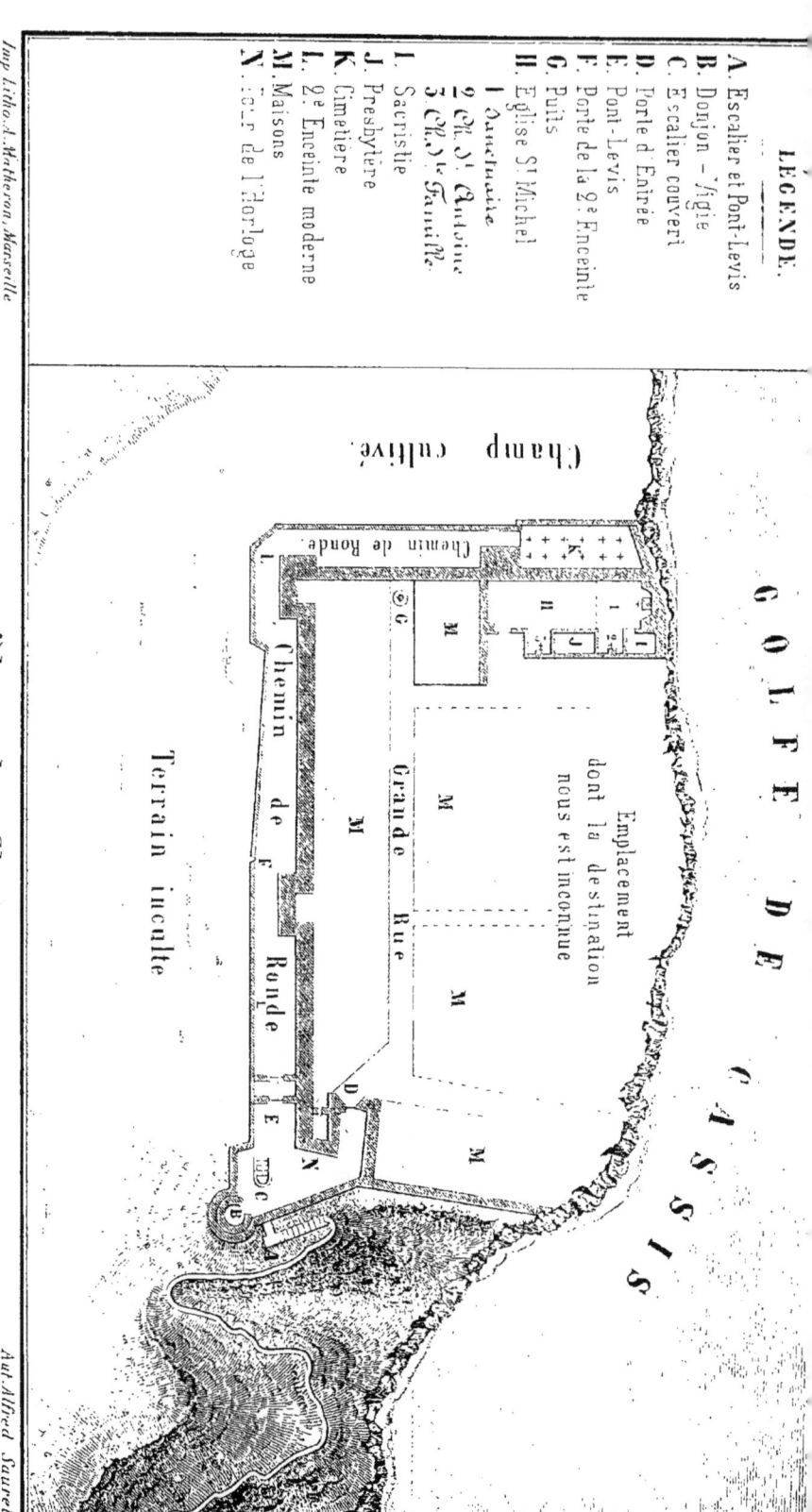

LÉGENDE.

A. Escalier et Pont-Levis
B. Donjon-Vigie
C. Escalier couvert
D. Porte d'Entrée
E. Pont-Levis
F. Porte de la 2e Enceinte
G. Puits
H. Église St Michel
1. Sacristie
2. (M.) St Antoine
3. (M.) la Famille
I. Sacristie
J. Presbytère
K. Cimetière
L. 2e Enceinte moderne
M. Maisons
N. Tour de l'Horloge

Imp. Lith. A. Watheron, Marseille.

Plan du Château
durant le Moyen-Âge et les Temps Modernes.

Aut. Alfred Saurel.

fils Gilbert et Barral, du tiers de la seigneurie d'Aubagne et des terres de Roquefort et de Juillans.

Cet acte fut passé le 19 octobre 1223.

Bien que nous ne puissions fixer l'époque précise de la construction de ses murs et qu'on puisse nous objecter que Cassis n'est point compris dans la nomenclature des terres Baussenques, *loca Baussericorum*, nous croyons que le château, *Castrum Casiciis*, est dû à la maison des Baux et qu'il a été élevé dans un but de commerce autant que de défense.

Les remparts et les tours étaient alors beaucoup plus élevés qu'ils ne le sont aujourd'hui et l'aspect général en était dès lors beaucoup plus grandiose et infiniment plus redoutable. Outre le système nouveau de fortification qui est, comme chacun sait, bien opposé à l'ancien et d'après lequel il a fallu, à la fin du siècle dernier, assujétir les remparts, la nécessité de conserver la partie la plus sûre et la plus indispensable des murailles a fait que l'on a démoli, pendant la révolution, le sommet des tours et des remparts qui, aussi bien que la chapelle Saint-Michel, menaçaient ruine depuis plus d'un quart de siècle.

Tel qu'il est aujourd'hui, le château forme un parallélogramme irrégulier de 4,850 mètres environ de superficie, et a deux enceintes. La première et la plus ancienne, ce qu'on appelle vulgairement dans le pays les *remparts*, a, en moyenne, sept mètres de hauteur sur une épaisseur de un mètre vingt centimètres. Quatre tours carrées de huit mètres cinquante cent., sont placées au centre et aux extrémités. A la place qu'occupait l'église Saint-Michel, le génie militaire a construit à neuf, en 1840, une batterie casematée. La seconde enceinte beaucoup plus moderne et bien moins sérieuse que la première n'a guère que trois à quatre mètres de hauteur.

La porte principale qui regarde le Nord est précédée d'une

terrasse à laquelle on accède par un escalier de quinze marches, au haut duquel est un petit pont-levis reposant sur le seuil d'une porte étroite qui donne dans un second escalier couvert dont l'issue est sur la terrasse même. Une tourelle ronde dont l'élévation primitive paraît bien réduite et qui servait probablement de vigie, la domine.

Tous ces murs ont besoin de réparations importantes : de larges crevasses, de profondes lézardes, annoncent une ruine plus ou moins prochaine, qu'il serait pourtant bien facile de prévenir.

Bien que l'on soit en droit de supposer que le chiffre de soixante-dix-neuf, nombre des villes et des châteaux possédés par les Baux, n'a pas été dépassé par suite d'un de ces préjugés si communs au moyen-âge, les chiffres *sept* et *neuf* étant aussi bien que les *trois* nombres cabalistiques, un acte du 23 janvier 1370, justifie *que le lieu de Cassis faisait partie du territoire de Roquefort* (n° 31 des terres Baussenques), et que tant ledit lieu de Cassis que celui de Roquefort appartenait encore aux seigneurs de Baux. Cet acte est assez explicite et justificatif; mais une autre preuve à laquelle il est bon de réfléchir, c'est l'existence sur la porte principale du château de *l'étoile aux seize rais,* armoirie de la famille des Baux.

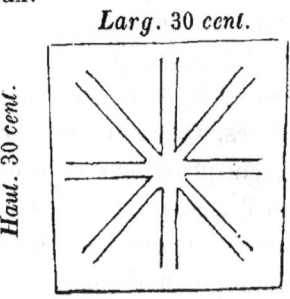

Si l'on veut bien se rappeler le cas que l'on faisait, durant le moyen-âge, des marques, des chiffres, des blasons seigneuriaux, on verra qu'on ne peut pas élever le moindre doute sur la possession du château par cette illustre famille.

1251. — Sa puissance commença à disparaître devant les mesures prises par Charles 1er, comte de Provence, et en 1251 Barral de Baux, fut obligé de se reconnaître son vassal. Plus tard la pluspart des terres Baussenques devinrent l'objet de confiscations par suite des menées de leurs possesseurs et furent réunies à d'autres communautés plus considérables.

1324. — Après la mort de Bertrand de Baux, Hugues, son fils, se rendit hommageable au comte de Provence. C'est la première fois qu'il est question d'une manière positive des habitants de Cassis, car on les voit prêter hommage au Roi, en 1324.

Vingt ans après, ce même hommage est prêté entre les mains de la reine Jeanne, mais il ne porte que le serment de fidélité. Voici du reste tout ce que nous avons pu en retrouver:

« En présence de magnifique et égrège, maître Jean
« d'Arlosan, chevalier maître d'hôtel et conseiller de la
« susdite Dame, ledit étant assis sur un banc de bois à la
« place devant l'église ayant un missel de ladite église
« en main, probes hommes Monet Dalmas, Guillelme,
« Aidulphe le jeune, et Honnoré Dallest, conseillers dudit
« Cassis, la tête découverte, à genoux, promirent d'être
« fidèles et obéissants (1). »

En 1350, Raymomd, Baron ou seigneur des Baux, vendit au monastère Saint-Victor-lez-Marseille une partie de ses terres, se reservant en faveur des hommes d'Aubagne, de Roquefort et de Saint Marcel, restés ses vassaux, la franchise de tous droits dans les lieux vendus ainsi que la compascuité si longtemps établie dans les terres Baussenques.

(1) *Archives de la ville.*

1378. — Dans un acte du 12 mai 1378, relatif à la limitation du territoire de Ceyreste, la terre de Cassis est appelée *terra de Cassinis*. En des titres postérieurs on trouve de *Cassino*, et quelquefois de *Cassito ;* dans d'autres *Castrum Cassitis*, *locus de Cassitis* et *Castrum de Cassitis* et enfin *Castrum de Cassiciis* et *locus de Cassiciis*. Nulle part, et en cela nous sommes fâché d'être encore une fois en désaccord avec M. Villeneuuve, on ne trouve *Villa Carcitana*.

1382. — Louis II, Comte de Provence, ayant été couronné Roi de Naples, à Avignon, le 1er novembre 1389, entreprit de remonter sur le trône. Chose déplorable! Les princes de la maison d'Anjou n'entendirent jamais se désister de leurs droits plus ou moins légitimes à la couronne de Naples et de Sicile. Pour parvenir à ce but chacun d'eux ruina la Provence en levées d'hommes et d'impôts et aucun n'eut la sagesse de renoncer à ses prétentions. Pour entreprendre une nouvelle expédition, il fallut à Louis II de nouvelles sommes. Pour cela, dit l'historien Nostradamus :

« D'abondant fut ordonné et résolu que toute personne de
« quelconque qualité et condition, tant laïc qu'ecclésiastique
« y contribueraient, sans en excepter la saincteté même du
« Pape, résidant en Avignon, les cardinaux tenant et possé-
« dant bénéfice en Provence, ni finalement les villes et
« châteaux d'Arles, Marseille, Salon, Grans, Saint-Amans,
« Mayramas, Cornillon, La Vernègue, le Val, Aulbaigne,
« Roquefort, Cassis, Cuges, Lurs et autres places qui se
« maintenaient impériales (1), outres lesquelles les commu-
« nautés, chapitres, hospitaliers et templiers, les lieux de

---

(1) Au XIe et XIIe siècle, la seigneurie d'Aubagne appartenait à une branche de la maison des Vicomtes de Marseille. Les Empereurs d'Allemagne intervinrent plusieurs fois pour attribuer à la cathédrale de Marseille la suzeraineté de la baronie d'Aubagne. C'est pour ce motif qu'Aubagne et Roquefort ont été comptées parmi les villes impériales. *(Statistique des Bouches-du-Rhône).*

« Nonnes et Barbentane qui appartenaient à l'Évêque d'Avi-
« gnon, nonobstant leur prétendue exemption, etc. »

1426. — A l'extinction de la famille des Baux, qui eut lieu en 1426, la baronie d'Aubagne et sa vallée furent réunies au comté de Provence.

Quatre ans après, transaction fut passée entre Noble de Castillon, baron d'Aubagne, seigneur de Cassis, et les Consuls dudit lieu d'une part et l'abbé de Saint-Victor-les-Marseille, prieur prébendé primitif de Cassis, portant réglement tant des lods et censes que les particuliers devaient, que de la dime des blés, vins et de la dime des biens nobles.

Cet acte prouve qu'il n'est pas exact de dire que la vente de la baronie d'Aubagne, à titre de rachat, par le Roi Réné à son secrétaire, Charles de Castillon, eût lieu en 1433. On verra un peu plus loin, année 1492, de quelle manière le Roi Réné avait fait son marché.

En 1436, il n'y avait à Cassis qu'un seul four qui était dans le château. Les habitants, pour leur commodité et pour l'utilité de leur commerce, avaient déjà commencé à abandonner la montagne et à bâtir sur le bord de la mer. Le four du château, où il fallait qu'ils montassent pour cuire leur pain et où de trente pains ils étaient obligés d'en donner un, étant d'un accès très-difficile, ils supplièrent le baron d'Aubagne, seigneur de Cassis, de leur permettre d'en faire construire d'autres dont la situation fut plus commode pour ses vassaux.

Le baron leur donna, le 1er février 1436, à nouveau bail, le four et le droit de fournage, sous la réserve de la seigneurie et d'une cense annuelle d'un sol (1) royal et à condition que de vingt en vingt ans ils payeraient le droit appelé *treizain*, suivant la valeur du four et de ceux qu'ils pourraient faire construire et à charge d'entretenir toujours le four du château en bon état.

---

(1) 2 francs 80 cent., environ du jour

1467. —Par quittance du 27 avril 1467, la communauté paya le droit de lods ou treizain au Seigneur et il fut stipulé et convenu dans cette quittance que ce lods se payerait à l'avenir sur le pied de la valeur des fours et droits de fournage au temps de son échéance. A cette époque le droit de fournage était d'un pain sur quarante-un.

1471. — Le Roi RÉNÉ, n'ayant plus l'espoir de recouvrer ses Etats d'Italie, avait fixé sa demeure en Provence et n'y était occupé que du soin de sa santé (1). Il crut que le bon air de Saint-Cannat, situé dans une agréable plaine arrosée par un grand nombre de sources et abondante en fruits, en gibier et en pâturages, contribuerait à la conserver. Il proposa à l'Evêque de Marseille qui était Seigneur de la terre de Saint-Cannat de l'échanger, ainsi que les terres d'Allein et de Valbonnette qui appartenaient de même à l'évêché, pour la baronie d'Aubagne qui comprenait les seigneuries d'Aubagne, de Roquefort, de Saint-Marcel, de Julhians, de Cuges et du Castelet. L'échange était fort avantageux pour l'Évêque, à ce qu'il paraît, puisqu'il fut accepté avec empressement et que l'acte fut passé à Aix, le 28 février 1473, dans le cloître des Carmes, en présence de treize personnages importants de la province qui y parurent comme témoins du Roi et de l'Évêque.

Après s'être présentés devant le chapitre de la cathédrale pour y faire ratifier cette transaction, les sieurs Honoré DE BERRE et Jean CURETI, députés par le Roi, allèrent à Aubagne et mirent l'Évêque en possession d'Aubagne, de la baronie, de ses dépendances, de ses membres et de leurs châteaux.

1475. — Deux ans après, le Pape SIXTE IV confirma cette vente.

(1) *De l'antiquité de l'église de Marseille.*

§ 2ᵉ Les Évêques de Marseille, barons d'Aubagne.

Lorsque la commune fut cédée à l'Evêque de Marseille, Cassis avait déjà une certaine importance. Outre l'étendue de son territoire qui était alors double de ce qu'il est aujourd'hui, les habitations n'étaient pas seulement renfermées dans l'enceinte du château, *Castrum Cassitis*. Plusieurs actes de l'époque parlent aussi du *locus Cassitis*, qui n'était autre chose que le quartier appelé *Bourgade*. Un acte de 1406, relatif à la vente d'une maison, spécifie que cette maison confronte le *barri*. Sans poser autour du nouveau village des remparts dans le genre de ceux du château, on se contenta d'établir un mur de ceinture, une barrière qui pouvait, en cas de besoin, donner aux habitants surpris par l'ennemi le temps de se renfermer dans la citadelle. Un autre acte, de 1408, nous apprend qu'il existait, là où est aujourd'hui la paroisse, une église appelée *Notre-Dame*. Les deux Cassis formaient donc à eux deux un village déjà assez considérable et l'on ne s'étonnera pas que nous portions à quinze cents au moins le chiffre de ses habitants. Protégés par le château qu'on remplissait de défenseurs au besoin, le port imparfait sans doute et bien plus restreint qu'il ne l'était à l'époque des Romains, renfermait de nombreux bateaux pêcheurs qui parcouraient la côte.

Il y eut sous la crosse de l'Évêque, pour Cassis, des améliorations dues à sa nouvelle fortune ; mais il y avait des généalogies de maisons et de terres soumises à la directe des Évêques ; les frères prêcheurs de Marseille et le chapitre de la Major comptaient des emphytéotes et des redevables parmi ses propriétaires (1).

1481. — Le 10 décembre 1481, Charles d'Anjou, Comte de Provence et Roi de Sicile, institua Louis XI, Roi de France,

---

(1) Masse, *Statistique de la Ciotat*.

légataire de la Provence. Réunie définitivement à la couronne, en 1486, sous le règne de Charles VIII, elle entrevit des jours meilleurs. Cassis, tout infime qu'était son importance, s'en ressentit cependant. Le commerce s'accrut, l'industrie grandit, les constructions se multiplièrent.

1492. — L'Évêque de Marseille n'était pas en paisible possession de la baronie d'Aubagne (1). René de Castillon la lui contestait en vertu d'une bulle qu'il avait obtenue du Pape Sixte IV, à qui il avait exposé que son père, Charles de Castillon, dont il était héritier, avait été forcé par le Roi René à écrire et à signer un écrit, par lequel il obligeait ses héritiers à céder, après sa mort, la baronie d'Aubagne à ce prince, pour la somme de trois mille écus ; que pour extorquer cette signature, le Roi avait employé la violence et des menaces capables d'ébranler la constance d'un homme plein de fermeté et de courage ; qu'après la mort de Charles de Castillon, son fils, René, qui était mineur, s'était vu, comme son père, en butte à la haine et à la persécution du Roi qui l'avait fait requérir, en vertu de l'écrit signé par son père, de lui vendre la baronie au prix marqué dans cet écrit ; que c'était un de ses ennemis, homme austère, dont on s'était servi pour lui faire faire cette réquisition ; que René, s'étant laissé tromper, avait, en effet, vendu la baronie la moitié au-dessous de sa juste valeur et avait même fait serment de ne jamais contrevenir à cette vente ; enfin, que c'était par cette voie que le Roi était parvenu à faire l'échange dont il s'agissait.

Sur cet exposé le Pape ordonna au prévôt et au sacristain de l'église de Marseille de dispenser René de Castillon de son serment, si, après un examen suffisant, ils trouvaient que le Roi eût véritablement usé de violence à son égard et que la lésion fut énorme. Il leur ordonna même de forcer, en ce cas, l'Évêque à rendre à René de Castillon la baronie

---

(1) *De l'antiquité de l'église de Marseille.*

d'Aubagne, bien entendu que ce prélat reprendrait les terres qu'il avait données en échange.

Le procès qui suivit cet ordre durait depuis plus de dix ans, lorsque les parties s'accommodèrent sous le bon plaisir du Pape, en 1492. RÉNÉ renonça à tous ses droits à la baronie d'Aubagne et reçut, à titre de fief, la terre du Castelet, un de ses membres.

1521. — Cassis continua donc à appartenir à l'Évêque de Marseille et à s'accroître insensiblement. L'église du château fut consacrée, le 11 novembre 1521, par l'Évêque de Tarragone qui se trouvait passager sur un navire de relâche dans le port, en l'honneur de Saint-Michel et de Notre-Dame-de-l'Assomption (1). Tout insuffisante que fût cette église, il était prudent de ne pas songer à en construire une nouvelle tant que la guerre entre FRANÇOIS Ier et CHARLES-QUINT n'avait pas cessé.

1524. — CHARLES, Duc de Bourbon, Connétable de France, plus connu sous le nom de Connétable de Bourbon, trahissant lâchement les intérêts de sa patrie, travaillait à détacher les Provençaux du restant de la nation. Prenant, enfin, ouvertement parti pour CHARLES-QUINT, il entre en Provence à la tête de l'armée impériale, s'empare successivement de Grasse, Antibes, Fréjus, Draguignan, Hyères, Brignolles et marche ensuite sur Marseille. Bientôt la place est investie : mais forcé d'abandonner le siège, il se replie sur Toulon.

Au premier bruit de l'entrée des impériaux en Provence, les principaux habitants de quelques villages voisins de Cassis s'étaient réunis pour aviser aux moyens de mettre à l'abri des calamités de la guerre leurs richesses, leurs filles et leurs femmes (2). Le *Castrum Cassiciis* leur paraissant remplir toutes les conditions d'une place forte, capable de résister à un siège et que devait d'ailleurs protéger et ravitailler

---

(1) VILLENEUVE, *Statistique des Bouches-du-Rhône*.
(2) MASSE, *Statistique de la Ciotat*.

la flotte en station dans le port de Marseille, fut choisi pour renfermer les objets les plus précieux et soustraire à la brutalité des impériaux l'honneur des femmes.

Bientôt l'armée du Connétable de Bourbon se présente sous ses murs; toutes les communications avec le dehors sont interdites. Les assiégés sont d'abord pleins de confiance, mais la flotte qui devait les secourir ne se présentant pas, leur courage faiblit. De son côté le chef de l'expédition est informé de ce qui se passe dans le château et de tous les trésors qu'il renferme, il comprend qu'un coup de main peut l'en rendre maître; il permet le pillage à ses soldats. Cette promesse obtient l'effet voulu. Les impériaux montent à l'assaut avec une ardeur que rien ne peut arrêter; les hommes sont massacrés, les femmes violées, les richesses accumulées dans les maisons pillées, le peu de munitions qui restent enlevés, les archives lancées à la mer, une partie des remparts démolie.

Après cet exploit les assiégeants abandonnent le château et vont rejoindre le gros de l'armée qui venait de s'emparer de Toulon.

Nous avons vainement cherché dans les archives la date précise à laquelle se passait cet évènement; tout ce qu'il y a de positif, c'est que la prise du château eût bien lieu en 1524; ce qui le prouve, ce sont les plaintes qui furent adressées quelques années plus tard par les habitants de Cassis à FRANÇOIS Ier, lors de son passage à Marseille et qui font allusion à cette affaire et à la date où elle eut lieu. Un écrivain prétend que c'était le 7 septembre 1523, mais ce que nous venons de dire suffit pour prouver son erreur.

1533 — FRANÇOIS Ier vint à Marseille, en 1533; les Cassidens profitèrent de son passage pour lui adresser une demande de protection que leur dévouement à sa cause ne pouvait que justifier. La supplique fut si favorablement écoutée que le Roi leur octroya, le 11 novembre de la même année, la Charte suivante :

« François, (1) par la grace de Dieu, Roy de France, Conte
« de Provence, Forcalquier et terres adjacentes, à nos
« amés et féaulx les grant séneschal ou son lieutenant et gens
« de nre court de parlement de Provence résidant à Aix,
« salut et dilection. Receu avons humble supplicacion de nos
« chers et bien amez les manans et habitants du chasteau et
« bourg de Cassis contenant que led. bourg et chasteau est
« assis sur le bort de la mer à la venue des maures et infi-
« delles que ordinairement se abordent aud. lieu et es envi-
« rons, parcourent le païs, prenent et pillent hommes, fem-
« mes, ensfans et biens tellement que pour savoir leur venue
« et y résister lesd. supplians sont contraincts six ou sept
« moys de l'année faire guet et garde aud. chasteau et es
« environs de quinze hommes pour guet et garde jour et
« nuyct, pour la conservacion des personnes et biens du païs
« d'environ à leurs propres couts, freitz et mises et pour ce
« faire fournissent de municions, artillerie, poulde, bouletz,
« bastons de guerre que autre chose de desfence à eulx requi-
« ses et nécessaires, sans lesquelles resistances et guetz plu-
« sieurs pescheurs, maryniers, gens de labeur et autres dud.
« païs seroient souventes foiz perduz et prins desd. ennemys
« et encores quant aucune gens de nos ordonnances ou autres
« sont de par nous envoïez audict lieu ils les ont receuz et
« recueillis au mieulx qu'ilz ont peu selon nre mandement et
« ordonnance, sans que les chasteaulx, bourgs et lieux
« d'Aubaigne, de Cuers, Soliers et la Cadière les ayent jamais
« aydé ny contribué pour l'indempnité qu'ils y pourraient
« avoir eu et pour cette caüe ont tousjours esté tenus francs,
« quittes et exempts des tous autres aides, subsides et
« subvencions quelzconques ; lesd. manans et habitans
« d'Aubaigne, de Cuers, Soliers et autres des susd. depuis six

(1) *Archives de la ville.* Pour faciliter la lecture de cette pièce nous avons cru bien faire de mettre quelques signes de ponctuation, l'original en étant entièrement dépourvu.

« ans en ça ou environ se sont esforcez et esforcent par chûn
« jour tauxer, imposer et cotiser lesd. supplians pour contri-
« buer aux vivres et autres freitz et mises que ont faict et
« font nosd. gens de guerre esd. lieux et en autres leurs affai-
« res commungs et que jamais ne avoit été faictes actendu la
« scituacion dud. qui lieu est garde et desfence des circon-
« voisins ; aussi qu'ils ont peu de terres vivant la pluspart de
« la pescherye en grand danger de leurs personnes ont..... et
« préjudices et dommaiges d'iceulx pouvres supplians et plus
« pourroient estre si par nous ne leur estait sur ce pourveu
« et subvenu de nre grace provision et remède à ce convena-
« ble, humblement requérant iceulx ; POURQUOY nous, ces
« choses considérées, désirant subvenir à nos subgetz selon
« l'exigence des cas, vous mandons, commandons et expres-
« sément enjoignons et à chûn de vous, sur ce premier requis
« et si comme à luy appartiendra, que appellez ceulx qui
« pour ce seront à appeller, s'il vous appert sommairement et
« de plain de ce que dict est, mêmement desd. guetz, gardes
« et desfences que lesd. supplians font à leurs dépans, freitz et
« mises et que pour cette caûe ils ayent tousjours esté tenuz
« francs, quictes et exempts desd. aides, subsides et subven-
« cions et n'ayent jamais eu aucuns commungs et contribu-
« cion avec lesd. des susd. ou des choses des susd. tant que
« souffrir doyt ; vous, en ce cas, tenez ou faites tenir lesd.
« supplians, francs, quictes et exempts de la contribucion,
« taxes, impôts et cotisacions desd. freitz, mises et dépans
« desd. gens de guerre et autres affaires commungs desd.
« villes, chasteaulx et bourgs, en les contraignant à ce faire
« et souffrir par toutes voyes et moïens deus et raisonnables
« et en cas de débat ou contredit faictes aux parties oyes rai-
« son et justice, car tel est nre plaisir. Donné à Marseille le xy
« jour de novèbre, l'an de grâce mille cinq cens trente troys
« et de nre regne le dix neufiesme.

Par le Roy Conte de Provence,

Sé : LAHYRE.

On comprend que protégés ainsi d'une manière tout exceptionnelle par leur souverain, les habitants du bourg et château de Cassis aient résisté une seconde fois, et plus heureusement que la première, aux forces impériales, lors de l'invasion de 1536.

1536. — Le système de défense entrepris contre l'armée de CHARLES-QUINT peut nous donner une idée du patriotisme de l'époque. Les villes hors d'état de résister furent démantelées; les habitants dévastèrent eux-mêmes le pays pour affamer les impériaux; on détruisit les moissons, les jardins, les moulins à blé. La plus grande partie des hommes en état de porter les armes suivirent les troupes dans les places fortes, les autres allèrent se cacher dans les lieux les plus sauvages et les plus inaccessibles.

Les armées de CHARLES-QUINT débordèrent en Provence par le Var pendant qu'une flotte nombreuse commandée par le fameux DORIA avait mission de désoler toute la côte. On connait l'issue de cette campagne : aux trois quarts détruite par les maladies et les privations, l'armée impériale fut obligée d'évacuer la Provence.

CHAPITRE QUATRIÈME.

Cassis.

§ 1ᵉʳ Nouvelle Seigneurie des Évêques.

Quelques années après la mort de François Iᵉʳ, commencèrent les guerres de religion; mais Cassis ne s'en ressentit que faiblement.

A cette époque, le château est rapidement déserté; l'église, la maison commune y sont bien encore renfermées, mais la majorité des habitants loge dans le bourg; le commerce prend une extension soutenue; les bâtiments de Cassis ne sont plus seulement des bateaux pêcheurs; ce sont des tartanes qui opèrent, avec le Levant et les côtes barbaresques, de nombreuses transactions.

1551, — Le territoire de la commune, malgré les empiètements des circonvoisins est encore très étendu. Le *verbal* de la vérification des limites du terroir, dressé le 18 juillet 1551, à la poursuite de la ville de Marseille, prouve que Cassis possède encore Carpiagne et une partie du Logisson.

1565. — Quelques années après commença, entre Cassis, l'Evêque et un certain nombre de particuliers, une série de procès qui finirent par ruiner la commune. Le plus embrouillé de tous fut celui de la *directe universelle* (1) que suscita Pierre de Ragueneau, le 20 novembre 1565, et qui fut terminé, le 4 mars 1573, par cet arrêt de la Cour de Provence :

« Dit a été que la Cour sans avoir égard aux dittes lettres
« royaux en forme de requête civile obtenues par ledit sieur

---

(1) C'est dans les droits de *justice* et de fief que les Seigneurs avaient puisé la singulière prétention de la *directe universelle* qui les faisait *propriétaires originaires*, eux ou les Rois leurs successeurs, de tous les biens possédés en France.
L. Cuzon.

« Evêque de Marseille de l'effet et entérinement desquelles
« ensemble des fins et conclusions l'a débouté et déboute,
« a ordonné et ordonne que ledit arrêt du 23 décembre 1569
« donné entre les parties tiendra et sortira son plein et
« entier effet, condamne ledit Evêque en cent souls (1)
« d'amende envers le Roy et en cent souls envers les dites
« communautés (d'Aubagne, Roquefort et Cassis), pour ses
« dépans, dommages et intérêts. »

Pendant que cet arrêt se dictait, la France était inondée de sang; les guerres de religion armaient des concitoyens les uns contre les autres et la St-Barthelemy mettait le comble à toutes ces horreurs.

Outre les troubles de toute espèce qui affaiblissaient la nation à ses propres yeux, il y avait à fermer les plaies ouvertes depuis la prise de François Ier, à Pavie. Henri III avait succédé à son frère, de détestable mémoire, en abandonnant la couronne de Pologne qu'il portait déjà pour venir ceindre celle de France. Pour subvenir aux besoins du royaume, il présenta une supplique au Pape Grégoire XIII pour que sa Sainteté obligeât le clergé de France à payer les subsides conjointement avec le peuple. Le Pape rendit cette bulle à St-Pierre, le 15 des calendes d'août 1576, la cinquième année de son pontificat et le Roi la fit enregistrer au parlement. Le clergé fut taxé à 50,000 écus et chaque Évêque dut fournir la somme qui lui était demandée.

1577. — On procéda à une enquête (2) pour fixer la taxe de l'Évêque de Marseille sous la direction du Vicaire général, Balthazard Catin, lieutenant du sénéchal et Jean Pompone Doria. Les séances s'ouvrirent dans le Palais-royal de Marseille, le 1er avril 1577.

L'Évêque s'y rendit et déclara aux commissaires que pour payer sa taxe, il avait fait le même jour échange de sa terre

---

(1) 26 fr. 70 cent. du jour environ.
(2) *De l'antiquité de l'église de Marseille.*

de Cassis contre la moitié de celle de Roquefort, laquelle moitié appartenait au sieur d'Albertas, Seigneur de Péchauris et de Ners et que, par le contrat d'échange, le sieur d'Albertas s'était obligé à lui payer comptant 6,500 livres dont une partie serait employée à payer sa taxe et l'autre serait placée au profit de l'Évêché. Il leur représenta qu'il y avait dans cet échange une utilité évidente pour l'Évêché, parce que la seigneurie de Cassis ne rendait, année commune, que 22 écus, tandis que la portion de la terre de Roquefort, cédée par le sieur d'Albertas, en rendait au moins 35 et il les requit d'autoriser le contrat d'échange, passé le même jour, en qualité de commissaires subdélégués.

Les commisaires firent le lendemain une enquête de *commodo* et *incommodo* et entendirent trois témoins dont la déposition fut conforme à ce que l'Évêque avait avancé. L'enquête informa le public du contrat d'échange qui avait été fait secrètement et le fit échouer.

Le 4 du même mois, Nicolas DE BAUCET, écuyer, capitaine d'une des galères du Roi et du Château-d'If, près Marseille, comparut devant les commissaires et leur présenta une requête dans laquelle il offrait pour la terre de Cassis 10,500 livres, sauf à lui de rendre la condition de l'évêché meilleure, si quelqu'un voulait prétendre à cette terre et qu'à ces fins il requérait les commissaires de la mettre aux enchères à la chandelle.

BAUCET était Seigneur de l'autre moitié de Roquefort et il n'avait pu voir sans jalousie le sieur d'Albertas, maître d'une aussi belle terre que celle de Cassis. C'est ce qui parut dans la manière dont il se comporta à l'égard des Consuls de Cassis qui comparurent le lendemain.

Ils craignaient encore plus que le capitaine BAUCET de voir le sieur d'Albertas Seigneur de leur petite ville. Ils supplièrent les commissaires de ne pas pousser les choses plus loin avant d'avoir entendu ce qu'ils avaient à leur dire. Ils offrirent l'argent nécessaire pour payer non seulement la taxe de l'Évêque, mais encore tous les frais. Ils soutinrent que la vente de Cassis ne pouvait être faite qu'au préjudice de l'église de Marseille et du Roi, et ils s'engagèrent à le prouver en temps et lieu. En effet, disaient ils, dans un temps où tout le royaume était en trouble, il y aurait eu imprudence à mettre dans les mains d'un particulier une ville située sur la côte de la mer avec un port où les vaisseaux des ennemis de l'État auraient pu débarquer des troupes, et avec un château qui était fort pour ce temps-là et qui, d'ailleurs, pouvait favoriser l'entrée des bâtiments espagnols dans un autre port très-important et peu éloigné (Pormiou.) Ils protestèrent, contre les commissaires, de toutes procédures faites ou à faire à ce sujet et y formèrent opposition.

Le 19 du même mois, les députés de la ville de Cassis remirent aux commissaires un nouveau mémoire dans lequel ils exposaient longuement les motifs de l'opposition faite par les Consuls. En voici le résumé :

1° Dans les instructions envoyées dans les provinces par les Cardinaux et autres commissaires apostoliques, il était marqué qu'on devait vendre de préférence les biens ecclésiastiques les moins commodes et dont la vente serait moins dommageable et préjudiciable aux bénéfices. On ne pouvait donc pas aliéner Cassis parce que c'était un des *principaux* et des plus *importants* membres de la baronie d'Aubagne et que cette place était de *conséquence* à cause de la grandeur de son port.

2° Dans les mêmes instructions, il était recommandé aux commissaires subdélégués de veiller à ce que les biens que l'on vendrait n'excédassent pas la valeur de la taxe du bénéfice. Or, la valeur de la terre de Cassis était de plus du quadruple de la taxe de l'évêché.

3° Avant que de faire le contrat d'échange, on n'avait point mis d'affiche, ni fait aucune proclamation, quoique ces formalités fussent prescrites par la bulle du Pape et par les instructions.

Les députés ajoutaient que l'échange dont il s'agissait était très préjudiciable, non seulement à l'église de Marseille, mais encore à leur ville, à ses Consuls et à ses habitants qui avaient un intérêt évident à ne point changer de Seigneur. Ils renouvelaient l'offre que les Consuls avaient faite de payer la taxe de l'Évêque, afin que le service du Roi ne fut pas retardé, sauf à eux de se faire rembourser sur d'autres biens moins commodes à l'évêché.

Le 22 du même mois, le greffier de la commission alla par ordre des commissaires au palais épiscopal signifier à l'Évêque le contenu des mémoires et des requêtes des habitants de Cassis et du capitaine Baucet; à quoi le prélat répondit qu'il n'appartenait pas aux citoyens de Cassis de désigner les biens qu'il devait vendre, mais qu'il n'empêchait pas de mettre cette terre en vente et de recevoir leurs offres ainsi que celle du capitaine Baucet et de quiconque ferait la condition de l'évêché meilleure. Il requit les commissaires de fixer un jour pour y procéder,

Ceux-ci ordonnèrent que l'Évêque, le sieur d'Albertas, les Consuls de Cassis et le capitaine Baucet seraient entendus plus amplement le lendemain 26 avril. Les syndics et procureurs de Cassis comparurent avec leur avocat Bertrand Vias et soutinrent ce qu'eux et leurs Consuls avaient avancé dans leur requête. Salomon, avocat de l'Évêque, répondit que c'était à ce prélat à déterminer les biens qui devaient être vendus pour le payement de la taxe et qu'il n'empêchait point qu'on ne procédât à l'aliénation de la terre de Cassis. Albertas demanda qu'on autorisât le contrat d'échange et Baucet se départit de son enchère en faveur de la communauté de Cassis, ajoutant, néanmoins, qu'il y persisterait, dans le cas où on voudrait aliéner cette seigneurie. Les Consuls de Marseille entrèrent aussi dans cette affaire et firent requérir par l'assesseur de la ville la communication des pièces et des procédures.

Les commissaires ordonnèrent que les pièces concernant cette affaire leur fussent portées dans trois jours et que, néanmoins, pour plus grande précaution, les 650 écus offerts par les habitants de Cassis fussent mis en dépôt entre les mains d'un nommé Maître Louis Félix.

Le 10 mai, parurent devant eux André Rastit, un des Consuls de Cassis, Guillaume Pascon et Roustan d'Ailhot, procureurs de la communauté, qui leur déclarèrent que dans le conseil de leur communauté il avait été résolu d'un commun accord que :

« Pour montrer toujours de mieux en mieux la bonne
« volonté qu'ils ont porté et portent à l'Église de Marseille
« et au seigneur Évêque, leur seigneur, duquel n'enten-
« daient être séparés, ni venir soubs autre seigneur par-
« ticulier et rendre la place, juridiction, personnes,
« biens et droits seigneuriaux dudit lieu de Cassis *à jamais*
« *inaliénables*, étaient contents de payer présentement
« pour ledit seigneur Évêque la somme de 576 écus d'or
« sol, à 65 sous pièce, valant 1872 livres tournois, à laquelle
« ledit sieur Évêque se trouve taxé pour la cotte faite pour
« raison de l'aliénation. »

Cette offre était trop avantageuse pour n'être pas accueillie; aussi l'Évêque l'accepta-t-il avec empressement. Les commissaires prononcèrent, le 25 du même mois de mai 1577, une sentence par laquelle, en acceptant l'offre, ils ordonnèrent que Cassis, son territoire et ses habitants demeureraient à perpétuité soumis aux Évêques de Marseille, comme à leurs seigneurs, sans pouvoir être jamais distraits et aliénés du temporel de l'Évêché (1).

(1) Le tout moyennant paiement de 1,872 livres, taxe de l'évêché, plus 234 livres tournois montant des frais ; total : 2,106 livres.

Leur sentence fut confirmée par les Cardinaux et autres commissaires qui étaient à Paris, le 18 mars 1578, et ensuite par lettres patentes du Roi, du 6 mai de la même année, et que, sur requête présentée par le conseil, le 29 Mai 1579, le parlement de Provence enregistra le 3 juin suivant.

Voici ces deux actes importants :

« Henry, par la grâce de Dieu, Roy de France et de Polo-
« gne, à tous ceux qui les présentes verront, salut. Savoir
« faisons qu'après avoir fait voir en notre conseil privé la
« déclaration faite au profit des consuls, procureurs et com-
« munauté des manants et habitants du bourg de Cassis
« que ledit lieu de Cassis et ses habitants, terroir, droits
« et appartenances d'icelluy demeureront à perpétuité à
« l'évêché de Marseille sans que puisse être aucunement
« distrait, vendu ou aliéné sous quelque prétexte que ce
« soit, moyennant l'acquit et payement fait par forme de
« don gratuit par lesdits Consuls et habitants dudit Cassis
« de la somme de deux mille cent six livres tournois à quoi
« revient la taxe imposée à l'évêché de Marseille et frais
« d'icelle, ainsi qu'il est plus en plein contenu par le procès
« verbal de ce fait par les commissaires subdélégués au
« diocèse de Marseille, de nos bien amés cousins les Cardi-
« naux de Bourbon et d'Est et autres principaux délégués,
« pour l'aliénation de cinquante mille écus de rente à nous
« accordés du bien temporel des églises de notre royaume et
« même par leurs lettres de ratification et approbation de la-
« dite sentence et déclaration ci-attachée sous le contre scel
« de notre chancellerie, nous, en tant qui nous peut toucher
« de l'avis de notre conseil, avons eu pour agréable ladite
« déclaration, icelle avons approuvée, ratifiée, confirmée et
« autorisée, approuvons, ratifions, confirmons et autorisons
« par ces présentes, voulons et nous plaît que le contenu au
« contrat d'icelle soit entretenu, gardé et observé inviolable-
« ment sans y être contrevenu pour quelques cause et

« occasion que ce soit, Si donnons en mandement à nos amés
« et féaux de nos cours de parlement, bailli, sénéchal,
« prévôts ou leurs lieutenants et à tous nos autres justiciers
« et officiers qu'il appartiendra que lesdits Consuls, manants
« et habitants dudit Cassis ils fassent jouir et user pleine-
« ment et paisiblement du bénéfice de ladite déclaration ;
« cessent et fassent cesser tous troubles et empêchements
« contraires, CAR TEL EST notre plaisir, en foi de quoi nous
« avons fait mettre notre scel à ces présentes, le sixième
« jour de may l'an de grâce mil cinq cent soixante et dix
« huit et de notre regne le cinquième. »

Par le Roi en son conseil,
CARON.

Nota. La pièce originale qui devrait, suivant l'inventaire des archives de la commune, dressé en 1752, par l'abbé PIERRE, exister à la Mairie de Cassis, n'ayant pu être retrouvée par nous, pas plus que la bulle du Pape, nous avons été heureux de rencontrer cette copie que des affirmations authentiques nous autorisent à croire exacte, moins, toutefois, l'orthographe de l'époque qui a été négligée.

Extrait des registres du Parlement.

« Sur la requête présentée par les syndics, manans et ha-
« bitants du lieu de Cassis, tendant afin de faire enregistrer
« es registres de la Cour, les lettres patentes obtenues de Sa
« Majesté contenant confirmation et ratification du contrat
« de déclaration faite au profit desdits syndics par lequel
« lesdits manans et habitans, leurs terroir, droits et appar-
« tenances d'iceluy, demeureront à perpétuité à l'Évêque de
« Marseille sans en pouvoir être distraits, vendus et aliénés,
« vu ladite requête répondue le vingt-neuf may dernier,
« consentement prêté par ledit Évêque de Marseille et procu-
« reur général du Roi au pied de la dite requête, lesdites let-
« tres patentes données à Paris le sixième mai mil cinq cent

« septante huit; ensemble ledit contrat de déclaration du
« premier avril mil cinq cent septante sept, tout considéré,
« dit a été que la Cour a ordonné et ordonne que lesdites let-
« tres patentes et confirmation et pièces y attachées seront
« enregistrées es registres d'icelle pour en jouir par lesdits
« syndics selon leurs formes et teneur. Publié à la barre du
« Parlement de Provence séant à Aix, le troisième juin mil
« cinq cent soixante et dix-neuf. Collation faite.

« FABRI. »

Cette charte du Roi qui liait aussi la communauté à l'Évêché, plaçait Cassis dans une position exceptionnelle. Aussi, n'étant point exposée à passer de mains en mains, elle dut à l'influence de la crosse une certaine prospérité.

Cette affaire était à peine terminée qu'elle eût au sujet des fours une contestation avec Frédéric de RAGUENEAU. Pour y mettre fin, celui-ci donna à nouveau bail à la communauté, le 27 Mai 1579, non seulement la place sur laquelle elle avait fait bâtir un four, mais encore deux moulins à huile et un de grignons et lui céda par le même acte une partie de la terre gaste pour y faire un deffens, le tout sous la réserve de la seigneurie d'un treizain de vingt en vingt ans, d'une cense annuelle d'un écu d'or sol valant trois livres sur les déffens et de trente sols tournois sur les fours et les moulins payables à la mi-août,

1592. — Les évènements de la ligue touchèrent peu Cassis; nous voyons, cependant, qu'en 1580 on établit à deux reprises une garde d'arquebusiers au Pas de la Colle; que le 17 mars 1592, le Conseil décide de renfermer au château un certain nombre de gardes à titre de renfort et qu'on organise sur la côte un système de défense.

1601. — Nous avons entendu révoquer en doute l'existence de rues dans l'enceinte du château. Voici une des mille preuves contraires que nous pourrions donner :

« Suite de la succession d'Elzéar PRÉVOST :

« En 1601, Pierre Dailhot acquit des Recteurs de l'Hôpital
« St-Esprit une première salle et boutique de maison au
« château à la Grande rue, au prix de 9 écus, notaire
« Claude Dailhot. »

Un autre fait plus curieux est la manière dont la commune empruntait dans certains cas. Le registre des délibérations du Conseil nous apprend que la communauté ayant besoin d'argent, on en demanda aux marchands riches.

De ce dernier acte nous pouvons conclure que Cassis n'était plus habité alors par des pêcheurs ou des gens de peine seulement; que le commerce avait attiré bien des marchands et que la ville commençait à s'agrandir.

1605. — Tout insignifiant qu'il soit, un autre fait vient à l'appui : le 4 décembre 1605, le Conseil fait confectionner une horloge pour le château et transporter les cloches de l'église sur la tour la plus rapprochée de la bourgade qui défend la porte principale.

Un établissement plus important et qui datait d'un certain nombre d'années déjà était celui de la maison de la charité et de l'hôpital St-Esprit. En 1583, la communauté vendait au profit de l'hôpital qui existait déjà sous le nom d'Hôtel-Dieu, si nous en jugeons par un règlement du 18 mars 1576, vingt-six places à bâtir. Les libéralités d'Elzear Prévost, mort en 1601, lui donnèrent enfin des ressources assurées.

1614. — Les dernières années du règne de Henri IV s'écoulèrent sans qu'aucun fait digne d'être mentionné se passât à Cassis. La régence de Marie de Médicis ne fut célèbre que par des procès de tout genre qui montrent combien les lumières du siècle étaient, dit un historien, repoussées par les ténèbres de la superstition. Les bûchers, les potences se dressèrent dans les parties les plus reculées de la France pour l'exécution des sorciers, des magiciens, des masques et des devineresses.

Il est vrai que le signal venait d'en haut. Voici ce qu'écrivait, au commencement du XVIIe siècle, Pierre de Lancre, membre d'une commission nommée par Henri IV pour faire la recherche des sorciers :

« L'on use de trop de douceur en France envers les sorciers : tous bons juges doivent faire cette résolution générale en France et ailleurs de punir de mort les sorciers qui auront été simplement plusieurs fois au sabbat, bien qu'ils ne soient convaincus d'aucuns maléfices. »

Cassis ne fut donc pas épargné plus que les autres localités. Son contingent se composa de trois malheureuses femmes qui furent brulées au milieu des imprécations d'une populace ignorante et cruelle.

Voyons d'abord la lettre de convocation adressée par les Consuls de Cassis à leurs collègues de la Ciotat :

Messieurs les Consuls,

« Nous vous envoyons ce porteur exprès avec la présente
« pour vous tenir advertys comme demain jour de mer-
« credy l'on fait ici l'exécution de trois masques qui sont
« estées compdamnées à bruller et tout moyenant l'acistance
« de Dieu qui a fort acisté en cette affaire à la justice et
« sera un beau exemple au lieu et encores aux voizins.
« Doncques nous sommes comandés par la justice de tenir
« advertys tous les voisins pour venir voir l'exemple et les
« malléfices que avoyent fait. Pour ce, vous prions de dire
« publiquement en général qui voudra venir voir fere son
« exécution qu'il s'en vienne demain ; nous ne savons point
« s'il sera de matin ou sur le tard. Ne vous dizant autre
« chose sinon que regardiez de quoi nous vous pourrons ran-
« dre servise nous le ferons. »

Messieurs les Consuls,
Vos affectionnés serviteurs,
Les Consuls de Cassis.

Eydin, *Consul*. Aydoux, *Consul*.

A Cassis le 1er juillet 1614.

L'exécution eut lieu avec tous les accessoires nécessaires à de pareilles cérémonies. L'inquisition avait si bien fait l'éducation des exécuteurs des hautes œuvres que d'ordinaire rien ne manquait au patient. Les renseignements qui suivent le disent sufisamment :

Extrait des comptes-rendus du trésorier de la communauté. — Registre B. — Compte de 1614. — Trésorier Jehan Eydin (1).

N°. — 66. Soy descharge de vingt souls par luy payés à M. Guilhem Brunet, pour de cordaille qu'a forny à l'exécution des masques. Appert du mandat signé des Srs Consuls du six aoust 1614.

N° — 86. Soy descharge de vingt deux souls payés au greffier Gasquy pôr cinq travettes qu'a forny pour la potence des masques. A.p.t. du mandat fait par ledit Brunet, greffier et signé dud. Csul Aydoux, du six aoust 1614.

N° — 90. Soy descharge de quinze escus baillés aux Csuls pôr avoir forny au boureau qu'a exécuté les masques. A.p.t du mandat signé d'iceulx du xxyi octobre 1614.

Nous ignorons quels étaient les crimes commis par ces malheureuses; mais Pierre de Lancre nous a appris qu'il n'était pas nécessaire que ces maléfices fussent prouvés.

De cette façon la justice ne pouvait pas éprouver beaucoup de lenteurs.

La sainte colère de l'officier de justice de Cassis ne fut pas satisfaite, à ce qu'il paraît, de l'exécution de ces trois infortunées; on verra par la lettre suivante que sans une maladie qui arrêta le cours de la justice, il y aurait eu d'autres buchers allumés à la Ciotat.

« Messieurs,

« Dernièrement, ayant procédé à un procès criminel con-
« tre de sorcières pour exécution à mort en ce lieu, je avais

(1) *Archives de la ville.*

« faict désains vous aller voir pour vous dire que au dis-
« cours de notre procédure une femme de votre lieu est
« accuzée du mesme crime. Depuis, m'a maladie ma déb-
« tenu jusques à prézant que suis arrivé y ce lieu où estant
« vous y ai voulleu donner advis, afin que cy trouviez à
« propos et messieurs vos officiers on verra d'en découvrir
« la vérité pour purger ce cartier de tels maléfices. Cy
« quelque affere ne me feuse debtenu ycy je vous fusse
« allé voir. Ce sont d'afferes qui importe au publiq et un
« sascun y doit oppérer de son cousté et Dieu en saura
« gré à ceulx qui s'employeront; je demeure,

  Messieurs les Consuls,

       Votre affectionné serviteur,
          CURET.

A Cassis le xxi nov^{re} 1614.

1616. — Qu'on ne dise pas que les Consuls eurent la main forcée dans cette affaire puisqu'ils s'y prêtèrent de très bonne grâce et qu'ils s'acquittèrent de bon cœur du rôle qu'on leur avait confié. Ce qui le prouve, c'est une délibération tenue deux ans plus tard, le 24 avril **1616**, dans laquelle les conseillers votent à l'unanimité des remerciments aux sieurs EYDOUX, VALOIS et EYDIN *pour avoir employé certaines sommes pour le bénéfice de tout le général lors de l'exécution des masques* et décident qu'il sera fait mandat pour dédommager le sieur EYDOUX *des dépenses qu'il a faites à ce propos dans sa maison.*

1618. — De 1618 à 1663, il n'est question que d'établissements religieux et de concessions de privilèges particuliers. En 1618, les travaux de la nouvelle église, au centre des constructions modernes de Cassis, sont commencés ; les privilèges de pêche à Pormiou et d'établissement de madragues sont accordés, en 1623 et 1633 ; les congrégations religieuses se fondent, les chapelles s'élèvent de toutes parts. Deux entreprises d'utilité générale rompent seules la monotonie des évènements de cette époque ; c'est l'établissement du môle et la pose des conduites de la *Source du chemin* et de la Fontaine des Quatre Nations.

1622. — Le 7 août 1622, le Conseil établit une imposition sur les bâtiments de mer et adresse à la Cour des Aides Finances le projet de la construction du môle.

Le port était, nous l'avons dit ailleurs, une anse raccourcie journellement par les alluvions ; l'île St-Pierre qui, dans le principe, était complétement isolée, avait été peu à peu reliée à la terre ferme ; mais le bassin était loin d'être suffisamment abrité. Le commerce étant alors florissant, puisque les navires de Cassis allaient au loin entreprendre des voyages, il était indispensable que le port fut sûr et commode ; les travaux commencèrent en **1623**.

Deux lettres curieuses viennent à l'appui de ce que nous venons de dire et prouvent que Cassis était compté pour quelque chose dans le règlement des affaires publiques.

La première du Duc de Guise, gouverneur de Provence, est ainsi conçue :

« Consulz de Cassis, J'escriz à tous les Consulz des villes et lieux de la coste qui ont interest a la paix de Barbarie quilz ayent a se trouver a Marseille au jour de St-Jehan pour prendre quelque bonne resolution sur les affaires de lad. paix. Cest pourquoy vous aurez soing de vous y rendre ou dy depputer quelquung de vostre part pour y faire ce qui sera requis sans y apporter aucun manquement et je prieray Dieu quil vous ayt en sa garde. A Aix ce xbj^{me} juing 1628. »

Votre meilleur amy,
Guise.

1636. — Voici la seconde lettre qui a non moins d'importance :

« A nos chers et bien aimés les Consuls et habitants
« de Cassis.
« De par le Roy Comte de Prouence.

« Chers et bien améz, preuoiant que l'on pourra auoir
« besoin pour quelque temps des barques que vous avez four-
« nies pour porter de nos gens de guerre sur la mer et les
« emploier en ce qui s'offrira et fere dans les occaõns pñtes,
« Nous avons bien voulu vous tesmoigner par cette lettre que
« nous vous sçauons beaucoup de gré de l'affection que vous
« auez faict cognoistre en cela pour nʳᵉ seruice, et vous dire
« que nous auons a plaisir et desirons que vous continuiéz pour
« quelque temps l'entretiennement desd. barques suiuant
« que le Sʳ Archeuesque de Bordeaux vous fera plus particu-
« lièrement entendre du besoin que nous en auons, a quoy
« nous remettant luy nous ne vous fesons celle cy plus expres-
« se ny plus longue que pour vous dire que vous ayez à lui
« donner entière créance sur tout ce qu'il vous dira en ce
« subject; sy ny faictes faulte car tel est notre plaisir. Donné
« à St-Germain en Laye le xxbiᵉ décembre 1636.

« Louis. »

1649. — La peste, ayant éclaté avec violence à Marseille, en 1649, s'était répandue rapidement dans une partie du diocèse. L'Évêque Estienne de Puget, sans fuir précisément le fléau, profita de cette circonstance pour visiter les localités qui n'en étaient pas atteintes. Il vint à Cassis et y fit une ordination; ce terrible fléau, dit l'historien de l'antiquité de l'église de Marseille, y ayant cessé après le vœu que les Consuls et habitants y avaient fait de bâtir à l'entrée du port une chapelle en l'honneur du mystère de la Visitation de la Sainte Vierge. Ce prélat se rendit à cet endroit, le 19 décembre, pour y poser la première pierre (1).

1663. — Le 3 avril 1663, les communes de la Ciotat, Ceyreste et Cassis réglèrent leurs limites, mais cette fois

(1) Voir 4ᵉ partie, Chap. II : N. D. de Santé.

encore Cassis fut loin de sauvegarder ses intérêts et perdit une partie de son territoire (1).

1682 — Nous voici arrivés au moment de la prospérité de Cassis. Le château est à peu près abandonné par tout le monde; des constructions nombreuses donnent au pays un aspect tout nouveau, les rues s'embellissent, les portes de la ville sont reculées. Cassis n'est point défendu par des remparts puissants; le château, désormais sa forteresse, lui suffit; cependant une sorte de barrière est élevée n'ayant pour issues que quatre portes : celle de St-Clair, du côté de Pormiou; celle du Plan, à l'arrivée du chemin de Marseille; celle de Ceyreste, sur la route de la Ciotat; celle enfin de l'Arène, la plus ancienne de toutes.

1683 — L'année suivante, le Comte de GRIGNAN, Gouverneur de la Provence, vient visiter Cassis et, satisfait de sa prospérité, il confie aux habitants la défense de leur ville et de leur port.

Au mois de juillet suivant, des mesures plus importantes encore furent prises pour mettre Cassis en état de résister à toute attaque de la part de l'État de Gênes avec lequel la France était en guerre. Les Consuls furent invités à ces mesures tout exceptionnelles par la lettre et les ordonnances ci-après :

A Aix, le 2 juillet 1684.

Messieurs,

« Quoy quil ny ayt pas beaucoup à craindre des dessains
« que les ennemis du Roy pourroient avoir, il ne faut pas
« laisser de vous mettre en estat de desfense de pardessus les
« gens que vous aurez à Cassis. Je vous envoye deux

---

(1) Les procès et les discussions continuèrent jusqu'au 4 octobre 1810, époque à laquelle un arrêté du Préfet des Bouches-du-Rhône régla définitivement ces limites.

« ordonances pour en recevoir cinquante homes d'Aubagne
« et de Roquevaire. Je suis,

« Messieurs,

« Vostre très aff^{ne} a vous servir.

« Grignan. »

« Le Comte de Grignan, Lieut. général du Roy en
« Provence,

« Nous ordonnons aux Consuls et Communauté d'Aubagne
« de fournir incessamment trante homes armés pour le lieu
« de Cassis où ils se rendront aussi tost et où la subcistance
» leur sera fournie par les Consuls dudit Cassis sauf leur rem-
« boursem^t par la Province autres quil app^{dra}. Lesd. Consuls
« d'Aubagne fourniront ausd. trante hommes de la poudre et
« du plom. Faict à Aix le segond juillet mil six cent huitante
« quatre (1).

« Grignan,

« Par Monseigneur,
« Enfossy. »

« Le Comte de Grignan, Lieu^t gén^l du Roi en Provence,
« ayant esté ness^{re} de pourvoir à la desfence du lieu de Cassis
« contre les desseins que les ennemis du Roy peuvent avoir,
« nous avons ordonné aux habitants dud. lieu de se tenir en
« armes et à ceux des lieux circonvoisins (2) d'y fournir un
« certain nombre de gens de mellice, mesme d'y accourir en
« plus grand nombre si besoin est et parce qu'il est aussi im-
« portant que tant lesd. habitants que les estrangers qui iront
« à leur secours soient commandés par une personne qu'il
« puisse les faire agir utillement dans l'occàon, nous avons creu
« ne pouvoir faire un meilleur choix que du Sr de Ramatuelle

---

(1) L'ordonnance relative à Roquevaire est absolument semblable à la précédente avec la seule différence que cette communauté fournira seulement 20 hommes.
(2) Aubagne, Roquevaire, Cuges, Gémenos, Gréasque et la Penne.

« à cause de sa capacité, valeur, expérience au faict des
« armes et affection au service de Sa Majesté. A ces causes
« nous lui ord^{nons} de se rendre insesam^t dans led. lieu de Cassis
« et y prendre le command^t tant des habitants dud. lieu que
« des soldats de mellice des lieux circonvoisins qui y sont
« ou qui y seront par nous envoyés, les fere agir suivant
« l'occurence, advertir lesd. lieux circonvoisins de s'assem-
« bler pour accourir aud. lieu de Cassis si besoin est et gene-
« rall^t faire et ordonner tout ce qu'il sera nessessaire pour la
« desfence et conservaón dud. lieu, son terroir et postes
« en dépendant, mandons aux Consuls et habitants de
« Cassis et à tous autres qu'il appartiendra de le recognoistre
« et lui obéir et c'est jusques a nouvel ordre de nous. En foi
« de quoi nous lui avons accordé les p̃ntes que nous avons
« signé de nostre main, faict contresigner par ñre secrétaire
« ordinaire et scellées de nos armes. Donné à la Cieutat le 7^e
« juillet 1684.

« Grignan.

« Par monseigneur,
    « Enfossy. »

« Le Comte de Grignan, Lieutenant général du Roy en Pro-
« vence, estant informé de la capacité et expérience au faict
« des armes du Sr Charle Bonnet, nous l'avons choisi, nommé
« et établi cappitaine d'une compagnie de cent hommes de
« mellice qui ont été envoyés ou le seront par nos ordres des
« lieux d'Aubagne, Roquevaire et autres en celluy de Cassis,
« conduire et employer lad. compagnie pour le service de Sa
« Majesté sous les ordres du Sr de Ramatuelle (1) que nous
« avons choisi pour commander aud. Cassis; mandons aux
« soldats de mellice de le recognoistre et de lui obéir en lad.

(1) Nous ne savons trop de quelle manière cet officier se comporta à Cassis pour avoir mérité que son nom restât dans le pays, pour n'être employé qu'en mauvaise part. Le fait est qu'encore aujourd'hui traiter quelqu'un de *Ramatuelle*, c'est l'appeler, *écervelé*.

« quallité et c'est jusques à nouvel ordre de nous, en foy de
« quoy nous lui avons accordé les présentes que nous avons
« signé de nostre main, faict contresigner par nostre secre-
« taire ordinaire et sceller de nos armes. Donné à la Ciotat
« le sept juillet 1684.

« GRIGNAN,
« Par Monseigneur,
« ENFOSSY. »

Le jour même de la réception de ces dernières ordonnances, le 8 juillet, le Conseil général de la commune s'assemble (1) :

. . . .

« Et premièrement mondit sieur BONNET premier Consul a
« réprésanté que sur le bruit qu'on a heu que les ennemiz de
« Sa Majesté avoient préparé une armée pour venir ravager
« dans la coste de la Provence, ce qui aurait donné lieu à Mon-
« seigneur le Comte de GRIGNAN appréhendant que nous ne
« fussions en nessessité d'honneur pour la garde et conser-
« vation du public de nous envoyer deux ord^{ces} dattées du
« second de ce mois pour prendre cinquante hommes de mel-
« lice qu'est trante au lieu d'Aubagne et vingt à Roquevaire,
« du despuis ledit seigneur de GRIGNAN a donné le command^t
« de la levée de lad. mellice que des gens du lieu au sieur
« de RAMATUELLE et pourveu pour cap^{ne} sieur Charles BONNET,
« et parce que dans ce lieu ny a rien à craindre soit à cause
« des advenues que autre^t y ayant assez d'hommes dans led.
« lieu pour se tenir dans la desfencive qui sont en nombre de
« quatre cents suivant la recherche et visiste quen a esté faite,
« estant inutille l'advenue de lad. mellice req^t le Conseil de
« vouloir delliberer et s'ils jugeront à propos d'aller voir led.
« seigneur de GRIGNAN qui se trouve presan^t à Toulhon pour
« s'en faire descharger attandu que c'est pour esviter une
« despence considérable.

(1) *Archives de la ville.*

« Tous entandu cette proposition d'un commun accord
« après avoir considéré les ordres dud. Seigneur de Grignan,
« et que par mojen de la mellice qu'il doit être levée pour ve-
« nir en ce lieu causera à la communauté une despence consi-
« dérable laquelle se trouve inutile pour estre assez de gens
« dans le lieu cappables à porter les armes et se tenir dans
« la desfencive attendu que le chasteau est un lieu de retraite
« où cent hommes sont capables à se desfendre autant com-
« me s'il y en avait plus grand nombre, et afin d'avoir la
« descharge de lad. levée ont nommé Noble Jean François
« Delialbisy, gentilhomme de la maison du Roi, auquel ont
« donné pouvoir de se porter en la ville de Tholon, et autres
« parts où ledit seigneur de Grignan pourra estre et s'accom-
« pagnera de quelques apparents du lieu tels qui jugera à
« propos pour ce faict, lui donnant la descharge et l'exansion
« de cette mellice par mojen des raisons susd, attandu quelle
« nous est dutout inutile ; donnant pareillement pouvoir aux
« sieurs Consuls par les présantes de faire réparer ledit chas-
« teau aux endroits où il sera ness^{re}. le plustost qui se pourra
« et tenir roolle de la despence, sauf après d'en faire man-
« dat au trésorier. . . . .
. . . .

Il parait que le Comte de Grignan accepta les offres des habitants de Cassis, puisqu'il rendit, le 26 juillet, une nouvelle ordonnance par laquelle il prescrivait aux miliciens d'Aubagne et de Roquevaire *de se retirer chacun chez soy.*

1695. — L'année 1695 fut funeste : une terrible tempête renversa, le 25 septembre, la plus grosse partie du môle et les réparations n'y furent faites que longtemps après. De cette époque datent les malheurs du pays et les plaintes que les Consuls adressèrent à plusieurs reprises soit directement au Roi, soit au Gouverneur, soit aux États généraux de la Province.

1700. — En 1700, un mémoire est soumis aux Procureurs

« les créanciers compris dans ledit état, pour raporter les
« titres et pièces justificatives de leurs créances, pour ce
« fait être par lui procédé à la liquidation et vérification
« d'icelles, suivant et conformément aux arrests et règle-
« mens du Conseil, laquelle ordonnance ayant été envoyée
« aux Maire, Consuls et communauté du lieu de Cassis,
« viguerie d'Aix, ils auroient pour y satisfaire, remis au
« bureau dudit sieur Lebret l'état de toutes les nouvelles
« dettes, contractées par leur communauté depuis ladite
« précédente vérification, avec les exploits d'intimation de
« ladite ordonnance à tous les créanciers compris audit
« état, et les registres des délibérations, comptes des tré-
« soriers, et autres pièces servant à ladite vérification.

« Vû aussi l'état de la vérification précédente arrêtée par
« ledit feu sieur Lebret père, le 5 novembre 1688, des
« ancienes dettes de ladite communauté, contenant dix-huit
« articles avec ses apostilles aussi mises sur chacun d'iceux,
« faisant pareillement mention sommaire des motifs de ses
« avis sur la validité ou invalidité de chacune dette en par-
« ticulier, tant en principal qu'intérêts. L'état de toutes les
« nouvelles dettes verifiées par ledit sieur Lebret fils, le 12
« décembre 1714, contenant vingt articles avec ses apos-
« tilles aussi mises sur chacun diceux, faisant pareillement
« mention sommaire de ses avis sur la validité de chacune
« dette en particulier, tant en principal qu'intérêts. Autre
« état des frais municipaux, gages, apointemens, charges
« courantes et dépenses ordinaires et extraordinaires de
« la dite communauté, arrêté par ledit sieur Lebret fils,
« ledit jour 12 decembre 1714. La deliberation du Conseil
« général de ladite communauté du 29 juillet 1714, sur
« les moyens d'acquitter toutes lesdites dettes, anciennes et
« nouvelles, ensemble l'avis dudit sieur Lebret, tant sur
« payement d'icelles que sur le temps et les moyens de les
« acquitter.

généraux du pays pour demander des réparations aux ports de Cassis et de Pormiou : en 1710, un autre placet est présenté à l'Assemblée des États à Lambesc dans lequel les administrateurs de la commune exposent sa déplorable situation. Aucun secours ne lui étant accordé, le Conseil décide, le 29 juillet 1714, d'aliéner les domaines de la communauté.

1715. — Le 8 janvier 1715, le Conseil d'État rend un arrêt, confirmé par lettres patentes du même jour, enregistrées le 23 février suivant, qui liquide les dettes de la communauté et ordonne la vente de ses domaines pour en faire le remboursement.

Voici quelques extraits de l'arrêt du Conseil d'État :

« Veu par le Roy en son conseil l'arrêt rendu en icelui le
« 26 septembre 1713, par lequel Sa Majesté aurait commis
« le sieur Lebret, Premier Président du Parlement d'Aix, et
« Intendant en Provence, pour procéder suivant les der-
« niers erremens, à la vérification et liquidation des dettes
« des communautez de ladite Provence, cy devant com-
« mencée par le feu sieur Lebret son père, aussi Premier
« Président dudit Parlement et Intendant en la dite Pro-
« vence : Voulant Sa Majesté que ce qui sera par lui
« ordonné soit exécuté par provision, nonobstant oppositions
« ou autres empêchemens quelconques. L'Ordonnance
« rendue par ledit sieur Lebret, le 15 décembre 1712, en
« conséquence des ordres qui lui avoient été précédem-
« ment donnez de la part de Sa Majesté pour obliger les
« Maires et Consuls des communautez, dont les dettes avoient
« été cy devant vérifiées par ledit feu sieur Lebret père,
« à remettre dans un mois en son bureau l'état de toutes
« les nouvelles dettes par elles contractées depuis la précé-
« dente vérification : ensemble les registres de délibérations,
« comptes des trésoriers et autres pièces nécessaires pour
« la dite vérification, et à faire assigner dans le même délai

« Ouy le raport du sieur Desmaretz, Conseiller ordinaire
« au Conseil royal, controleur général des finances : Le Roy
« en son Conseil, conformément à l'avis dudit sieur Lebret,
« a ordonné et ordonne qu'à commencer du présent mois
« de janvier prochain, les charges ordinaires et extraor-
« dinaires de ladite communauté de Cassis demeureront
« fixées à la somme de quinze cens cinquante cinq livres,
« et qu'elles seront payées par préférence à toutes autres
« charges et dettes, après que les deniers du Roy et du
« pays auront été acquittez quartier par quartier, de ceux
« qui seront annuellement imposez, ou qui proviendront
« des revenus de ladite communauté, ainsi qu'il ensuit,
« savoir :

« Aux Maire et Consuls pour leurs gages, cent vingt
« livres, à raison de quarante livres chacun; à l'archivaire,
« notaire et secretaire de la communauté pour tous frais
« d'expédition, trente livres; au capitaine de la ville, trente
« livres; pour la poudre pour les saluts ordinaires et extra-
« ordinaires, cent livres; à celui qui a soin des fontaines,
« douze livres; au procureur du Roi de la communauté pour
« ses gages et ceux du substitut, quatre-vingt-dix livres;
« aux deux régens des écoles, cent livres; à l'horlogeur
« pour ses gages, trente livres; à une sage-femme, quinze
« livres; au prêtre pour le service de la messe de l'aube du
« jour, cent livres; au trompette et valet-de-ville pour
« ses gages, trentes livres; au tambour, six livres; au
« gardien du port pour recevoir les billets de santé, trente
« livres; aux auditeurs des comptes, pour tous frais d'au-
« dition, quarante livres; pour le feu de la saint Jean, qua-
« tre livres; pour faire sonner les cloches pendant le mau-
« vais temps, trois livres; à l'hospitalier, pour enterrer
« les morts, quinze livres; et pour toutes autres dépenses
« extraordinaires et imprévues mil livres, à la charge par
« le trésorier d'en compter en la manière accoutumée. Fait

« Sa Majesté défenses aux Consuls et administrateurs de
« ladite communauté d'en faire de plus grandes, sans la
« permission du Roi ou du sieur Intendant en ladite Pro-
« vince, et aux auditeurs des comptes d'en admettre, à
« peine d'en répondre en leur propre et privé nom.

« Sera pareillement payée par préférence, ainsi que les-
« dites charges, la rente de quatre-vingt-onze livres douze
« sols six deniers au principal de dix-huit cens trente-deux
« livres dix sols six deniers dûe aux recteurs de l'hopital
« de la charité du lieu, suivant l'acte du 15 octobre 1669,
« ensemble les arrérages qui peuvent en être dûs et sera ladite
« rente continuée sans remboursement du capital, attendu
« sa destination. . . . .
. . . .

« Fait Sa Majesté défenses ausdits créanciers et tous autres
« dont les dettes ont été retranchées en partie ou entière-
« ment rayées, de faire, pour raison d'icelles, aucunes
« demandes ni poursuites contre ladite communauté, à
« peine de trois mil livres d'amende, et de tous dépens,
« dommages et intérests, sauf leurs recours contre qui
« et ainsi qu'ils aviseront. Ordonne en outre Sa Majesté
« que des deniers qui sont entre les mains du trésorier de
« ladite communauté, il en sera payé pour les salaires et
« vacations de ceux qui ont été employez à ladite vérifica-
« tion, la somme de deux cens livres, suivant la répartition
« qui en sera faite par ledit sieur LEBRET, par lequel il
« sera incessamment procédé à l'examen et révision des
« comptes des trésoriers et autres receveurs de ladite
« communauté, depuis vingt-neuf années, pour être les
« deniers en provenans, ensemble du recouvrement des
« dettes actives de ladite communauté, si aucuns y a,
« employez au payement des sommes liquidées par le
« présent arrest et les impositions d'autant diminuées.
« Veut aussi Sa Majesté que les réparations et ouvrages

« publics, qui excederont vingt livres, soient publiez et
« ajugez au rabais, avec les formalitez requises et accoûtu-
« mées, et que copies collationnées des deux états de
« vérification et liquidation des dettes de ladite communauté
« du présent arrest, et des ordonnances qui interviendront
« en conséquence, seront déposées dans les archives de
« l'hôtel commun dudit lieu, pour y avoir recours lorsque
« besoin sera. Faisant Sa Majesté défenses à toutes person-
« nes de se pourvoir ailleurs, que pardevant ledit sieur
« Intendant en ladite Province, pour l'exécution du présent
« arrêt, payement desdites dettes, recours des estimations,
« circonstances et dépendances ; et seront ses ordonnances
« à cet égard exécutées, nonosbstant opositions ou autres
« empêchemens quelconques, dont si aucuns interviennent,
« Sa Majesté s'est reservée à soi et à son Conseil la connais-
« sance, et icelle interdit à toutes ses Cours et autres juges.
« Fait au Conseil d'état du Roi, tenu à Versailles le **8 jour**
« **de janvier 1715.** Collationné,

GOUJON.

« Louis, par la grace de Dieu, Roy de France et de
« Navarre, Comte de Provence, Forcalquier et terres
« adjacentes, à notre amé et féal Conseiller en nos Conseils,
« Maître des requêtes ordinaire de notre Hôtel, le sieur
« LEBRET, premier Président au Parlement d'Aix, Intendant
« de justice, police et finances en Provence, SALUT.

« NOUS VOUS MANDONS ET ORDONNONS de procéder à l'exécu-
« tion de l'arrêt dont l'extrait est cy-attaché sous le contre-
« scel de notre Chancellerie, ce jourd'huy donné en notre
« Conseil d'état, qui fixe les charges et liquide les dettes
« de la communauté de Cassis, Viguerie d'Aix. Commandons
« au premier notre huissier ou sergent sur ce requis de
« faire pour l'entière exécution dudit arrest, toutes signifi-
« cations, défenses y contenues, sur les peines y portées ;

« et autres actes et exploits nécessaires sans autre per-
« mission, nonobstant opositions ou empêchemens quelcon-
« ques, dont si aucuns interviennent, nous nous réservons
« la connoissance et icelle interdisons à tous autres juges :
« Car tel est nôtre plaisir. Donné à Versailles le 8 jour de
« janvier, l'an de grâce 1715. Et de nôtre règne le soixante-
« douziéme. Par le Roy, Comte de Provence, en son
« Conseil,

Goujon.

« Cardin Lebret, Chevalier, Conseiller du Roy en ses
« Conseils, Maître des requêtes ordinaire de son hôtel,
« Premier Président du Parlement d'Aix, et Intendant de
« justice, police et finances en Provence.

« Veu l'arrêt du Conseil d'état de Sa Majesté tenu à Ver-
« sailles le 8 janvier dernier, sur la liquidation des dettes
« de la communauté de Cassis et commission expediée sur
« icelui, dûement scellée, à nous susdit,

« Nous ordonnons que ledit arrêt sera exécuté selon sa
« forme et teneur; ce faisant que par les sieurs Alexandre
« d'État, Avocat et Pierre Arnaud, notaire de la ville de
« Toulon, expers que nous avons commis, il sera incessa-
« ment procédé à l'estimation des domaines, fonds et biens
« apartenans à ladite communauté de Cassis, qui ne seront
« pas jugez nécessaires pour la nourriture des bestiaux, à
« la vente desquels il sera procédé pardevant le juge dudit
« lieu, que nous avons à cet effet commis et subdelegué,
« au plus offrant et dernier enchérisseur, les formalitez or-
« dinaires observées; pour des deniers en provenant être
« les créanciers payez de leurs créances, suivant la priorite
« de leurs hypotèques : et en ce cas qu'il ne se trouve point
« d'enchérisseurs, seront lesdits domaines et fonds donnez
« ausd. créanciers, suivant l'estimation qui en aura été
« faite par lesd. S^{rs} expers ci-dessus nommez ; et où lesd.

« domaines et fonds ou prix d'iceux ne seront pas suffisans
« pour l'acquittement desdites dettes, il nous sera présenté
« par les Maire et Consuls dudit lieu, dans le mois, un
« rôle d'imposition sur tous les habitants, forains et biens-
« tenans de ladite communauté, pour être par nous arrêté
« et les cotes indiquées aux créanciers, lesquels seront tenus
« d'en faire l'option par devant ledit juge de Cassis, un mois
« après la signification dudit arrest, le tout suivant l'ordre
« de leurs hypotèques, et conformément à ce qui est ordonné
« par le dit arrest. Fait à Aix le 23 février 1715.

LEBRET

par Monseigneur,
THEBAULT.

Voici le tableau de l'avoir de la communauté dressé par les experts nommés à cet effet :

Four des Fons, (1)	26,850 livres.	
Four neuf	24,412 »	10 sous
Four de la place	22,975 »	»
Défens	9,450 »	»
Tiers de la Madrague	13,712 »	10 »
Maison	1,012 »	»
Total :	98,412 livres.	»

1716. — Le 6 octobre de la même année, la Communauté délibère d'aliéner le matériel des fours et de les désemparer avec la transmission ou le privilège de la banalité et elle fixe le droit de fournage au vingt-unième pain. Mis aux enchères, et personne n'ayant fait d'offres, les créanciers les acceptèrent en paiement par procès-verbal d'option du 22 avril 1716.

1718. — C'est au milieu de toutes ces difficultés, (2) peu

---

(1) Ainsi appelé des Aygues-fonts, sources qui avaient leur issue sur le quai où fut établi, en 1841, le glacis actuel.

(2) Nous avons parlé plusieurs fois de la position lamentable de Cassis. Voici un mémoire qui justifiera tout ce que nous en avons dit. La date n'en est pas indiquée, mais nous pensons

après une nouvelle demande de secours adressée au Duc d'Orléans, régent du royaume, au sujet du port, qu'a lieu la consécration de l'église. Commencé plusieurs siècles auparavant, cet édifice, non encore achevé, est béni par l'Évêque Belzunce, le 16 octobre 1718, sous l'invocation de St-Michel et de St-Henri.

qu'il faut lui attribuer celle de 1776, les États généraux ayant fait droit, cette même année, aux réclamations des Cassidens.

A Nosseigneurs
tenant les Etats généraux de ce pays.

Remonstrent très humblement les Consuls et communauté du lieu de Cassis, que par la délibération du Conseil général de cette communauté, du 21 may dernier, portant imposition de la taille, prise ensuite des ordres de Messieurs les Procureurs de cette province ; il est justifié que cette communauté devait à la fin de l'année 1723, soit pour reste de capitaux des anciennes dettes privilégiées, et de celles contractées depuis 1716, que des arrérages d'interests desdits capitaux, et ceux deus aux sieurs Constans, Isnardy et Alpheran, la somme de 55,940 liv., 11 sols, 6 den. à quoy il, faut adjouter celle de 1948 liv., d'aucuns capitaux qu'on avoit oublié de passer en compte, ce qui fait en total la somme de 58,988 liv., 11 sols, 6 deniers.

Un si fort engagement seroit sans doute surprenant, surtout après que la province a prétendu mettre cette communauté sur son courant par le quitus de 9,000 liv. qu'elle eût la bonté de lui faire en 1716, suivant l'arrangement fait pour lors par Monsieur de Beaumont : si vous n'aviez la bonté de faire attention que ce quitus ne fût pas sufisant pour la dégager, puisqu'elle se trouva en arrière en l'année 1718, d'environ 9,000 liv. qui procédoient tant de diverses sommes que Mr de Beaumont lui avoit passé bon en compte, qui n'ont pas été exigibles, que de diverses dettes et frais que cette communauté a payé, et qu'on avoit obmis de passer dans ce compte, ainsi qu'il est constaté par le compte en détail qu'elle en dona en 1718, à M. de Regina comis par la province pour examiner les raisons des communautés obérées, ce qui n'eut aucun effet.

Cette communauté a toujours du depuis été chargée de cette importante somme qui a considérablement augmenté par les interests qui ont cumulé, qui ont augmenté les capitaux par les emprunts qu'il a falû faire pour les aquiter, joint la somme de cinq mil quelques cent livres qu'elle a été obligée de payer au sieur Laugier pour reste de capitations et intérest d'icelle des années 1710 et 1711, attendu qu'en 1709 il fut du tout impossible à cette communauté de faire exiger la capitation de ses

— 86 —

Poursuivie par ses créanciers, trompée par ses fermiers, son port à demi comblé par les débris du môle, en procès avec l'Évêque pour des arriérés, telle est la situation de la communauté ; il ne lui manquait plus que d'être, ainsi que nous allons le voir, désolée par la famine, décimée par la peste.

1720. — Le 25 Mai 1720, cette cruelle maladie éclate à

habitants, à cause de la mortalité des fruits, et que ledit sieur Laugier se paya sur les années 1710 et 1711 de celle de 1709 qui était des plus fortes.

Cet engagement a encore plus augmenté, par les dépenses excessives que cette communauté fut obligée de faire au temps de la contagion, dont elle fut malheureusement attaquée : car par dessus celles qui lui ont été communes avec touts les autres lieux contaminés, elle a été forcée de nourrir, pendant tout ce temps et après, la plus grande partie de ses habitans qui auroient sans doute péry de misère, n'ayant pour tout bien que leur industrie sur la marine, qui leur était pour lors inutile : en cet état comment pouvoit-elle imposer pour aquiter les tailles, et la capitation ; elle le fit pourtant aux années 1722 et 1723 mais fort inutilement, ayant été obligée de payer en son propre au sieur Constans la capitation de 1720 qui lui passe encore en compte celle de 1721 qu'elle n'a pû exiger de ses habitans, attendu leur extrême misère.

Par touts ces engagements forcez cette communauté se trouve dans un pire état que celui où elle était avant l'aliénation de ses domaines, puisque d'une part elle est presqu'autant endebtée et de l'autre elle est privée de 4.000 livres de revenu qu'elle retirait de ses domaines, en maniere que si la Province n'a la bonté de lui prêter un puissant et prompt secours, il lui est impossible de revenir du triste et misérable état où elle se trouve, qui obligera la plus grande partie de ses habitans d'abandonner le lieu, ainsi qu'aucuns ont déjà fait, pour aller chercher leur subsistance, en la ville de Marseille.

Cette Communauté a plus de raison de se plaindre qu'aucune autre de la Province, puisqu'elle n'a été affouagée jusques en 1665, que deux feux, à causse de la petitesse de son terroir, qui ne sçaurait augmenter d'aucune part pour être limité de tout côté par des rochers et colines, et qui n'est pas suffisant pour nourrir les habitants de Cassis pendant trois mois ; en 1665 elle fut affouagée quatre feux en considération d'un Port que les habitants s'étoient épuisez de faire construire, et que leur impuissance ne permit pas de faire achever, ce qui fut cause qu'une terrible tempête qu'il survient le 25 septembre 1695 renversa dans ce port la plus grosse partie du môle, ainsi qu'il est justifié par le Procez-Verbal qui en fut dressé par le sieur Lieutenant de l'Amirauté à Marseille, qui estima ce domage à la somme de 45,000 livres.

Marseille et se répand aussitôt dans les communes environnantes. Pendant six mois Cassis en est préservé ; la population confiante en la miséricorde divine se flatte que le terrible fléau, comme en 1649, l'épargnera. A la sollicitation des Consuls agissant au nom de tous les habitants, le Curé Cabrol prononce en chaire et devant le S^t. Sacrement le

Cependant au lieu par la Province, lors de l'affouagement en 1699, ou de fournir à cette Communauté les sommes nécessaires pour rétablir ce Port et le mettre à perfection en la laissant sur le pied de quatre feux, ou de la remettre sur celui de deux, comme elle était avant la construction du Port, elle a été augmentée jusques à huit feux en manière qu'elle l'a été jusques au quatruple, dans le temps qu'elle est moins en état d'en suporter les charges, ce qui est sans exemple.

Cette exhorbitante augmentation coûte à cette pauvre communauté en contant les feux à raison de 600 livres l'un, année comune, la somme de 132,000 livres sans compter les taxes, cotisations et impositions qu'elle a suporté à proportion des feux dont l'augmentation va tout au moins à 30,000 livres, ce qui fait au tout la somme de 162,000 livres que la Province a retiré de cette pauvre communauté de plus qu'elle n'aurait fait, si ses habitans ne s'étoient autre fois épuisez à la construction d'un port qui n'a procuré du bénéfice qu'à la Province, leur ayant attiré leur totale ruine.

Le rétablissement de ce port est absolument nécessaire pour l'intérest du Roy, de la Province, et des communautés circonvoisines.

L'intérest du Roy est que ce port lui fournit un grand nombre de matelots et des meilleurs de la coste, en ayant été tiré jusques à cinq cent pour son service, sans compter ceux qui étaient au service des marchands ; ce port a servi et servira encore mieux lorsqu'il sera perfectioné à la retraite de ses galères ; d'ailleurs ce port étant rétably, le comerce augmentera considérablement et par conséquent ses revenus.

L'intérêts de la Province est encore plus sensible en ce que si le port de Cassis n'est promptement retably touts les habitans dont les trois quarts sont mariniers ne possédant aucun bien dans le terroir, et n'ayant autre industrie pour vivre que celle qu'ils ont sur la mer, vont l'abandoner pour se retirer à la ville de Marseille où ils trouveront une ressource asseurée, ce qui privera la Province du contingeant qu'elle a retiré jusques à présens de cette communauté.

D'ailleurs ce port étant le plus proche de Marseille, et étant retably, il servira d'entrepôt aux bâtiments qui aportent des marchandises, qui pourront charger les vins et eaux-de-vie comme ils faisoient auparavant, ce qui augmentera le comerce

vœu de la procession annuelle à la chapelle de N.-D. de Santé à l'ormiou; mais huit jours à peine après cette pieuse cérémonie, le 16 septembre, la peste se déclare avec une horrible violence. Bientôt chaque famille compte un malade; à peine atteint; le pestiféré succombe, la mortalité devient effrayante. A Cassis aussi l'on vit de ces dévouements qui ne le cédèrent en rien au dévouement des Belzunce et des Chevalier-Rose. La scène est moins relevée, mais l'admiration et la reconnaissance doivent être acquises aux personnes que nous signalons ici. Longis, Viguier; Bonnet, Consul; Cabrol, Curé; André, Prêtre-aubier, secourent les malades avec l'abnégation la plus soutenue. Une jeune veuve, Thérèse Rastit, va de maison en maison, portant des remèdes aux uns, de l'argent aux autres, des consolations à tous : elle

et mettre cette communauté en état de suporter proportionablement les charges de la Province, avec d'autant plus de raisons qu'on ne peut embarquer à Marseille ni vin ni eau-de-vie pour le pays étranger.

L'intérêt des communautez voisines ne se rencontre pas moins au rétablissement de ce port, parce qu'étant en état de recevoir les bâtiments qui y viendront, elles profiteront d'une augmentation sur leur vin, eau-de-vie et denrées que les navires étrangers viendront achepter pour porter en leur pays comme ils faisoient autre fois, ce qui est à présent interrompu, par la ruine et comblement de ce port.

Le rétablissement de ce port a été reconu si nécessaire pour le service du Roy, que par ordre du Ministre il en fut fait un raport de devis et d'estimation par M. Le Feuve, Ingénieur et directeur des fortifications des places et ports de province, en 1717 et qui a été ensuite envoyé en Cour.

Par toutes ces raisons les Consuls et communauté de Cassis, suplient très-humblement l'Assemblée des états du Païs de Provence de la décharger de six feux d'augmentation imposez, eû égard à la marine, si mieux elle n'aime faire rétablir et mettre en perfection son port, aux deux cas elle aura la bonté de lui fournir les sommes nécessaires pour acquiter ses dettes, et la mettre sur son courant pour pouvoir par elle continuer le payement des taxes, impositions et cotisations qui lui seront à l'advenir faites de sa part proportionablement à ses revenus, eu égard aux feux qui lui seront justement imposés lors du nouvel encadastrement.

se multiplie et reçoit enfin au chevet d'un moribond le germe du mal auquel elle finit par succomber elle-même.

La famine vient accroître les souffrances d'une population déjà si cruellement éprouvée; les habitants qu'épargne l'épidémie sont menacés de mourir de faim ; les provisions de la ville sont épuisées et les communications avec les communes environnantes sévèrement interdites. Deux à trois cents matelots, pressés par la faim, se présentent au domicile du sieur Honoré Rampaud, commis des chasses du Roi et lui signifient qu'ils veulent du pain ou de l'argent pour en acheter. Rampaud, veut en vain se refuser aux propositions du peuple qui menace de tout incendier s'il ne se résout pas à arrêter une des tartanes qu'ils aperçoivent en mer et qu'ils savent chargées de blé que le Pape Clément XI envoie aux Marseillais. Deux bateaux sont armés de vingt-cinq hommes, sortent la nuit du port et vont saisir au large une tartane qu'ils amènent à Pormiou et qu'ils veulent immédiatement décharger de sa cargaison. Le Viguier est instruit de ce qui se passe ; il convoque immédiatement le Conseil général qui s'assemble sur la place S¹- Pierre, au devant de la porte de la chapelle, en plein air, malgré le froid, (cela se passait le 29 décembre) dans la crainte de fournir par l'agglomération des individus dans une enceinte quelconque un élément à la contagion. Rampaud explique la marche de cet événement et aussitôt le Conseil, dans la crainte d'attirer sur lui des conséquences fatales, ordonne la mise en liberté de la tartane. Mais la foule qui, jusques là était restée simple spectatrice, prend la parole ; le tumulte commence et bientôt les Consuls entendent mille voix menaçant de mettre le feu à la ville si le blé n'est pas distribué à la population.

Les Consuls eurent la sagesse de comprendre à quoi le pressant besoin de la faim peut entraîner la multitude ; la tartane fut déchargée et le blé donné aux malheureux.

Cette affaire amena un procès entre Cassis et l'Évêque mais le résultat en fut avantageux pour le pays, en ce sens que l'Évêque ne pouvant retirer de la commune, obérée depuis longtemps, la somme qui lui était due, créa trois ans après une école pour les enfants des deux sexes dont l'entretien fut laissé à la charge de la communauté (1).

1724. — Les sollicitations sans cesse renouvelées qu'adressaient les administrateurs de la commune à l'Assemblée générale des Etats, furent enfin écoutées. Nous voyons, en effet, que cette assemblée s'occupa des réparations à faire au port, au mois de décembre 1724, et que quelques années après, en 1731, elle vota le tiers de la somme nécessaire pour les travaux du môle. Mais il a été dans les destinées de ce môle d'être gravement mutilé peu de temps après que d'importantes réparations y étaient faites.

1739. — Le 4 décembre 1739, une horrible tempête éclate. La mer devint tellement furieuse, dit un manuscrit de l'époque, que l'on craignait que les maisons bordant les quais ne fussent renversées. Les lames couvraient toute la Grande rue et pénétrèrent dans l'église; le môle fut entamé à deux endroits, la jetée entièrement bouleversée et presque anéantie; les plus grosses pierres furent roulées au large, précipitées dans le port ou abattues sur le quai. Ne pouvant rien contre les éléments, la population eut recours aux prières publiques. Le St-Sacrement, exposé pendant trois jours et trois nuits consécutifs, fut porté deux fois en procession devant la mer et ne fut renfermé que lorsque la tempête commença à se calmer. On put alors examiner à loisir les dégats; ils étaient affreux; le port était impraticable et le commerce ne

---

(1) L'épidémie de 1720 fit à Cassis 214 victimes qui furent ensevelies à la plage du Bestouan ou de la Lèque. Il est d'usage chaque année, lors de la procession du vœu, de s'arrêter à cet endroit pour y réciter les prières des morts.

put être continué pendant plusieurs années qu'à l'anse de Pormiou. Mais ce port, excellent comme abri, était gênant pour les opérations commerciales et surtout bien mal défendu dans un temps de guerre. Un évènement funeste ne tarda pas à s'y passer.

1744. — Les magistrats de Cassis le pressentaient bien lorsqu'ils demandaient, le 30 avril 1744, des pièces d'artillerie et des munitions pour renforcer leurs batteries et que le lendemain, annonçant que les Anglais avaient débarqué à Pormiou, ils exprimaient leur crainte d'être rançonnés. L'Évènement redouté arriva le 1er juin suivant.

Une flotille espagnole qui portait des secours à l'Infant Don Philippe, le futur souverain de Parme et de Plaisance, chassée par un vaisseau anglais, s'était réfugiée à Pormiou, où se trouvaient déjà des navires français. Les Anglais ayant jeté l'ancre à l'entrée de l'anse envoyèrent les embarcations pour s'emparer des bâtiments. Prévoyant le sort qui les attendait, les équipages abandonnent leurs bords et, cachés sur les hauteurs, entretiennent quelque temps une fusillade bien nourrie; mais, trop faibles pour lutter avec avantage, ils se retirent bientôt laissant le vainqueur emmener les navires à sa convenance et brûler les autres. A la première appari- du vaisseau anglais, les Consuls avaient envoyé demander des secours à Marseille, à la Ciotat, et à Aubagne. Les renforts arrivèrent à temps pour empêcher l'ennemi qui s'avançait déjà vers Cassis, de faire du mal à la ville.

1772. — La situation financière de la commune était depuis longtemps dans un état déplorable; cette situation s'était encore aggravée depuis les sinistres de 1739 : il fallait cependant relever les ruines du môle et creuser le port ou sacrifier l'existence de la ville. Les Procureurs du pays comprirent qu'ils devaient s'arrêter au premier de ces partis et, le 21 mars 1772, ils dressèrent l'état de répartition du contingent que chaque commune voisine devait fournir pour les travaux.

En vain, les Maires et les Consuls de ces localités réclamèrent contre la charge qu'on leur imposait; ils furent tenus de verser leur contingent et les travaux s'exécutèrent.

Voici le tableau dressé le 21 mars:

« État de répartition faite par MM. les Procureurs du pays
« de la somme de 24,000 livres du tiers concernant les com-
« munautés contribuables et intéressées pour l'exécution du
« devis du creusement du port de Cassis, sur le pied de
« l'affouagement de chaque communauté.

« *Cassis* sera cotisé pour 16,000 livres sans avoir égard
« à son affouagement comme y ayant le
« plus grand intérêt . . . . 16,000 livres.
« *Aubagne* affouagée 30 feux à raison de
« 140 fr. environ par feu, payera. 5,460
« *Roquevaire* pour 10 feux, ... 1,400
« *Gemenos* pour 6 feux 1|2, ... 0,910
« *Roquefort* pour 1 feu 1|2, ... 0,210

Total. 23,980

1776. — Cassis mis en demeure de payer 16,000 livres, était trop endetté déjà pour songer à contracter un nouvel emprunt. Cependant il eut recours à la Province et celle-ci lui prêta la somme de 30,000 livres. Une autre faveur qui lui fut accordée montre combien les États jugeaient sa position susceptible de protection. La commune avait été affouagée, en **1776, 11 feux 1|2**. Tenant compte des malheurs qu'elle avait essuyés et des charges qui pesaient sur elle, son imposition fut réduite à 7 feux 3|4.

1785. — Quelques améliorations furent faites, cependant, à travers toutes ces difficultés. La commune trouva le moyen d'acheter la source de l'Arène et d'en conduire les eaux dans la ville. Bientôt tous les esprits ne furent plus occupés que des évènements importants qui se préparaient en France.

1789. — Le 25 janvier 1789, le Conseil de Cassis reçoit de l'assemblée de la Viguerie l'invitation d'adhérer aux délibérations de la ville d'Aix des 18 et 26 décembre précédent, savoir « de charger les députés de la ville d'Aix à Paris de « solliciter auprès du Roi, au nom de la Viguerie, la convo-« cation des trois ordres du pays à l'effet de procéder à une « formation d'état véritablement représentative de la nation « provençale.... »

Peu de jours après, les affaires publiques prirent une tournure à laquelle bien des gens étaient loin de s'attendre. Des bruits sinistres circulaient dans les campagnes aussi bien que dans les villes. Sans comprendre tout d'abord de quoi il s'agissait, les populations rurales commencèrent à prêter l'oreille : elles surent bientôt qu'il était question d'une organisation toute nouvelle de l'Etat et elles s'y prêtèrent sur plusieurs points sans arrière pensée.

La disette dont souffrait la classe pauvre vint hâter les évènements à Cassis où assurément les fauteurs de désordres n'ont jamais été nombreux ; une émeute éclate le 31 mars 1789. Le peuple demande la suppresion du *piquet*, ou droit municipal sur le blé, et la réduction sur le prix du pain et les Consuls s'empressent d'y adhérer. Le 25 juillet suivant, l'organisation de la garde nationale est commencée.

Bientôt les lois qui régissaient, pour ainsi dire, chaque commune en particulier, disparaissent devant les décrets importants de l'Assemblée nationale.

Le décret du 4 août, qui porte abolition du régime féodal, des justices seigneuriales, etc. fait sortir Cassis de la tutelle de l'Évêque.

Le 13 septembre suivant, le Conseil général s'assemble pour la dernière fois et vote la délibération suivante :

« Les Maire et Consuls considérant que la qualité de fran-« çais est devenue le premier et le plus utile des droits na-« tionaux et la source la plus féconde de la liberté, de

« l'égalité, de la prospérité sociale; que renoncer à toute
« autre existence politique, c'est moins affaiblir qu'étendre
« ses privilèges, puisque c'est se donner une manière d'être
« plus avantageuse, plus sûre et centupler ses forces par une
« étroite confédération avec les autres parties de l'empire
« français,

« Ont délibéré de ratifier dès à présent la renonciation
« faite dans la séance du 4 août de l'Assemblée nationale
« par MM. les députés de Provence aux droits et privilè-
« ges particuliers du pays qui contrarieraient l'existence
« d'égalité et d'uniformité qui va être la base de la cons-
« titution française et de ne réserver aux Provençaux l'exer-
« cice du droit d'exister en corps de nation séparée, que
« dans le cas presque impossible à réaliser où la France
« asservie et démembrée ne laisserait plus au Comté de
« Provence d'autre ressource pour maintenir sa liberté. »

Cet acte unit dès ce jour Cassis à la grande famille française. Il n'est plus dans son existence d'autre fait qui la distingue des autres communes; elle ne reconnaît d'autres lois que celles qui régissent la nation tout entière.

§ 2. Gouvernement de la France depuis 1789.

1789. — Le décret du 14 décembre 1789 établit dans toute la France un nouveau système de municipalités et abolit implicitement les Consuls à Cassis. Voici les principales dispositions de cet important décret:

Art. 1er. Les municipalités actuellement subsistant en chaque ville, bourg, paroisse ou communauté, sous le titre d'hôtels-de-ville, mairies, échevinats, consulats, sont supprimées et abolies.

Art. 4. Le chef de tout corps municipal portera le nom de maire.

1790. — Le décret du 15 janvier suivant divise la France en départements et districts. Celui du 14 septembre 1791 la subdivise en cantons. Cassis est créé chef-lieu et comprend dans sa circonscription les communes de Cassis, la Penne, Ceyreste et Roquefort et forme un canton de 3,638 habitants ainsi répartis :

Cassis. . . .	2,030
La Penne. .	670
Ceyreste . .	638
Roquefort. .	300
	3,638

1791. — Le 15 février 1791 ont lieu les élections des officiers municipaux et, le 20 mars suivant, le premier juge de paix est nommé.

Peu à peu les idées républicaines se propagent, grandissent ; le Roi gouverne encore, mais la royauté perd son prestige. Le 3 août 1791, les trois chaperons de velours cramoisi, couvre-chefs des Consuls de la ville, sont vendus aux enchères, attendu *qu'ils rappellent trop l'ancien régime*.

1792. — Le 15 janvier suivant, le Conseil, prenant en considération la crise financière que ce même régime lui a laissée et dont on continue à souffrir, décide à l'unanimité « de vendre tous les capitaux, créances et immeubles réels « ou fictifs de la commune à l'exception des plaines du mou- « lin, de la petite chapelle Ste-Croix où habite un hermite et « de St-Clair dont on pourrait au besoin faire une caserne. »

Le décret du 18 août ayant supprimé les congrégations séculières et les confréries religieuses, les objets du culte des chapelles sont transportés à l'église paroissiale qui continue à être affectée au service divin.

1793. — Les mauvais jours que la France eut à traverser ont laissé sans doute à Cassis quelques tristes souvenirs.

Nous n'avons point ici à critiquer les faits pas plus qu'à les excuser.... A d'autres ce pénible travail....

Le 27 août, une députation est envoyée pour complimenter les conventionnels qui sont à Marseille *et le nouveau César si glorieusement précédé par la victoire dans sa marche triomphale.* Comme on le voit, le style ampoulé du temps de l'Empire a précédé à Cassis l'Empire même.

An II. — BONAPARTE vint peu de temps après à Cassis en sa qualité d'inspecteur des batteries de la côte. Nous avons sous les yeux, signé de sa main, le 30 pluviose an II, (10 février 1794) son ordre du jour relatif à l'armement des trois batteries de la Lèque, du château et des Lombards.

On aime à rechercher dans la vie des grands hommes les mille riens de la vie privée qui peignent mieux le caractère que les plus hauts faits et les actions d'éclat. Voici un fait que nous donnons, parce que nous le savons inédit :

Après avoir accompli sa tournée, BONAPARTE soupa à l'auberge du sieur RAPHEL, tenue plus tard sous l'enseigne de la *Croix blanche* par HARDISSON. Des témoins occulaires, à qui nous devons ces détails, s'accordent à dire que le général qu'ils avaient examiné comme tout officier supérieur, alors maigre et pâle, était ce jour là excessivement taciturne, quoique rempli de politesse, et visiblement préoccupé.

Le soir BONAPARTE se présente au domicile du sieur Balthazard RASTIT chez lequel il devait passer la nuit et, guidé par son hôte, monte dans la chambre qui lui est destinée; mais il s'aperçoit qu'avant de se retirer celui-ci enlève un crucifix placé dans l'alcove et l'emporte avec lui. Le général qui avait suivi des yeux l'opération du sieur RASTIT, lui en demande l'explication.

— J'enlève le crucifix, répond celui-ci, parce que j'eus une fois déjà à supporter des railleries de la part d'un officier et je craindrais......

— Donnez, donnez, dit le futur Empereur, en l'interrompant, vous croyez donc que je ne suis pas chrétien?...

Et après avoir dit ces mots, BONAPARTE reprend le crucifix des mains de son hôte et le remet au clou dont il venait d'être enlevé.

An III. — L'année suivante est employée à des travaux de fortifications et à des mesures de défense. Le 1er vendémiaire an III, (22 septembre 1795), arrive l'ordre de démolir les bâtisses du *ci-devant* château pour allonger la batterie, y construire corps de garde, poudrière, etc. Le 20 du même mois (11 octobre), le capitaine CRAMETTE est investi du commandement de Cassis qu'il doit mettre sur le pied de guerre. Le 5 prairial (24 mai) suivant, la municipalité est autorisée à employer sans délai les citoyens des cantons Mazargues, Geniès et Marguerite qui ont été requis de s'organiser en compagnie pour faire le service conjointement avec les canonniers qui occupent les différentes batteries.

An V. — Un seul acte signale l'an V (1797); c'est la levée de l'état de siège auquel la ville avait été assujétie.

An VII. — En Nivose an VII (mars 1799), des réparations sont entreprises au môle et, à en juger par les motifs qui déterminent l'autorité à les faire, on acquiert la preuve que le commerce, malgré les embarras de l'époque, est encore important. Ces réparations, dit le projet, doivent être faites pour le bien d'Aubagne, Roquefort, Gémenos et Cuges.

An VIII. — Le 3 prairial an VIII (23 Mai 1800), paraît l'arrêté qui nomme le Maire et l'adjoint de Cassis et casse l'ancienne municipalité cantonale. Dès ce jour, Cassis fait partie du canton de la Ciotat.

1809. — Comme on le voit, la République a produit peu d'évènements remarquables à Cassis : l'Empire n'en vit guère davantage et, n'étaient les dernières attaques que les Anglais dirigèrent plusieurs fois contre la ville, il n'aurait guère laissé de souvenirs particuliers. Ce n'est qu'en 1809 que ces

attaques commencent à être inquiétantes. Le 2 avril, les habitants se plaignent « que l'ennemi infeste la côte; qu'il n'est
« pas de jour qui ne soit marqué par quelque brigandage
« de leur part et que les dangers courus par les caboteurs
« et même par les bateaux de pêche se multiplient d'une
« manière effrayante. »

Faiblement défendus contre des forces qui pouvaient être facilement imposantes du côté des Anglais, les Cassidens virent s'écouler plusieurs années entre l'inquiétude et l'espérance. Leurs craintes devaient être justifiées.

1318. — Durant les premiers mois de 1813, la côte est plus particulièrement surveillée par une petite division anglaise ; on soupçonne qu'elle médite un coup de main contre la ville. Le 31 juillet, la batterie de Morgiou est surprise et les canons jetés à la mer. Le 3 août, dès la pointe du jour, une frégate et deux bricks se présentent dans le golfe et 200 hommes débarquent à l'Arène. Mais un pêcheur, le Sr GAFFAREL, les aperçoit, s'empresse d'avertir le chef de la batterie des Lombards et court ensuite prévenir le Maire. Celui-ci fait immédiatement battre le rappel et sonner le tocsin et peu de temps après la garnison, les marins, la garde nationale, la douane se portent sur toutes les batteries. Les Anglais ont cependant le temps d'enclouer les canons de 24 des Lombards et de jeter à la mer ceux de la Cacau ; mais, apercevant les baïonnettes françaises, ils s'embarquent précipitamment sous le feu des canons du château et de la Lèque. Dix jours après ils devaient prendre leur revanche.

Comment raconter cette fameuse affaire dont on a si longtemps et beaucoup trop parlé, ce nous semble ?... Ah ! certes, si nous voulions écouter nos ressentiments particuliers ; si, comme on nous en a accusé d'avance, nous voulions faire de ce livre un infâme libelle, nous aurions beau jeu maintenant pour nous venger. Mais nous comprenons mieux nos devoirs d'historien ; nous n'y manquerons pas. Que les personnes que ces lignes concernent sachent mieux nous apprécier.

Voici quelle était, le 16 août 1813, la position de Cassis.

Les batteries de la Lèque et des Lombards étaient gardées par une quinzaine d'hommes. Le château, bien défendu par ses remparts sur tous les autres points, offrait un endroit faible à l'extrémité Sud, à l'emplacement qu'occupait naguère l'église. Sa garnison se composait de deux officiers, 25 soldats de la ligne, 12 marins de l'État, 10 matelots marchands, 10 canonniers et quelques gardes nationaux, 65 hommes en tout environ, sous le commandement du Sr Pignatel, lieutenant des canonniers gardes-côtes. Le port contenait, outre les bateaux de pêche du pays, 26 bâtiments marchands et une petite flotille composée de deux péniches et une balancelle.

Pendant la nuit du 17 au 18, à minuit et demi, la frégate et les deux bricks qui avaient déjà opéré la descente du 3 aux Lombards envoient leurs embarcations à la fois à l'Arène, et au Beau neuf, petite crique assez rapprochée du Bestouan.

A une heure, les deux colonnes composées de 150 à 200 hommes chacune se dirigent, la première sur le château, la seconde sur la batterie de la Lèque. L'éveil est donné simultanément aux deux postes. Les canonniers de la Lèque, trop peu nombreux pour se défendre, abandonnent la batterie ; mais avant de se retirer un d'eux, le préposé des douanes Jauffret, met feu à une pièce chargée à mitraille dirigée vers le chemin de Pormiou et décime la colonne anglaise.

Au château, pendant plus d'une heure, les assiégés ripostent bravement à l'ennemi qui escalade enfin le rempart fort bas à l'endroit que nous avons indiqué et pénètre dans l'intérieur. *Mes amis! tout est perdu!* s'écrie alors une voix... Aussitôt la panique s'empare d'un grand nombre des assiégés qui se précipitent vers le mur extérieur et le franchissent au risque de leur vie.

Hâtons-nous de dire que, si certains se sont trop prudemment conduits, d'autres ont rempli leur devoir jusqu'au bout. L'officier de la ligne, M. GALLINI, et 21 soldats furent faits prisonniers les armes à la main.

Pendant ce temps, la seconde colonne anglaise, après s'être emparée de la Lèque, était entrée dans la ville par St-Clair, et les embarcations, pénétrant dans le port, avaient enlevé les bâtiments. Loin de se rendre sans combat, les officiers commandant les navires de l'État se comportèrent en braves. Le chef de la station, le sieur DURBEC, fit preuve de courage; le sieur ÉTIENNE, capitaine de la péniche n° 6, fit couler son bâtiment et fut fait prisonnier lorsqu'il était couvert de blessures.

Au premier coup de canon, les habitants avaient vacué la ville; la consternation était à son comble. Une fusée destinée à faire taire la cloche de la paroisse qui sonnait le tocsin tomba sur la maison MILLE et y mit le feu. Ne craignons pas de le dire: nos vieux ennemis se montrèrent cette fois pleins de générosité; ils firent fort peu de mal à la ville et point à ses habitants. Un seul d'entr'eux qui profitait du tumulte pour voler fut tué sur le port; un magasin et deux charrettes chargées de marchandises furent seulement pillées. Le but de l'expédition était atteint; 26 navires marchands, les deux péniches de l'État et un gros bateau pêcheur furent emmenés.

A cinq heures, les voiles anglaises ayant disparu à l'horizon, tout le monde rentra dans la ville. On put alors juger des pertes de l'ennemi. Au Bestouan, on trouva une grande quantité de sang, quatre cadavres oubliés dans l'obscurité, et un certain nombre de fusils et de gibernes. Au château, quinze fusils avaient été abandonnés et, à en juger par les traces de sang, un certain nombre d'assaillants avaient dû succomber.

Le lendemain les secours arrivèrent de Marseille.

1815. — Cet évènement fut le seul qui signala les dernières années de l'Empire. Deux ans après la France était gouvernée par les Bourbons.

Nous avons pris à tâche d'écarter de cette histoire les épisodes qui pourraient éveiller dans quelques âmes des haines particulières; nous passerons donc sous silence la sombre expédition de Vaufrège et le massacre des Bonapartistes. Que tout le monde puisse l'oublier comme nous! . . .

1819. — De 1817 à 1819, des travaux sont exécutés au port, les quais sont réparés. Mais arrive le raz-de marée de 1821 qui détruit tout.

1821. — Bien des gens se rappellent encore la terrible *labéchade* du 25 décembre 1821. Dans la nuit, par un temps calme, la mer, arrivant avec fracas par les *barris* et les quais, inonde la Grand'rue et les traverses avoisinantes, pénètre dans les maisons et jusque dans l'église, emporte les bateaux ancrés dans le port, dépave les rues et entame le môle au milieu de l'épouvante générale. Cette tempête se fit également sentir sur toute la côte. A Fos-les-Martigues, surtout, elle causa des ravages considérables.

Ce sinistre est le dernier fait curieux que nous ayons à signaler. La suppression de la banalité des fours en 1841; les travaux de la fontaine en 1847, le nouveau pavage qui continue à se répandre de nos jours, le rétablissement des chantiers de construction de navires, les plantations de la place Montmarin et la création de la sécherie de morues et de l'usine du Bestouan sont les seules améliorations que nous puissions signaler.

Les révolutions et les changements de dynasties ont peu de prise sur les Cassidens. L'Ère de juillet, la République de 1848 et l'Empire y ont été successivement proclamés et acceptés à une immense majorité. Cassis semble ne reconnaître en définitive qu'un bon gouvernement: celui de la paix; qu'une loi: la tranquillité.

TROISIÈME PARTIE.

STATISTIQUE.

CHAPITRE PREMIER.

Statistique administrative, militaire et religieuse.

Cassis n'ayant jamais rempli qu'un rôle tout-à-fait secondaire, on comprend que ce chapitre ne saurait comporter beaucoup de détails.

§ 1er. Administration municipale et militaire.

L'historien qui examine de sang-froid l'ensemble des lois qui régissent aujourd'hui toutes les communes de la France, après avoir étudié les différences infinies qui existaient dans les diverses législations auxquelles étaient subordonnées ces mêmes communes, il y a un siècle à peine, l'historien, dis-je, ne peut s'empêcher d'admirer les effets de la révolution de 89 qui, en brisant les mille règlements particuliers qui les gouvernaient isolément, a fait des diverses provinces de la France un état si puissamment lié, si uniformément régi.

Dans cette fatale époque du moyen-âge, chaque ville avait, pour ainsi dire, un maître ravisseur, chaque château un seigneur ambitieux, qui tous dictaient des lois à leur convenance, levaient des impôts suivant leur caprice. Louis XI et plus tard Richelieu, en combattant la féodalité, amenèrent plus d'union entre les diverses communautés d'une province; mais, quoique soumise à quelques lois principales, chacune d'elles n'en continua pas moins à avoir des règlements particuliers imposés par les seigneurs.

Nous avons à peu près tout dit, dans la partie historique, au sujet du rôle militaire qu'a joué notre Commune aux diverses époques de son existence. Comme place maritime, elle eut longtemps une certaine importance et, lorsqu'on avait à craindre un débarquement des ennemis, une garnison d'hommes de guerre venait renforcer la milice locale. Mais l'arrivée de ces soldats était pour le pays une lourde charge et leur séjour une cause de tracasseries, de rixes et de scandales. Aussi, généralement, les Consuls étaient-ils pressés de demander le départ de ces bataillons de suisses, de dragons, etc. Lorsque les *Barbaresques*, les Espagnols ou les Anglais étaient en vue de nos côtes on barricadait les avenues de la ville, on fermait les portes, et toute la population se tenait prête à se renfermer dans le château. Les hommes valides étaient classés par compagnies et agissaient sous les ordres de leur capitaine de quartier. Le moment du danger passé, mousquets et arquebuses se rouillaient dans quelque coin du logis jusqu'à alerte nouvelle.

Sous la domination des Évêques de Marseille, Cassis était administré par trois Consuls, commissionnés par le Roi, après leur nomination par le Conseil de la Communauté devant lequel ils répondaient de leurs actes.

Le Conseil était, suivant la gravité des affaires, *général* ou *particulier*. Celui-ci se composait des trois Consuls de l'année, des trois Consuls de l'année précédente et de six notables. Le Conseil général était composé de tous les chefs de famille.

Depuis un temps immémorial jusqu'en 1718, les élections municipales avaient lieu le 1er mai de chaque année (1). A partir de cette époque jusqu'à la révolution, elles se firent le 26 décembre, seconde fête de Noël. On élisait ce jour là les Consuls, les Trésoriers et les Marguilliers; les Auditeurs de comptes n'étaient nommés que quelques jours après. Le lendemain de leur élection, les nouveaux magistrats allaient rendre visite à l'Évêque auquel « *on doibt* tout respect et honneur » et ce en grand costume.

A propos de grand costume, le lecteur sera peut être bien aise de savoir que l'autorisation de porter le *chaperon*, signe distinctif du pouvoir consulaire, ne fut accordée aux Consuls, par l'Évêque de Marseille, que le 7 mai 1658, autorisation ratifiée par arrêt de la Cour du Parlement du 6 août suivant.

Quant aux emplois et charges, un arrêté du Conseil de la commune du 1er janvier 1564, *oblige* les citoyens désignés à les accepter bon gré malgré, attendu, est il dit, que si

---

(1) Le procès-verbal de l'élection des nouveaux officiers consulaires de 1591, porte : « Sachent tous présents et avenir que, « au présent lieu de Cassis, *bourg* de la ville de Marseille.... »
C'est le seul que nous ayons trouvé avec cette mention que rien, du reste, ne justifie plus amplement.

les personnes en état de les remplir convenablement refusent de les occuper, l'autorité perdra de son prestige et de sa dignité. — Pareille loi serait aujourd'hui, ce nous semble, passablement inutile.

Tout n'était pas, du reste, profit et agrément dans le métier de consul. Ces emplois, fort mal rétribués, d'ailleurs, exposaient les titulaires à des désagréments sans nombre ; au moindre retard dans le paiement, le receveur des tailles les faisait emprisonner et cela leur arriva plus d'une fois, notamment en 1547, 1581 et 1606 et il fallait pour les retirer des verroux des ordonnances du Gouverneur de la province et des arrêts du Parlement. Le bénéfice le plus clair qu'ils retiraient de leur charge était d'être enterrés aux frais de la commune lorsqu'ils mouraient pendant l'exercice de leurs fonctions.

Lorsque le Conseil avait quelque affaire épineuse à arranger, et le cas échéait souvent, et qu'il espérait obtenir la protection de quelque personnage important, il avait recours aux grands moyens; des faucons dressés, des objets d'art, mais surtout les *flascons* de muscat accompagnaient les solliciteurs municipaux qui parlaient avec d'autant plus d'assurance que le cadeau était plus distingué.

Une ordonnance du 18 mars 1576 règle ainsi les peines dont étaient frappés les Conseillers négligents à remplir leurs devoirs d'administrateurs.

« Quand sera appelé et crié Conseil général dudit lieu ;
« quand on sera au chasteau ou à l'église, icelui chacun
« particulier que devra assister sera défaillant et ne s'y
« trouvera, payera, si c'est du nombre des Conseillers, 8
« sols pour chaque fois et si n'est du nombre desdits Con-
« seillers 4 sols applicables le tiers au Seigneur, autre tiers
« à l'Hôtel-Dieu et l'autre pour l'entretien de la dite mai-
« son commune. »

Plus tard on voit figurer au nombre des administrateurs

de la commune le Juge, dont le pouvoir s'étendait sur plusieurs localités à la fois, et le Viguier ou Lieutenant du Juge dont les attributions étaient bornées à Cassis. Dans le courant du dernier siècle les premiers Consuls commencèrent à joindre à leur titre celui de Maire. Vint enfin la révolution de 1789 qui abolit le consulat et constitua le pouvoir municipal, à peu de choses près, tel qu'il est aujourd'hui.

Actuellement l'administration municipale se compose du Maire, d'un Adjoint et de 16 Conseillers.

§ 2e. Administrations publiques.

Seconde commune du canton de la Ciotat, placée entre deux villes, l'une si importante depuis tant de siècles, l'autre appelée à le devenir bientôt à son tour, Cassis ne peut avoir que des agens inférieurs des administrations publiques.

En 1792, le bureau de l'Enregistrement fut transféré à la Ciotat; en 1807, vint le tour de la Justice de paix et, en 1818, la suppression du bureau des Postes.

Nous nous serions probablement dispensé de parler de tout cela si nous n'avions voulu rendre cette statistique complète sous tous les rapports.

Culte. — Avant la révolution, l'administration ecclésiastique se composait d'un Curé, d'un prêtre aubier et de trois secondaires. Il n'y a plus aujourd'hui pour le service de la paroisse qu'un recteur et un vicaire.

Douanes et contributions indirectes. — Les fermiers généraux avaient autrefois à Cassis un agent de la gabelle et le personnel nécessaire pour garder la côte. Lors de l'organisation du service des douanes sur le pied actuel, l'administration y plaça un receveur pour la partie sédentaire et un controleur des brigades pour la partie active. A la suite du dernier remaniement opéré dans la direction de Marseille, on n'y a plus laissé qu'un receveur, un lieutenant et seize hommes divisés en deux brigades.

Le bureau des douanes est ouvert :

1° A toutes les opérations de navigation proprement dite ;

2° Au cabotage (entrée et sortie) ;

3° A l'importation des marchandises payant moins de 20 fr. les 100 kilog ;

4° A l'exportation de toutes les marchandises, excepté celles de primes ;

5° A l'importation et à l'exportation des grains, farines et légumes secs.

Voici le tableau des recettes opérées au bureau de Cassis pendant les sept dernières années.

ANNÉES.	DROITS DE D	NAVIGATION.	BECET. ACC.	DROITS SANIT.	TOTAUX.
1850	24,30	102,22	96,01	213,75	436,28
1851	10,38	134,18	121,93	258,75	522,24
1852	12,65	226,60	153,53	323,00	715,78
1853	4,40	136,29	117,88	111,25	369,82
1854	2,97	94,30	89,68	20	187,15
1855	15,88	128,21	111,46	40	255,65
1856	45,60	150,81	118,64	45,65	360,70

L'administration des contributions indirectes est représentée seulement par un buraliste. Les recettes sont insignifiantes.

Il y a deux bureaux de tabacs.

Marine. — Compris dans le quartier maritime de la Ciotat, le port de Cassis est surveillé par un syndic des gens de mer. Un maître de port veille à l'exécution des règlements à l'arrivée et à la sortie des navires. Il y a aussi un tribunal de pêche composé de quatre prud'hommes.

Police. — Le commissaire cantonal de la Ciotat est chargé de la police de la commune. Pour les affaires de simple police, il existe un tribunal dont le Maire est président-né.

Postes. — Établi, en 1785, le bureau des postes fut supprimé, le 1ᵉʳ janvier 1818, et changé en simple bureau de distribution dépendant aujourd'hui de celui de Marseille. Ses recettes montent en moyenne par année à la somme de douze cents francs.

Santé publique. — Le voisinage de Marseille avait fait établir, dès les premiers temps du régime quarantainaire, une administration sanitaire du ressort de l'intendance de cette ville. Cette administration subit au fur et à mesure les diverses modifications que les gouvernements jugeaient à propos d'apporter et a existé jusqu'au 15 juin 1853, époque à laquelle elle a été supprimée par suite du décret du 27 mai précédent.

Le receveur des douanes est chargé de la surveillance de cette partie de la côte et est commissionné à cet effet comme agent sanitaire.

§ 3ᵉ. Impositions et Revenus.

Au temps où Cassis était administré par ses Consuls, la communauté avait un, deux ou trois trésoriers qui exigeaient des redevables ou fermiers les sommes qui devaient faire face aux deniers royaux, à ceux du pays et aux dépenses communales. Ces trésoriers rendaient leurs comptes annuellement devant les auditeurs nommés par le Conseil.

Longtemps les dépenses calculées sur les revenus mirent la commune dans une situation financière satisfaisante ; mais arriva, enfin, une époque où non seulement les recettes furent insuffisantes, mais où il fallut avoir recours aux emprunts qui ne purent être remboursés ; si bien qu'en fin de compte, en 1714, il fut décidé qu'on aliénerait les domaines de la commune. Cette vente produisit 100,000 francs environ, dont le montant fut encore insuffisant pour payer les dettes. Le pays fut donc obligé de venir à son secours, et cela dura jusqu'à la révolution, époque où le système financier de la France fut complètement changé.

Un genre d'imposition qui avait survécu, *le droit de la banalité des fours*, droit féodal, quant à la forme, mais qui était devenu particulier par suite de la vente des fours communaux, n'a cessé d'exister qu'en 1836, au grand intérêt de certaines professions.

En vendant, en 1714, ses fours, la commune conférait et reconnaissait aux acquéreurs le droit de retirer à l'habitant qui faisait cuire, le 21me pain, soit le 5 p % de la fournée. Tout exagéré que fut ce droit, on l'avait reconnu légitime et si la population avait raison de se plaindre de cette servitude, elle n'était point fondée à réclamer contre son institution. Aussi, doit-on être reconnaissant envers le Maire qui a su trouver le moyen de faire cesser la banalité des fours sans attaquer les droits des propriétaires.

En trouvant ce moyen, M. BRUN du BOURGUET a bien mérité de ses concitoyens.

En 1821, les revenus de la commune s'élevaient à la somme de 5,965 f. 30 c; ils étaient, en 1854, de 12,714 f. 27 c; c'est donc 6,748 f. 97 c. d'augmentation en une trentaine d'années à peine. Ils présentent en ce moment le chiffre de 12,919 f. 27 cent.

D'après le tableau que nous donnons ci-dessous, on jugera de l'importance de certains travaux qu'a entrepris la commune dans un espace de temps assez restreint. Les dépenses paraissent au premier abord pour certains exercices avoir dépassé les ressources, mais cela s'explique par l'emploi qui a été fait, suivant les besoins, de l'excédant de plusieurs années.

Tableau comparatif des Recettes et des Dé

	1844.	1845.	1846.	1847.
Droits d'Octroi.	5,070,00	5,035,00	4,420,00	4,420,00
Droits sur les carrières de la Com.	1,540,76	5,292,53	4,558,31	4,509,52
Imp. et prestat. p. les chem. vic. .	2,379,66	1,352,20	1,588,20	1,574,75
Recettes diverses	3,236,99	2,961,01	2,664,62	2,947,15
Revenus	12,227,41	14,640,74	13,231,13	13,451,42
Dépenses	8,975,17	14,393,37	12,669,61	23,153,65
Différence { en plus	3,252,24	247,37	561,52	
{ en moins				9,702,23

§ 4ᵉ. Congrégations religieuses.

Cassis a été de tout temps riche en chapelles, en congrégations et en habitudes religieuses. Soit que l'impulsion fut donnée à cet égard par les Évêques de Marseille, pendant qu'ils étaient Seigneurs de Cassis, soit que la dévotion fut innée chez les habitants, toujours est-il à constater que la religion y a continuellement revêtu bon nombre de formes extérieures. Nous allons faire l'énumération des diverses confréries qui ont existé dans le pays et nous terminerons par le tableau de celles qui subsistent encore aujourd'hui.

1º *St-Crucifix.* — Nous avons retrouvé le règlement de cette congrégation de femmes qui nous a appris qu'elle fut fondée au château, en **1686**, et reconstituée sous de nouveaux statuts, en **1731**. Les membres prenaient le titre de *Sœurs du St-Crucifix* et n'étaient assujéties qu'à réciter certaines oraisons. Cette confrérie n'existe plus.

2º — *St-Dominique.* Le nom véritable de cette confrerie de femmes était : *Sœurs du Tiers-Ordre de St-Dominique.* Les

Commune de Cassis, de 1844 *à* 1857.

	1850.	1851.	1852.	1853.	1854.	1855.	1856.
65	4,020,00	4,020,00	4,354,50	3,772,78	3,772,78	3,760,00	3,760,00
46	2,164,65	1,866,40	2,109,66	4,005,08	4,057,18	4,229,27	4,616,57
58	2,128,83	1,575,92	1,556,65	1,511,53	1,533,23	1,452,18	1,413,84
26	4,128,87	5,121,17	4,013,01	3,424,88	4,398,59	3,905,54	3,128,86
95	12.442,35	12,583,49	12,033,82	12,714,27	13,761,78	13,346,99	12,919,27
58	10,813,20	11,556,88	13,357,55	13,554,20	15,608,76	13,471,08	12,415,95
	1,629,15	1,026,61					503,32
63			1,323,73	839,93	1,846,98	124,09	

dames qui en faisaient partie étaient libres et ne devaient que se réunir à leur chapelle, à certaines époques, pour y chanter l'office. Elle fut fondée en 1690 et refondue en 1728. Elle fut supprimée en 1792 et n'a plus été reconstituée.

3°. *Sainte-Elisabeth.* — Cette congrégation fut établie le 3 septembre 1732; les personnes qui en faisaient partie donnaient gratuitement leurs soins aux malades de l'hôpital concurremment avec les dames du tiers-ordre de St-François.

4° *St-Enfant Jésus (Garçons).* — Fondée en 1521, une première fois au Château, la congrégation des garçons fut reconstituée, le 18 juin 1671, par le Sr Brest, Missionnaire. La population de Cassis ayant, au commencement du XVIIe siècle, abandonné presque entièrement son enceinte fortifiée, cette confrérie fut transportée à la chapelle St-Clair sur le port, le 9 décembre 1673, et fut une dernière fois réglée par les statuts de l'Evêque Mgr de Belzunce, le 2 mai 1718. Après de nombreuses vicissitudes dans son existence, la congrégation des enfants s'est relevée sur de nouvelles bases, en 1850, grâces aux soins de M. Grimaud, vicaire, et de M. Moïse Coulin.

5° *St-Enfant Jésus (Filles).* — Le même Messire Brest, missionnaire de Gémenos, qui réorganisa la confrérie des garçons, en 1671, avait fondé, en 1670, celle des filles. Elle a été reconstituée, en 1802, et existe encore aujourd'hui sous le même nom.

6° *St-François (Hommes).* — Psalmodier à certaines heures et à certains jours déterminés par les règlements, tel était le devoir des membres de la Confrérie d'hommes du *Tiers-Ordre de St-François* dont le local était une dépendance du prieuré de *N.-D. d'Espérance.*

7° *St-François (Femmes).* — De toutes les congrégations dont nous avons à nous occuper, celle des *Sœurs du Tiers Ordre de St-François d'Assise* et celle de *Ste-Elisabeth*, sont les seules dont nous reconnaissions réellement le mérite. Cette congrégation fonctionnait depuis longtemps déjà, lorsque Mgr de Belzunce lui donna, en 1728, de nouveaux statuts.

Les dames qui en faisaient partie donnaient des soins et des secours aux malades pauvres et aux infirmes, et, à ce titre, nous ne pouvons qu'en désirer le rétablissement.

8° *St-Louis de Gonzague ou de la Jeunesse.* — Établie le 4 octobre 1831, cette congrégation de garçons s'est fondue dans celle du St-Enfant Jésus.

9° *Pénitents blancs.* — « Au nom de Dieu soit il. - l'An
« de la nativité de Notre-Seigneur 1569 et le 3e jour du
« mois d'avril, s'est commencée la dévote compagnie des Pé-
« nitents du lieu de Cassis, sous le titre de St-Clair. Ont
« été Maître Jean de la Rue, notaire royal, premier prieur
« et Jean Bonnet, sous prieur. »

Tel est l'acte constitutif de la Confrérie des Pénitents qui furent nommés *blancs* lorsque les *noirs* furent à leur tour institués. Avant cela, ils s'appelaient du nom de St-Clair, abbé de Clairveaux ou peut-être martyr, attendu la dévotion que l'on a eue de tout temps pour celui des Saints Clair, auquel on se recommande pour les maux d'yeux.

Eydoux (dont nous disons quelques mots à l'art. Biographie) s'était donné beaucoup de mal pour retrouver le véritable patron de la confrérie dont il était l'âme. Si le lecteur veut se donner la peine de lire la pièce suivante il verra qu'en effet beaucoup de pénitents honoraient St-Clair, abbé, en baisant les reliques de St-Clair, martyr.

« Au nom de Dieu soit-il. L'an mil six cens soixante
« neuf et le dixiesme jour du mois d'Aoust, par devant nous
« Pierre de Bausset, Prévost, en l'église cathédrale, Vicaire
« général et official de Monseigneur illme et R.^{me} messire
« Toussain de Forbin, par la grâce de Dieu et du S^t. Siège
« apostolique, Évesque de Marseille, est compareu frère
« Pierre Chaine, presbtre religieux recolest du couvent de
« Rome, lequel nous a présenté deux caisses de bois noir
« fermées et scellées du sceau de Monseigneur l'éminentissime
« Cardinal Janet, Vicaire de N^{re} St-Père le Pape, lesquelles cais-
« ses sont garnies aux quatre costez de christail transparent
« et dans lesquelles y a divers reliques que led. frère Chaine
« dict avoir eues de N^{re}. dict. S^t. Père et par les mains dud.
« Seigneur Cardinal, et après avoir ouvert lesdites caisses
« avons trouvé dans l'une d'icelles le crane de S^t. Fauste, une
« piesse du bras de S^t. Clair, une piesse du bras de S^t
« Victor, une coste de S^t. Clair, une coste de S^{te}. Luce,
« une petite d'os de S^t. Just, le genouil de St Valentin, ung
« os de St Benin, tous martyrs suyvant leur inscriptions.
» Et dans l'autre boyte y avons trouvé le bras de S^t. Félix,
« le crane de S^t. Clair, ung os de S^t. Adauctes, ung os
« de S^t. Just, une coste de S^t. Victorin, l'os du pied de
« S^t. Restitut, ung de S^t. Victor, et ung de St Adjute, aussi
» martyrs, tous lesquels reliques sont mantionnez dans
« l'autentique et attestation dudit seigneur Cardinal Janet,
« et de Monsieur son vice-gérant, du vingt-cinq Mars
« dernier et parceq. les avons trouvées conformes aux dic-
« tes attestations portant que lesd. reliques ont été tirées

« du cimetière pretextat, permetons la vénération et ex-
« position publique dicelles et pour cet effect les avons
« d'abondant remises aud. frère CHAINE, pour les distri-
« buer aux église et chapelles du lieu de Cassis suyvant
« l'advis du S* Vicaire de la paroisse. Faict à Marseille ez
« soins de Mes^re. Marc FABRE, Vicaire dud. Cassis. Les
« sieurs André et Jean BREMOND, Consuls dud. Cassis, DE-
« BAUSSET, prévost vic. gén, f. Pierre CHAINE Recole, A.
« BREMOND. J BREMOND, signéz à l'original.

« Extrait à l'original estantau greffe de l'évêsché de Mar-
« seille deube collaón faicte. »

Quoiqu'il en soit, la *compagnie* de Cassis fut fondée par les Pénitents de Ceyreste, en 1569, et elle eut une chapelle assez grande qui n'existe plus aujourd'hui. Cette congrégation supprimée, le 15 août 1792, ne fut reconstituée, conjointement avec celle des Pénitents noirs, qu'en 1817.

10° *Pénitents noirs.* L'institution des Pénitents noirs fut établie, en 1634, sous le nom de *N-D. de Miséricorde.*

Supprimée comme toutes les autres confréries religieuses par le décret de 1792, cette congrégation fut reconstituée, en 1807, sous l'invocation du *St-Nom de Jésus*, par la réunion des anciens membres des deux confréries qui, abandonnant leur costume propre, se revêtirent de celui qu'ils portent maintenant.

11° *Confrérie du Rosaire.* Établie, le 18 mai 1629, et reconstituée, en 1728, cette congrégation ne fait qu'une aujourd'hui avec celle du *St- Enfant Jésus.*

Réédifiées sur des bases plus ou moins nouvelles avec des réglements extraits des anciens, trois confréries ou congrégations subsistent encore.

En voici le tableau statistique, au 1er janvier 1854 :

Pénitents du S.-N. de JÉSUS,	Hommes,	96
St-Enfant JÉSUS,	Garçons,	71
St-Enfant JÉSUS,	Filles,	97
		264

CHAPITRE DEUXIÈME.

Statistique Civile.

Depuis que la grande voix de la première révolution a proclamé les droits de l'homme, on a vu les écrivains, les sociétés savantes, les académies, les ministères, même les moins libéraux, apporter au bien-être de l'homme en France, à son éducation, à ses plaisirs même, le concours éclairé de la somme de développements dont ils se sont sentis capables.

Les historiens de l'ancien régime nous avaient habitués à ne voir dans les sujets que des êtres inférieurs, dont le nombre quelquefois gênant devait autant que possible être restreint; aujourd'hui nous croyons tous que plus un Etat nourrit de sujets, plus il est grand et riche, et le Gouvernement est fier quand il peut prouver que la misère tend à décroître dans le pays à la tête duquel il est placé.

On verra, dans ce chapitre, tout ce qui regarde l'homme à Cassis, dans tous ses rapports civils et sociaux.

§. 1er POPULATION.

« A Cassis, dit la Statistique de M. le Comte de Villeneuve, la « race est marseillaise pure. » Quoique la chose soit assez difficile à prouver, il est incontestable toutefois qu'en raison même de leurs relations continuelles avec les Marseillais, les habitants de Cassis doivent tenir beaucoup plus que leurs voisins maritimes de la race qui peuple le *terradou* ou territoire de Marseille. Comme les Marseillais, les *Cassidens* ont la tête arrondie et le teint clair, surtout chez les femmes. Les yeux sont bruns et bien fendus. Les hommes ont la barbe noire, épaisse et très-forte; elle blanchit de bonne heure ainsi que les cheveux qui tombent aussi dès l'âge de la maturité. Cette perte hâtive des cheveux et celle des dents, qui est encore plus fréquente, peuvent être attribuées à l'influence des vents de mer qui rendent les fluxions plus communes. Leur tempérament est plus sanguin et bilieux que lymphatique; ce qui n'empêche pas qu'ils ne se complaisent dans une sorte d'indolence qu'ils ne surmontent qu'avec peine et lorsqu'ils sont sollicités par des motifs d'intérêt. Leur activité est alors extrême, mais elle est de peu de durée et en général ils sont peu capables d'un travail assidu et opiniâtre.

A ces caractères généraux que nous avons empruntés à l'ouvrage cité plus haut, nous ajouterons nos observations personnelles. Les habitants de Cassis sont en général gais et amis des réjouissances; malheureusement ils sont aussi assez superstitieux, quelque peu dissimulés et vindicatifs. Ces défauts ne se font guère remarquer que depuis quelques années. Jusque-là les Cassidens avaient joui chez leurs voisins d'une haute réputation de franchise et de bonté. Naturellement hospitaliers, ils se sont laissé, depuis, gangréner par cette *aversion pour les étrangers* que quelques individus, à l'esprit étroit et au cœur jaloux, ont apportée et répandent autour d'eux.

Cette aversion se manifeste moins par des actes apparents que par la haute préférence qu'ils gardent pour leurs propres concitoyens. Désunis assez souvent entr'eux par la jalousie, apanage direct des petites villes, ils savent, lorsque l'occasion s'en présente, renoncer à leurs ressentiments pour n'opposer à l'ennemi commun qu'une masse compacte et homogène. Cette manière de faire a du bon, mais les intérêts étrangers en souffrent. Ce n'est point, en un mot de Cassis que l'on pourra dire que « *Nul n'est prophète dans son pays,* » car, bien loin de là, les Cassidens font seuls la loi chez eux.

La pêche, la chasse et le chant, tels sont les plaisirs les plus recherchés de la majeure partie de la population mâle; peu joueurs, mais assez causeurs, ils se réunissent en société et chantent volontiers des chœurs sous la direction de quelques maîtres de musique qu'ils font venir du dehors.

Les femmes ont aussi leurs habitudes qui ne seraient nuisibles ni à elles mêmes, ni aux autres, si elles pouvaient se mêler un peu moins de caquetages et se montrer un peu plus charitables sur le compte des personnes qu'elles coudoient journellement.

Hâtons-nous, du reste, de leur rendre pleine justice en ce qui concerne la décence, les bonnes mœurs et toutes les vertus domestiques; qualités qu'on ne trouve pas indistinctement dans toutes les communes du littoral. Les Cassidennes respectent généralement leurs époux, s'occupent de leur ménage, sont propres dans leur intérieur et sur leur personne; on peut seulement leur reprocher d'être faibles pour leurs enfants : défaut partagé, avec elles, par les maris et les grands parents.

Avant d'entrer dans les détails sur le chiffre actuel de la population de la commune, nous devons dire un mot de la population ancienne. Nous ne hasarderons rien sur le nombre d'habitants qui devaient exister sous la domination des Liguriens, des Marseillais, des Romains et des Barbares. Nous pensons que le *Tegularium* et la *Villa* de l'Arène et le *Cassicis portus* formaient une colonie assez considérable, mais, pourquoi aventurer, ainsi que l'a fait un auteur, des chiffres que nous tenons pour très-exagérés? Supposer 3,000 habitants à l'Arène au Ier siècle, c'est supposer une ville importante et nous n'en admettons pas même l'existence. Tout ce qui pourrait paraître positif, c'est le calcul établi d'après les états d'affouagement, puisque presque partout le nombre des feux imposés à chaque communauté, était calculé sur le nombre des habitants; or, en ce qui concerne Cassis, le calcul est faux, la commune ayant été imposée plus qu'elle n'aurait dû l'être *à cause du port*.

Pour venir à l'appui, nous copions le passage d'une réclamation adressée aux Etats généraux du pays, vers 1775, par les habitants de Cassis.

« Cette communauté, dit le mémoire, a plus raison de se
« plaindre qu'aucune autre de la province puisqu'elle n'a
« été affouagée jusques en 1665 que deux feux.... en 1665
« elle fut affouagée quatre feux en considération d'un port
« que les habitants s'étaient épuisés à faire construire...»

Notre but n'est pas de prouver par là que les chiffres de la population, que donne M. de Villeneuve, à compter du XIIIᵉ jusqu'au XIXᵉ siècle, soient complètement inexacts; nous voulons dire seulement que la base que cet auteur a prise n'est pas juste, du moins en ce qui concerne Cassis.

Voici le tableau que nous donnons de la population de Cassis à diverses époques:

XIIᵉ et XIIIᵉ siècle, Château : 300 habitants.
XIVᵉ   id.   Château et bourgade,   600
XVᵉ   id.   —   —   1,500
XVIᵉ   id.   Château et Cassis,   2,500
XVIIᵉ   id.   —   —   3,000

Le XVIIᵉ Siècle a été l'époque la plus florissante de Cassis, et nous avons, en ce qui concerne la population, d'autant moins de peine à admettre 3,000 habitants qu'il est dit dans ce même mémoire cité plus haut:

« L'intérêt du Roy est que ce port lui fournit un grand nombre de matelots et des meilleurs de la côte, en ayant été tiré jusques à cinq cents pour son service, sans compter ceux qui étaient au service des marchands.... »

A dater des premières années du XVIIIᵉ siècle la population a commencé à décroitre.

En 1728 on compte 578 chefs de famille.
— 1746 — 223 hom. en état de porter les armes.
— 1765 — 2,111 habitants.
— 1789 — 2,030 id.
— 1793 — 2,316 id.
— 1806 — 2,089 id.
— 1834 — 2,050 id.
— 1851 — 2,080 id.
— 1856 — 2,187 id.

Les chiffres de ces neuf recensements sont officiels, ainsi que les détails de ceux de 1851 et de 1856 que voici :

Recensements de 1851 *et* 1856.

		1851.	1856.
Ménages:		554	580
Population	agglomérée;	1,672	1,620
	éparse;	408	556
Hommes	garçons:	545	563
	mariés:	383	416
	veufs:	56	50
		984	1,029
Femmes	filles:	592	609
	mariées:	390	428
	veuves:	114	121
		1,096	1,158
Agriculteurs,		333	420
Alimentation (industrie de l')		96	250
A la charge des parents, (*)		25	»
Administrations particulières,		6	7
Bâtiments (industrie des)		49	78
Carriers		108	256
Corail et sparterie,		225	187
Domestiques, (*)		45	»
Enfants en bas âge, (*)		523	»
Ecclésiastiques,		3	3
Employés des communes,		6	7
Fonctionnaires publics et salariés par l'Etat		28	49
Femmes vivant des revenus des maris,		85	»
Habillement (industrie de l')		184	117
Instituteurs et institutrices,		9	10
Marins et militaires,		202	174
Médecins, pharmacien et sages-femmes,		4	13
Propriétaires-rentiers		135	183
A reporter...		2,066	1,755

(*) Dans le recensement de 1856, ces catégories ont été classées dans la profession des parents ou des patrons.

	1851	1856
Report...	2,066	1,755
Officiers ministériels, avocats,	3	7
Transports (industrie des)	55	269
Industries et professions diverses,	»	156
Totaux...	2,124	2,187

§ 2e. MALADIES.

Nous n'avons pas l'intention de présenter au lecteur le tableau complet des infirmités dont les habitants de Cassis peuvent être accidentellement affligés. N'ayant rien à redouter des *fièvres intermittentes,* cette plaie des pays riverains des marais et des rivières, ni du *goître,* cet autre fléau de certaines localités des montagnes, les Cassidens, généralement doués d'un tempérament sanguin et bilieux, n'ont point à souffrir de maladies exceptionnelles au restant de la Provence.

En donnant ici la liste de quelques unes des maladies auxquelles les habitants sont plus sujets, nous ne cherchons pas à faire de la science médicale, nous constatons seulement les faits.

Maladies des enfants.

Maladies ordinaires.
- Scrophules, fréquents.
- Affections cérébrales,
- Gastro-entérites, plus ou moins communs.
- Teigne,
- Carreau,

Maladies épidémiques.
- Rougeole,
- Coqueluche,
- Fièvre scarlatine,

Maladies des grandes personnes.

Assez rares.
- Cataracte,
- Hydropisie,

Assez fréquentes. { Asthme,
Catarrhes pulmonaires,
Fièvre typhoïde,

Communes. { Apoplexie,
Carie des dents,
Etisie,
Erysipèles,
Fluxions de poitrine.

L'histoire des différentes épidémies qui, à diverses époques, ont sévi dans le département, n'offre, en ce qui concerne Cassis, rien de bien particulier. On peut remarquer seulement que la peste dont Cassis ne reçut aucune atteinte en 1649, y fit, en 1720, des ravages considérables; et le choléra qui, en 1832, avait épargné Cassis, lorsque Marseille en fut affligée, a fait, en 1835 et 1849, un mal infini.

La petite vérole, grâce aux bienfaits de la vaccine, a perdu depuis quelques années beaucoup de son intensité. Les épidémies sont malgré cela assez fréquentes; les deux dernières, celles de 1843 et de 1850-1851, ont été sérieuses. La vaccine qui était complètement négligée, il y a quinze ans à peine, a pris aujourd'hui, grâce aux soins, aux lumières et à la persévérance de feu notre digne et respectable ami le docteur MEDYNSKI, (1) un heureux développement. Ce praticien éclairé qui avait fait tant de

---

(1) Né le 29 décembre 1808 à Slupia (Palatinat de Cracovie), le docteur MEDYNSKI suivit avec succès les cours de l'université de Cracovie. Il avait à peine 24 ans lorsque la guerre de l'indépendance s'organisa contre la Russie. Dans cette circonstance, il paya de sa fortune et de sa personne, s'engagea comme médecin dans l'armée active, et ne tarda pas à être appelé à Varsovie avec le titre de chirurgien-major. Lorsque l'armée russe s'empara de cette ville, il dut, au milieu du choléra de 1832, continuer à l'Hôpital-Alexandre un service pénible qui lui était rendu plus difficile encore par la perte de la liberté. Étant parvenu à s'échapper, il sut, continuellement poursuivi par les Cosaques, arriver jusqu'à Cracovie, alors ville libre, où il se fit dans peu

bien au pays et que les honnêtes gens regrettent tant, avait eu beaucoup de peine à faire comprendre à la classe malheureuse et ignorante de quelle cruelle maladie la vaccine peut les garantir. On verra par le tableau suivant les progrès que, grâce à lui, la découverte de JENNER a fait depuis quelques années.

ANNÉES.	Naissances.	VACCINÉS.	Atteints de la p. v.	Morts de la petite vér.
1841	74	23		
1842	60	68	5	2
1843	63	182	31	1
1844	68	66	1	
1845	67	48		
1846	66	69	1	
1847	67	42		
1848	54	37	3	2
1849	81	38		
1850	62	154	88	2
1851	62	48	67	9
1852	76	66	2	2
1853	59	81		
1854	66	30		
1855	42	34	3	
1856	83	16	1	

de temps une clientèle magnifique. Enlevé de cette ville par les Autrichiens en 1828, il choisit la France pour sa nouvelle patrie, arriva à Montpellier, y fut reçu docteur, le 26 avril 1839, et alla peu de temps après se fixer à Cassis, qu'il n'a plus quitté. — Le docteur MEDYNSKI s'était fait dans tout le département des Bouches-du Rhône une haute réputation d'honneur et de savoir qu'il avait justement méritée. Pendant plus de dix ans, plusieurs villes, telles que Marseille, Aubagne, la Ciotat, ont voulu l'arracher à Cassis, mais il préférait la tranquillité du foyer à l'éclat et à la fortune. Tous l'ont vu conserver, au milieu de l'exil, l'amour le plus ardent pour la patrie, le dévouement le plus entier à la cause de la Pologne. Le docteur MEDYNSKI avait eu, en arrivant à Cassis, à combattre les préjugés les plus grossiers ; il s'est trouvé seul en face de plusieurs épidémies de choléra et de petite-vérole, qu'il a victorieusement combattues. Consumé par trop de travaux et surtout par trop de regrets de sa chère Pologne, il est mort à l'âge de 46 ans, le 23 novembre 1854, emporté par

Nous continuerons nos tables statistiques en donnant le tableau des trois invasions du choléra qui ont sévi à Cassis en 1835, 1849 et 1854. Les chiffres de 1849 sont de la plus grande exactitude; ceux de 1835 et de 1854 ne sont qu'approximatifs, la peur et l'ignorance d'une maladie encore nouvelle ayant, en 1835, empêché de recueillir des renseignements précis, et l'autorité municipale n'ayant pas, en 1854, accepté le choléra comme tel.

Durée de l'épidémie.	Cas déclarés	Décès cholér.
1835. Du 19 juillet au 25 août.	50	21
1849. Du 26 août au 21 octobre.	64	31
1854. Du 13 août au 25 octobre.	20	10

§ 3ᵉ. Etat civil.

En donnant ci-après les chiffres officiels des naissances, des décès, des dix dernières années, nous mettons le lecteur à même de comparer l'exactitude de nos déductions. Jugeant avec impartialité, on verra :

1º Que le nombre des garçons qui naissent annuellement n'est, quoi que nous en ayons entendu dire jusqu'à ce jour, plus faible à l'égard des filles que de 4, mais qu'il est par conséquent assez exact de dire qu'il naît à Cassis plus de filles que de garçons.

une maladie du cœur qui le minait depuis plusieurs années.
  Napoléon Ladislas Medynski était docteur médecin de Montpellier, ex-chef de clinique de l'Université de Cracovie, ancien chirurgien-major de l'armée polonaise, chevalier du Mérite (*Virtuti militari*), membre titulaire de la société médico-chirurgicale de Montpellier, ex-membre du Comité médical des Bouches-du-Rhône et de plusieurs sociétés savantes, honoré de plusieurs médailles, etc.

Revue thérapeutique du Midi :
Rédacteur en chef le docteur Louis Saurel.

2º Que la population tend à rester stationnaire ou du moins à n'augmenter que très-faiblement. A l'examen des chiffres on serait même porté à croire qu'elle diminue, puisqu'il meurt chaque année *six* personnes de plus qu'il n'en vient au monde. Mais il faut remarquer deux choses: la première, qu'un certain nombre d'individus viennent annuellement se fixer à Cassis et y meurent ensuite sans y être nés; la seconde, que sur ce tableau de dix ans la mortalité à été beaucoup plus considérable attendu quatre épidémies de petite vérole et de choléra, causes extraordinaires dont il faut tenir compte.

3º Que les gens vieillissent facilement lorsqu'ils ont dépassé la cinquantaine et atteignent sans peine alors l'âge de 75 à 95 ans. Aussi les octogénaires et les nonogénaires ne sont pas rares à Cassis. Généralement les hommes vivent plus que les femmes, passé l'âge de soixante-dix ans.

Tableau des naissances.

ANNÉES.	GARÇONS.	FILLES.	TOTAL PAR ANNÉE
1847	33	34	67
1848	30	24	54
1849	41	40	81
1850	23	39	62
1851	29	33	62
1852	33	43	76
1853	34	25	59
1854	28	38	66
1855	20	22	42
1856	34	49	83
	305	347	652

Moyenne par année.

Garçons 31 — Filles 35 — Total : 66.

Mariages.		Recrutement.	
1847	22	1847	17
1848	28	1848	17
1849	14	1849	19
1850	17	1850	22
1851	14	1851	20
1852	20	1852	20
1853	12	1853	15
1854	9	1854	13
1855	16	1855	12
1856	16	1856	20

Moyenne par année: 17.   Moyenne par année: 18

Tableau des décès.

Années.	De 0 à 10 ans.		De 10 à 20		De 20 à 50		De 50 à 70.		De 70 à 100		Total
	S. Mas.	S. Fem	S. Mas.	S. Fem	S. Mas.	S. Fem	S. Mas.	S. Fem	S. Mas.	S. Fem	
1847	12	16	1	1	4	3	6	4	9	10	66
1848	13	15	1	«	7	8	3	2	6	7	62
1849	37	32	1	«	11	9	10	7	10	7	124
1850	10	10	«	2	5	6	3	10	7	7	60
1851	15	10	2	1	6	10	1	6	8	6	65
1852	17	15	«	1	6	5	3	6	5	6	64
1853	10	12	1	1	4	6	4	6	11	4	59
1854	14	16	2	1	4	11	6	9	9	9	81
1855	11	18	2	1	2	8	3	2	11	5	63
1856	22	13	1	4	7	8	4	3	4	9	75
	161	157	11	12	56	74	43	55	80	70	719

Moyenne par année:

Sexe masculin: 35 — sexe féminin: 37 — Total: 72.

Moyenne par âges.

Enfance:	0 à 10 ans	32
Jeunesse:	10 à 20 »	2
Age viril:	20 à 50 »	13
Age mûr:	50 à 70 »	10
Vieillesse:	70 à 100 »	15
		72

§ 4e. CONSOMMATION ANNUELLE.

Les investigations de la statistique ne négligent rien. Nous allons donc fournir le tableau des principaux objets consommés annuellement dans la commune (1).

Beurre,	150 kil.
Bière,	40 hectol.
Café,	730 kil.
Combustibles, bûches, bois dur,	200 stères.
bûches, bois blanc,	2,000 »
charbon de bois,	767 hectol.
fagots moyens,	2,450 fagots.
houille,	25,600 kil.
souches et racines,	150 stères.
Fromages divers.	2,000 kil.
Froment.	4,672 hectol.
Gibier,	800 pièces.
Huile, comestible,	55 hectol.
à brûler,	20 »
Lait,	1,460 lit.
Légumes, frais,	5,000 kil.
secs,	1,775 hectol.

(1) Travail fait en 1852 par la Sous-Commission de Statistique du canton de la Ciotat (Section de Cassis).

Poissons, { frais,	3,500 kil.	
{ salés,	2,800 »	
Œufs,	28,800	
Sucre,	950 kil.	

Viande, { Agneaux,	5,020 »	
{ Bœufs,	2,460 »	
{ Moutons,	13,000 »	
{ Porcs,	4,200 »	

Vin (année de bonne récolte,)   2,500 hectol.
Vinaigre,   10 hectol.

Volaille, { Dindons,	125	
{ Chapons,	20	
{ Poulets,	600	} 1500 pièces.
{ Canards,	50	
{ Pigeons,	300	
{ Autres,	405	

§. 5e. INSTRUCTION PUBLIQUE.

Y a-t-il eu des *maîtres ès-arts* à Cassis avant le XVIIe siècle ? C'est ce que les archives ne disent pas ; mais ce qu'elles donnent comme certain, c'est qu'en **1661** le Conseil faisait la *recherche d'un bon précepteur*; qu'en **1700**, on choisissait *plusieurs femmes pour enseigner gratuitement*; qu'en **1704** les administrateurs de la Commune faisaient *venir un grammairien*; qu'un arrêt du Conseil d'Etat du 8 janvier **1715**, réglait entr'autres choses le traitement du *régent des écoles*. Enfin eut lieu, en **1723**, la fondation de Mongr de BELZUNCE.

La communauté était redevable à son Seigneur d'une somme qu'il lui fut impossible de payer. Comprenant le peu de valeur de sa créance, attendu la déplorable situation de Cassis, l'Evêque fonda, le 30 mars **1723**, une école pour les enfants des deux sexes, mettant à la charge de la Commune les frais d'entretien et de traitement de l'instituteur, sur l'abandon qu'il faisait lui même de la somme qui lui était due.

Depuis lors il y a toujours eu des écoles à Cassis, mais toute la population n'est pas d'accord sur la valeur de celles qui existent actuellement.

Beaucoup de parents tiennent à ce que leurs enfants acquièrent un certain degré d'instruction : le plus grand nombre, et ce sont surtout les artisans, retirent les leurs de l'école dès qu'ils savent lire et écrire; d'autres, et ils sont malheureusement trop nombreux encore, surtout parmi les cultivateurs et les pêcheurs, ne les y envoient pas du tout et cela est facheux, attendu qu'à très peu d'exceptions près, les enfants de ce pays montrent de l'intelligence de bonne heure.

Malgré cela, constatons qu'il y a progrès sensible depuis un certain nombre d'années. En effet, en 1825, le nombre des enfants fréquentant les écoles n'était que de 159, tandis qu'il est aujourd'hui de 227, ce qui, en ayant même égard à l'augmentation de la population, donne un résultat satisfaisant.

L'instruction était donnée, en 1854, sous la surveillance immédiate d'un délégué cantonal et de trois communaux, aux garçons par un instituteur libre et trois Frères Maristes, et aux filles par quatre Sœurs de l'ordre des SS. NN. de Jésus et Marie. Voici le tableau établissant pour cette époque le nombre d'élèves pour chaque professeur.

1 Instituteur libre,	Garçons,	45 élèves
3 Frères Maristes,	»	95 »
4 Sœurs,	Filles,	120 »
8 Professeurs.		260 Élèves.

Actuellement (1857), les Frères Maristes et les Sœurs sont seuls à donner l'instruction à 107 garçons, et à 120 filles: total 227 élèves.

§ 6ᵉ. Usages particuliers,

FÊTES RELIGIEUSES, TRINS, PROVERBES, ETC.

Raconter les usages ordinaires de la vie privée des habitants de Cassis, sans entrer dans quelques détails sur l'origine de ces usages, serait chose peu attrayante pour le lecteur; aussi ne dirons nous que fort-peu de choses sur ce sujet.

Les mœurs des Cassidens se rapprochent en tous points de celles des Marseillais: continuellement en rapport avec eux pour leur commerce et leur industrie, les premiers ne sauraient s'écarter beaucoup des habitudes de ceux-ci.

Les naissances, les mariages, les décès (1) sont entourés des mille usages que l'on trouve à Marseille. Comme leurs limitrophes, les Cassidens mangent des pois-chiches pour les Rameaux, des châtaignes pour les Morts, des *pompes* pour la Noël. Comme eux, ils font des crèches pour la nativité du Christ, et mènent les jeunes enfants à l'église le jour des Innocents.

Comme eux aussi, ils ne manquent pas de saluer, à la sortie de l'Hotel-de-Ville les, nouveaux mariés, quand l'un d'eux convole en seconde ou troisième noce, par un charivari d'autant plus discordant que le ou la *novi* aura refusé avec plus d'énergie d'acquitter une somme dont le chiffre est fixé d'avance par les organisateurs du tapage.

Lou Camin d'Amour est beaucoup mieux, à notre avis. Quand deux *caligniaïres* se brouillent, un chemin blanc tracé dans la rue avec de l'eau de chaux, commence à la porte de la maison de l'un pour aboutir à la porte de l'autre. L'opération

(1) Nous nous permettrons d'appeler l'attention de l'autorité sur le trafic ignoble auquel se livrent les *Croque-morts* de Cassis, lorsque la perte d'un membre de la famille leur donne pied dans une maison. Usage fait loi, c'est vrai, mais le fossoyeur a-t-il des droits à faire valoir dans la chambre mortuaire, et jusqu'où vont ces droits?....

se faisant toujours, la nuit, par des inconnus, la *fâcherie* des amants se trouve on ne peut plus discrètement divulguée.

Ils n'ont, enfin, de particuliers que les *trins* et les fêtes religieuses.

Autrefois Cassis n'avait pour patronne que la Ste-Vierge et en faisait la fête le jour de l'Assomption. On retrouve une preuve spéciale de cette dévotion à la mère de Dieu dans la cérémonie des *Vertus*, célébrée chaque année pour l'Ascension par les enfants du pays; ceux-ci parcourent ce jour là les rues en chantant ce refrain:

> *Nostra Dama dé la mar*
> *Qué fa flouri, qué fa glànar,*
> *Una bona pluya per les olivié,*
> *Vié, vié, vié.*

Cela proviendrait-il de quelque vœu fait jadis à la chapelle de N.-D. de la mer de Cassis-le-vieil ?

Plus tard la population se plaça également sous la protection de St-Roch, de St-Clair et de St-Michel, et célébra des fêtes le 2 janvier et le 29 septembre.

Le 2 janvier, on faisait en l'honneur de St-Clair une procession à laquelle assistaient, comme à celle du 15 août, les Consuls et le Capitaine de ville, en grand costume, et l'on répétait la même cérémonie le lendemain.

La fête de St Michel a été célébrée jusqu'en 1700, le 29 septembre, mais les habitants contrariés à cette époque de l'année par les travaux de la vendange, obtinrent de Mgr l'Evêque de Vintimille qu'elle fut transférée au 8 mai (1). On disait alors la messe dans l'église du château, mais cette enceinte menaçant ruine, on se contenta, à partir de 1777, d'entrer à la chapelle *St-Antoine* en dehors des remparts.

Établie, en 1720, la fête *du Vœu* se répète chaque année, avec les cérémonies accoutumées, le premier dimanche de

---

(1) *Statistique des Bouches-du-Rhône.*

juillet et c'est, avec la fête patronale de St-Michel, qui est maintenue au 8 mai, le seul usage religieux qui distingue Cassis des villages voisins.

On appelle *Trins* les fêtes locales et les réjouissances qui y donnent lieu. Ce mot a la même signification que ceux de *roumérages, votes*, etc, employés dans d'autres localités.

Il y avait, autrefois, à Cassis cinq trins: ceux de *St-Clair, de St-Jean, de St-Barthélémy, de St-Pierre* et *de St-Michel*. Aujourd'hui que nous nous amusons moins que nos pères, il ne s'en fait plus que deux: ceux de St-Jean et de St-Pierre.

Les fifres et les tambourins, ces gais instruments du Roi Réné, sont les accessoires obligés de tous les trins; ils animent les *courses des hommes, des enfants, des chevaux et des ânes*; les jeux de la *targue* et de la *bigue* et tous les autres exercices qu'il plait aux organisateurs du trin de mettre au concours.

On tenait beaucoup, autrefois, au feu de la Saint-Jean ; Il se fait encore aujourd'hui, mais sans de grandes démonstrations de joie; on tient davantage à faire bénir les bêtes de somme par le curé, avant la messe, sur la place de l'église.

Faute d'encouragements le trin de St-Pierre, qui était jadis très-brillant, menace d'être nul sous peu d'années.

Il y avait aussi, autrefois, des foires pour les fêtes des 8 mai et 29 juin. On a essayé, en 1853, de rétablir celle de St-Michel qui avait cessé depuis fort longtemps. Espérons qu'elle obtiendra à l'avenir un succès durable.

Nous ne finirons pas cet article sans dire un mot du *tambour de Cassis* et du célèbre:

> *Cu a vis Paris*
> *Et a pas vis Cassis*
> *A jamaï ren vis.*

Le tambour de Cassis, ce bruyant personnage qui ne demande qu'un sou pour commencer, mais qui ne cesse que lorsque on lui en donne cinq, se trouve avec les changements de noms imposés par les localités dans bien d'autres endroits et nous paraît avoir été importé dans nos provinces par les Espagnols, si l'on en juge par ce dicton qui se rapproche en tous points du tambour de Cassis: *El guitarrero de Buca-lance! un medio por que empieza, y dos por que acabe.*

Quant à l'autre proverbe, qui prétend éveiller dans l'âme des voyageurs qui ont vu Paris, le désir de voir Cassis, nous n'avons trouvé aucune bonne raison pour le justifier. Assurément, Cassis est une petite ville charmante, mais pourquoi des personnes, d'ailleurs estimables, ont-elles la bonhomie d'ajouter à ce petit ramassis de mauvaises rimes une importance qui doit paraître à d'autres bien ridicule? Ces personnes aiment à répéter que ce dicton daterait de la fontaine des quatre-nations, élevée en 1651 et détruite en 1785. Cette fontaine, représentant quatre esclaves enchaînés, supportant Louis XIV, était si belle, dit-on, qu'elle n'avait pas sa pareille à Paris!... Quant à nous, nous engageons vivement le lecteur à ne pas faire plus de cas du :

Cu a vis Paris, etc;

Que du :

La bello villo qué Ceyresto !
Cu l'y va l'y resto.

Et de cet autre :

A la Cioutat
Aimoun mai tout qué la mitat.

En voilà bien assez pour éclairer le lecteur sur la valeur du fameux proverbe.

Pour n'avoir plus à y revenir, nous allons donner le tableau des sociétés et des cercles formés par les habitants du pays, à la date du 1er janvier 1855.

Sociétés de bienfaisance et de secours mutuels.

St-Pierre, fondée le 16 mars 1831,	149	membres.
La Fraternelle, fondée le 3 mars 1850,	107	id.
	Total. 256	

Cercles et Chambrées.

St-Antoine,	cercle,	30	membres.
St-antoine',	chambrée,	40	id.
Ste-Cécile,	chambrée et chœur,	45	id.
St-Jean,	chambrée,	15	id.
St-Joseph,	chambrée et chœur,	42	id.
St-Michel,	chambrée,	24	id.

Total. . . 196

Nous allions oublier de parler des hôtels, auberges, caarets et cafés du pays; citons bien vite l'hôtel de la *Croix Blanche*, tenu par Bellardy, véritable Véry, en fait de *bouillabaisses*. Quant au reste, inutile d'en dire un seul mot.

CHAPITRE TROISIÈME.

Statistique agricole.

Malgré son peu d'étendue, et, par conséquent, le peu d'importance de ses produits, la commune de Cassis est éminemment agricole. Peu propre pour les pâturages et les céréales, le sol est favorable aux légumes et aux vignes.

Donnant ci-après les tableaux relatifs à divers objets, nous ne ferons que peu de réflexions sur la valeur des chiffres, ceux-ci étant assez explicites par eux-mêmes. Nous rappellerons seulement que le travail a été fait en 1854; mais les chiffres ayant peu varié depuis, il nous est permis de les donner sans y retoucher.

§ 1er TERRITOIRE.

En 1443, le territoire de Cassis était de 4,407 hectares; mais en l'absence des anciens titres, qui avaient été brûlés, les communes circonvoisines, profitant du peu de soins que les administrateurs de Cassis prenaient de faire respecter leurs limites, empiétèrent de telle façon, que peu-à-peu le territoire fut réduit à 2,636 hectares.

Réunis, en principe, en une seule communauté, Cassis et Roquefort furent séparés lors de la vente de la baronie d'Aubagne par le Roi RÉNÉ, à son secrétaire Charles de CASTILLON; le rapport de bornage fait le 16 octobre 1443, par le sieur Paulet Raphaelis, notaire de Brignolles, constate que l'étendue du territoire de Cassis avait presque le double de celle d'aujourd'hui.

Sous le règne de Henri III, en 1579, le Seigneur de Roquefort jugea à propos de s'emparer de la majeure partie des terres en friche et terres gastes. La négligence des administrateurs de la communauté l'engagea à les garder.

La commune d'Aubagne s'empara également de diverses parties, notamment de la montagne Cabrera, et d'une plaine appelée Petit Messuguet. Marseille, de son côté, s'était arrogée les quartiers de Carpiargne et du Logisson, si bien que lorsque Cassis voulut réclamer, il n'était plus temps, et que l'encadastrement général de 1813 ne lui laissa que les 2,636 hectares qui composent aujourd'hui son terroir.

On jugera, par les deux tableaux que nous donnons ci-après de la division du territoire et de la distribution des terres, qu'il ne peut y avoir dans la commune qu'un petit nombre de domaines considérables. Les grandes bastides ne se rencontrent que de loin en loin ; mais on aperçoit, en revanche, à chaque pas, des cabanons autour desquels on cultive un peu de jardinage, et où les habitants de la ville vont passer souvent des journées consacrées au plaisir. Les maisons de campagne les plus importantes sont divisées en deux parties, dont l'une est affectée au logement du fermier ou métayer, vulgairement appelé *paysan* et l'autre est réservée au propriétaire. Les greniers, écuries et autres dépendances sont placés sous la direction et la surveillance du paysan.

La petite culture est celle adoptée dans toute la commune. A ce sujet, nous ne pouvons que répéter ce que disait, en 1853, M. Allemand aîné, maire actuel, dont personne ne peut contester les hautes connaissances en agriculture.

« Les céréales et les légumes sont ensemencés dans les
« oulières ou *soouques*, intervalle compris entre deux *ou-*
« *lens* ou rangées de souches. Cette récolte se fait contre
« les règles de l'art agricole. Il est reconnu, en effet, que
« le froment, les légumes, etc., portent un préjudice
« considérable aux vignes et aux oliviers plantés par cor-
« dons ; mais, bien que le vice de ce genre de culture
« soit apprécié à sa juste valeur par les propriétaires,
« ceux-ci sont obligés d'accorder ce mode de tènement aux
« métayers qui, par les récoltes de blé et de légumes,
« pourvoient aux besoins de leur famille. »

La deuxième phrase, qui attaque le vice excusé dans
la phrase suivante, nous fait espérer que dans quelques
années, les propriétaires eux-mêmes, dans leur propre
intérêt, vaincront la ténacité des paysans, et qu'ils leur
feront comprendre qu'on peut récolter, dans la même propriété, du blé, des légumes et du vin, sans entremêler,
comme ils le font, dans la même parcelle, les racines de
plusieurs végétaux.

Division du territoire.

Vignes.			498 hectares.
Bois	communaux,	548	862
	particuliers,	314	
Terrains incultes, etc.			1164 h. 16 a. 48 c.
Olivettes et jardins,			22
Maisons, chemins, plages, etc.,			90
Étendue totale de la commune,			2,636 h. 16 a. 48 c.

Distribution des terres.

```
Propriétaires non domiciliés,     7  ⎫
         id.       domiciliés,    85 ⎪ 295 ⎫
         id.       cultivateurs,  33 ⎬     ⎬ 408
         id.       journaliers,  170 ⎭     ⎪
Fermiers,                         10 ⎫ 113 ⎪
Métayers ou colons,              103 ⎭     ⎭
```

Nombre de parcelles : { vignes, 1,532 ; bois, 568 } 2,100

Hectares de terrain entièrement cloturé :   12

Valeur des terres, { labourables : 5,000 à 2,500 fr. l'hect.
                    vignes :   5,000 à 2,500   id.
                    bois :   500 à 100   id.

§ 2. PRODUCTIONS.

Vignes. — Les meilleurs vignobles, dit un auteur, sont, en général, situés sur les coteaux d'une moyenne élévation, bien boisés au sommet, exposés au soleil et dans des terrains secs et légers, dans des sols poreux, calcaires et volcaniques.

Ces considérations générales parlent d'elles-mêmes en faveur de Cassis. S'il est, en effet, une contrée où les conditions nécessaires à la vigne, pour donner un bon vin, puissent se rencontrer réunies, c'est bien, certes, celle qui nous occupe.

Le territoire de Cassis est calcaire par excellence; ses collines sont boisées au sommet et exposées au soleil. La vigne est donc là entourée de tous les avantages qui peuvent la faire prospérer, et ne peut donner que du vin excellent, et, le travail du cultivateur aidant, des vins de genres tout à fait différents.

Nous ne dirons ici qu'un mot du vin rouge ; le muscat et le vin blanc étant traités au chapitre de la *Statistique industrielle.*

Sur 2,636 hectares qui forment le territoire de Cassis, plus de 500 sont employés à la culture de la vigne, et produisent, en moyenne, de 8,500 à 9,000 hectolitres, qui, vendus au prix moyen de 14 francs (année ordinaire), donnent un revenu annuel de 115 à 125,000 francs.

Il va sans dire que nous ne basons pas nos calculs sur les six dernières années ; la vigne, désolée par *l'oïdium* d'une manière cruelle, n'ayant produit, depuis 1851, que des récoltes insignifiantes. Nous parlons de ce que sont les vignobles habituellement, et nous complèterons nos aperçus à ce sujet, en disant qu'il est à regretter que les propriétaires du pays ne prennent, en général, pas plus de soins de leur récolte qu'ils ne le font. S'ils traitaient leur vin convenablement, s'ils le transvasaient aussi souvent qu'il le faudrait, s'ils savaient, surtout, maintenir leurs futailles en bon état, le vin ordinaire jouirait bientôt de la même réputation que ceux de Bordeaux et de Bourgogne, et il ne leur céderait en rien pour la couleur et le bouquet. Convenablement soigné, il a, dans moins de deux ans, acquis des qualités précieuses ; il n'a besoin, pour devenir fameux, que de séjourner quelque temps à la cave.

Étendue des cultures : 498 hectares,

Nombre de pieds de vigne par hectare : 5,000.

Année ordinaire : { produit par hectare : 18 hectolitres.
produit total : 8,400 hec. val. 117,600 fr.

Année 1852 :
- produit par hect., 7 hectol. 50 litres.
- produit total, 3,250 hect., val. 66,050 f.

Année 1853 :
- produit par hect. 1 hectol. 30 litres.
- produit total, 647 h., valeur 16,175 f.

Perte réelle :
- 1852-51,550 francs, pour 5,150 hectolitres.
- 1853-101,425 francs, pour 7,753 hectolitres.

Frais de culture de toutes les vignes :   26,892 francs.

Froment.

Etendue des cultures (au détriment des vignes) : 150 hect.
Semence employée par hectare : 2 hectolitres.

Produit moyen par hectare :
- grains : 15 hectolitres.
- paille : 9 quintaux métriques.

Produit moyen total :
- grains : 2,250 hectolitres, valeur 40,500 fr.
- paille : 2,500 quintaux, valeur 6,500 fr.

Frais de culture pour tout le froment : 19,500 francs.

Orge.

Etendue des cultures (au détriment des vignes) : 5 hectares.
Semence employée par hectare :   150 litres.

Produit moyen par hectare :
- grains : 12 hectolitres.
- paille : 6 quintaux.

Produit total :
- grains : 60 hectolitres, valeur 720 francs.
- paille : 30 quintaux, valeur 140 francs.

Frais de culture pour toute l'orge : 150 francs.

Pommes de Terre.

Etendue des cultures (au détriment de la vigne) : 6 hectar.
Produit moyen par hectare :   150 hectolitres.
Produit total :   900   id.
Valeur totale des produits :   3,500 francs.
Frais de culture pour toutes les pommes de terre : 816 fr.

Légumes secs.

Etendue des cultures (au détriment des vignes) :   40 hect.
Valeur des semences   2,000 fr.
Produit moyen par hectare :   20 hectol.
Produit total :   800 id.
Valeur totale des légumes secs,   20,000 f.
Frais de culture pour tous les légumes secs :   800 fr.

Racines et légumes divers.

Etendue des cultures (au détriment de la vigne) : 6 hecta.
Valeur des semences :   800 fr.
Produit moyen par hectare :   50 quint.
Produit total :   300 id.
Valeur totale des racines :   7,500 fr.
Frais de culture pour tous les légumes :   840 id.

Huile.

Etendue des olivettes (non compris les oliviers en cordon) :
                                          20 hectares.
Récolte ordinaire : 160 hectolitres, à 125 francs : 20,000 fr.
Récolte de 1852 : 70 hectol.
Récolte de 1853 : 140 id.

Les différentes espèces d'oliviers cultivés à Cassis, sont : le ribier, le rougeon, le caillan, le salonenq, le verdaou, etc.

Jardins.

Etendue des jardins potagers,	2 hectares.
Valeur des produits,	4,500 francs.
Frais de culture des jardins,	3,550 id.
Produit net,	950 id.

Arbres fruitiers.

Les plus communs sont : les amandiers, cerisiers, figuiers, pêchers, poiriers, pommiers.
Les figuiers dits marseillaises produisent, année moyenne, 30 quintaux, à 75 fr. l'un, 2,250 francs.

Arbustes.

Câpriers : 3 quintaux à 200 fr. l'un :	600 francs.
Sumac : 20 id. à 6 fr. l'un :	120 id.

Arbres d'agrément de nul rapport.

Acacie (de Farnèse) ou Cassie (dans presque toutes les campagnes et les jardins).
Grenadier, (dans quelques jardins).
Oranger, (est cultivé en pleine terre, dans quelques jardins, notamment dans ceux de MM. BRUNET, d'AUTHIER et ALLEMAND).
Thèses, (campagnes DUMONT, BRUNET, COULIN, [plan] NAIT, FAVIER).

Bois.

Si l'on en juge par les charpentes des plus anciennes maisons de Cassis, on est en droit de penser qu'il n'y a pas bien long-temps encore, que le mélèze était très-abondant sur ses montagnes. Aujourd'hui elles ne sont guère habitées que par le pin d'Alep (*pinus Halepensis*), le chêne kermès (*quercus coccifera*) , et quelques autres arbustes tels que la bruyère, le genêt, le romarin, le myrthe.

La dépopulation des bois commença avec le XVIIe siècle , alla depuis en augmentant d'une manière effrayante, et arriva à son comble sous Louis XIV.

Aujourd'hui que les bûcherons ont abattu tous les troncs, et les chèvres brouté toutes les jeunes tiges , on songe à reboiser les montagnes, et, grâce au régime forestier et à la surveillance exercée sur les troupeaux , peut-être y réussira-t-on. Si notre voix pouvait être entendue de l'administration forestière, nous lui dirions : encouragez les semences de pin, et dans vingt ans d'ici vos collines, si affreusement pelées, reprendront une superbe verdure. Le pin d'Alep s'habitue si facilement à notre sol, qu'on dirait qu'il en est originaire ; il croit dans les terrains les plus secs et même sur le roc ; pour peu qu'il trouve une fente avec une pincée de terre, il se développe avec la plus grande rapidité. Quel arbre plus précieux pour le reboisement de toutes les montagnes de Cassis ?

Pins { communaux, 150 hect. / particuliers, 240 } 390
Chênes kermès { communaux, 398 / particuliers, 74 } 472
} 862 hec.

1853. Produit total, { 370 stères à 1 f. 50 l'un, 555 f. / 38,400 fagots à 75 fr., le 1,000, ... 2,550 f. } 3,405 f

Terrains incultes.

Etendue,   1,164 hectares.
Valeur de tous les produits,   4,000 francs.

§ 3. ÉCONOMIE AGRIC.

Animaux domestiques.

		valeur :	
Chevaux,	166	⎱	129,480 f.
Mulets,	44	⎰ 49,500 fr. produisant ⎱	40,700.
Anes,	31	⎱	6,200.
Béliers,	32	⎱	
Moutons,	250	⎰ 13,362	13,977.
Brebis,	550	⎱	
Boucs et chèvres,	150	1,860	6,840.
Porcs,	90	3,600	630.
Ruches,	125	625	375.
Volailles,	»	600	

Bêtes de somme ⎰ employées à l'agriculture : 97.
⎱ mortes annuellement : 20.

Chiens, ⎰ de chasse, 51 ⎱
        ⎨ de berger, 14 ⎬ 125.
        ⎱ de garde, 60 ⎰

Consommation annuelle. ⎰ avoine, 825 hectolitres.
                        ⎨ foin sec, 2,880 quintaux.
                        ⎨ maïs, 70 hectolitres.
                        ⎨ paille, 2,290 quintaux.
                        ⎱ orge, 60 hectolitres.

Les races de chevaux les plus communes sont : Saint-Bonnet, Suisse, Toulousaine. — Celles de mulets sont : la poitevine et la savoyarde.

Engrais et amendements.

Engrais fabriqué dans la commune : 62,708 quintaux.

Engrais acheté :
- colombine, 2
- poudrette, 200
- chiffons de laine, 50
- engrais d'étable, 12,000
- autres engrais, 40

12,292 quintaux.

Quantité d'engrais employée dans la com^e. 75,000 quintaux.

Quantité employée chaque année par hectare, 140 quintaux.

Anciens poids et mesures.

La lieue commune vaut	5,487	mètres.
La carterée,	20^{ares} 8553	dix-millièmes.
Le pas carré,	87	centiares.
La perche,	1	hectare.
Le poids,	160	kilo.
Le quintal,	40	kilo.
La livre,	4	hectogrammes.
La maulte d'olives,	120	kilo.
La charge,	150	litres 927
La millerolle { d'huile,	69	— 688.
{ de vin,	72	— »
Le panal,	10	— 593.
Le pot,	1	— 569.
Le scandal,	17	— 442.

§ 4e. ANIMAUX NUISIBLES ET GIBIER.

Composé en majeure partie de montagnes et de vallons, le territoire de Cassis doit nécessairement être habité par cette multitude d'animaux qui, sans être redoutables pour l'homme, ne portent pas moins quelquefois un préjudice notable aux campagnes rapprochées de leurs terriers. En voici la nomenclature, par lettre alphabétique, en indiquant les quartiers qu'ils occupent :

Blaireau,	en petite quantité,	Canaille.
Belette,	assez nombreux,	partout.
Corbeau,	très-fréquent,	Canaille.
Chat sauvage,	très-rare,	id.
Chouette,	assez nombreux,	id.
Écureuil,	id.	toutes les collines.
Épervier,	très-nombreux,	Canaille.
Fouine,	id.	id.
Lapin,	id.	partout.
Lièvre,	moins fréquent,	Canaille.
Loup,	rare,	id.
Renard,	nombreux,	toutes les montagnes.

Oiseaux de passage, quantité assez considérable, partout.
Oiseaux indigènes, très-nombreux.
Reptiles, point de nuisibles, à l'exception de l'orvet (*anguis fragilis*) vulgairement appelé *orguil*.

Les chasseurs sont nombreux dans toute la commune, surtout à l'époque du passage des bécasses, des cailles, des pigeons, etc.

Les renards et les fouines sont activement chassés par M. DALLEST, pharmacien à Cassis. On en jugera par le tableau suivant de ceux qu'il a pris au piège pendant ces dernières années :

1850	3 renards,	1	fouine.
1851	5 —	2	—
1852	24 —	11	—
1853	7 —	2	—
1854	6 —	5	—
1855	8 —	5	—
1856	Pas de chasse.	—	

§ V. ROUTES ET CHEMINS.

Du temps des Romains, s'il faut s'en rapporter à la Statistique de M. de VILLENEUVE, le chemin conduisant de *Massilia* à *Cœsarista*, passait fort près de *Cassicis portus*. Nous avons dit, ailleurs, que nous n'avions aucun motif de contredire cette assertion. Nous l'adoptons donc sans peine, faisant remarquer, de plus, que bien des chemins de la commune portent des traces de solidité telles, malgré l'abandon dans lequel ils ont été laissés, qu'il est bien permis de leur supposer une origine fort ancienne.

La question des voies de communication, aussi bien que celle des fontaines, a été souvent agitée dans les séances municipales des deux derniers siècles. C'est en parcourant leurs procès-verbaux, que nous avons appris que tous les chemins ont été réparés, d'une manière complète, en 1563, 1605, 1619, 1762 ; que l'ordre de travailler à la route de la Ciotat, passant par Cassis, fut donné, le 12 juin 1663 ; que ce fut en 1762 que le chemin classé aujourd'hui sous le n° 7, fut ouvert pour le transport des vins, etc.

Aujourd'hui, malgré les difficultés que présente le sol montagneux de la commune, Cassis est relié par un chemin de fer et de grandes routes avec Marseille, Roquefort, Aubagne et la Ciotat. Cet heureux état de choses, établi depuis quinze ans à peine, ne peut qu'être avantageux, non-seulement à toutes les personnes que des affaires appellent dans les localités voisines ; mais encore pour les besoins de l'agriculture.

Deux routes départementales, un chemin de grande communication et huit chemins vicinaux, telles sont les voies classées et entretenues, suivant l'espèce, par le département et la commune. Si, à cela, on ajoute une multitude de chemins ruraux et de *carraires*, on trouvera que, malgré les obstacles qu'offrent les montagnes, les communications sont établies en tous sens entre tous les points de la commune.

Les dépenses effectuées, en 1852, pour les chemins vicinaux, se sont élevées au chiffre de 1,153 f. 46 c. Celles effectuées, en 1853, montaient au chiffre de 1,096, et ont été ainsi distribuées :

Journées,
- d'hommes : 355 fr.
- d'animaux : 127
- de charrois : 66

Acquittées en argent : 548

1,096 francs.

Longueur des
- routes départementales, 8,250.
- chemins de grande communication, 6,000.
- chemins de petite communication, 15,820.

30,070 mèt.

Le chemin de fer de Marseille à Toulon traverse, avons nous dit, une partie de la commune.

Voici des renseignements puisés à bonne source, puisqu'ils nous sont donnés par l'administration elle-même.

L'empressement et l'urbanité dont M. Molard, ingénieur en chef des travaux, et M. Delcourt, chef de section à Cassis, ont fait preuve à notre égard, nous font un devoir de les remercier, et nous le faisons ici, puisque l'occasion s'en trouve tout naturellement.

La ligne de Marseille à Toulon parcourra, sur le territoire de la commune, 3,723 mètres 70 centimètres ; la superficie des terrains occupés sera de 12 hectares 40 ares.

Trois souterrains traverseront la commune : le premier n'est pourtant compris dans ce territoire que pour une longueur de 847 mètres, le reste se trouvant dans la commune d'Aubagne.

L'entrée du souterrain du *Mussuguet* est située dans la vallée de *Toupin* (commune d'Aubagne), à 3,260 mètres en amont de la station de Cassis ; sa sortie a lieu au *Brigadan*. La montagne traversée porte le nom de *Messuguet* ou *Mussuguet*.

Le second tunnel, traversant le col de *Collongue*, dont il a pris le nom, a son entrée à 860 mètres en aval de la station ; la sortie se trouve dans le vallon de Collongue.

Le troisième souterrain, dit des *Jeannots*, a son entrée située à 2,160 mètres en aval de la station, dans le vallon des Jeannots, et sa sortie, à la traversée de la route d'Aubagne à la Ciotat, au point appelé les *Fenouilliers* ; il traverse le *Mont-Redon*.

M. Delcourt nous a fait remarquer que les têtes des souterrains sont généralement placées lorsque les tranchées ont atteint une hauteur d'environ vingt mètres, et que les terrains traversés par ces tunnels sont arides et de très-peu de valeur.

Le souterrain du Mussuguet aura une longueur de 2,610 mètres ; celui de Collongue 150 mètres et celui des Jeannots 1,630 mètres ; en tout 4,390 mètres.

La station de Cassis sera établie presque à la sortie du

tunnel du Mussuguet, après la traversée du vallat des Brayes, dans la propriété du Brigadan, à l'Est de la route départementale n° 5 de Cassis à Aubagne.

Indépendamment de la station, qui sera de 4e classe, il y aura quai couvert et quai découvert, pour le chargement des marchandises ; de plus, un quai de 200 mètres de longueur, pour le chargement de la pierre de taille de Cassis. Il n'y aura, du reste, ni dépôt de houille, ni atelier quelconque.

Il n'y aura pas, non plus, d'ouvrages d'art remarquables dans la commune ; on y trouvera seulement un pont de 8 mètres d'ouverture, pour le passage de la route d'Aubagne à la Ciotat ; un de 7 mètres pour la traversée de la route n° 5, du Brigadan ; trois de 10 mètres sur les tranchées, et plusieurs autres de 5, 4, 3, 2 et 1 mètres d'ouverture.

La distance de la station au bourg de Cassis sera de 3,920 mètres, en suivant la route départementale n° 5, et de 3,125, en parcourant le chemin vicinal n° 2 dit du *Plan*.

En suivant la ligne ferrée, il y aura, de la station à la gare de Marseille : 26,816 mètres ; — à la gare de Toulon : 40,968 mètres ; — à la station d'Aubagne : 10,400 mètres ; — à la station de la Ciotat : 9,600 mètres.

La longueur totale de la ligne de Marseille jusqu'à Toulon sera donc de 67,784 mètres.

La dépense présumée, pour la construction du chemin, dans la commune seulement, sera de 9,500,000 francs, environ.

TABLEAU général des routes et chemins de la commune de Cassis.

NATURE DE LA ROUTE	NOMS ET NUMÉROS DE CLASSEMENT.	POINTS DE DÉPART.	POINTS D'ARRIVÉE.
Chemin de fer	de Marseille à Toulon.	Montagne du Mussuguet,	les Fenouilliers.
Route départ.^{le}	N° 5 de Cassis à la Bédoule,	Cassis,	la Bédoule (comm. de Roq.^t)
id.	N° 4 ; de la Ciotat à Aubagne,	traverse une partie de la commune au pas d'Oulliers.	
Chem. de g. c.	N° 1 de Marseille à la Ciotat,	Pierre plantade,	route départementale n° 16.
Chemin vicinal	N° 1 de Ceyreste,	St-Joseph.	commune de Ceyreste.
id.	N° 2 du Plan,	Cassis,	commune de Roquefort.
id.	N° 3 du Revesteou,	Cassis,	route n° 16.
id.	N° 4 de l'Arène,	chemin n° 3.	anse de l'arène.
id.	N° 5 de Pormiou,	St-Clair,	anse de Pormiou.
id.	N° 6 de la Colle,	St-Joseph,	pas de la Colle.
id.	N° 7 de la Vigueric,	consigne.	route n° 5.
id.	N° 8 de Collongue,	St Roch,	les Jeannots.

§ VI. PROVERBES.

On ne peut guère, après avoir vu la liste des proverbes renfermée dans la Statistique de M. le Comte de Villeneuve, essayer de fournir une nomenclature nouvelle de dictons populaires. Nous en donnons, cependant, quelques-uns qui ont échappé à l'ancien Préfet du département des Bouches du-Rhône.

Quan la poulo fa lou gaou, foou qué sé mange à l'oustaou.
Quan leï figuieiros an tré pampétos, léi paysans fan trés paouvétos.
Bla espés fa gaou trés més, et vido lou granié douï fés.
Quan la seïro canto en févrié, l'a encaro un hiver darnié.
A san Martin, tapo teï bouto et tasto toun vin.
A santo Cécilo, une favo nén fa milo.
A Santo Catarino, l'oli est à l'ourivo; — A san Blaï lés encaro maï.
Nouvé senso luno, dé trés fédo ven à uno.
Qué fa carèno dé sei pouars, aou bout dé l'an n'a trés dé mouars.
Frémo goyo, oustaou dré.
Coucho-ti tard et lévo-ti matin, saouras toujour sé qué fa toun vésin.

CHAPITRE QUATRIÈME.

Statistique commerciale.

D'après toutes les suppositions des historiens, le littoral de la Méditerranée, fréquenté d'abord par les Phéniciens, le fut ensuite par les barques romaines, après avoir été étudié par les carènes marseillaises. Sommes-nous en droit de penser que le *Cassicis portus* fut pour quelque chose dans ce mouvement commercial, et que, plus tard, le *Castellum* fut construit pour défendre les habitants du rivage et renfermer les marchandises qu'il eut été imprudent de laisser dans des chaumières mal fermées ?

Les trois paragraphes suivants vont mettre le lecteur au courant des développements du commerce de Cassis.

§ 1er PORT ET RADE.

Si l'on jette un coup-d'œil sur les deux cartes qui accompagnent cet ouvrage, on reconnaîtra une différence immense entre le port actuel et le *Cassicis portus* des Romains. Sous la domination de ce peuple conquérant, le port n'était, à proprement parler, qu'une calangue munie, du côté du château, d'un quai large et solide. Les ensablements auxquels la main de l'homme n'a mis aucun obstacle pendant huit à dix siècles, ont changé cette calangue en terrain plat et uni, sur lequel ont été élevées successivement la bourgade, d'abord, puis les maisons qui forment aujourd'hui la ville. Il ne paraît pas qu'on se soit beaucoup occupé de creuser le bassin ou de construire les quais avant le XVII° siècle. Ce n'est, en effet, qu'en 1622, époque où le commerce maritime de Cassis était déjà important, que la commune établit une imposition sur les bâtiments de mer et adressa ensuite une demande à la Cour des aides-finances pour la construction du môle.

Voici l'une des nombreuses préuves de l'importance de Cassis à cette époque ; c'est un extrait du procès-verbal de la descente faite à Cassis, en 1624, par Mathieu LIEUTAUD, trésorier-général de France, au sujet des travaux du môle et du port :

« . . . . . Les Commissaires d'Aubagne ont répondu :
« Considèrent, mêmement, que de toute ancienneté ledit
« Cassis eut un port appelé *Pourmiou*, grandement com-
« modé et assuré, et que la dépense qu'ils font à la
« construction de leur nouveau port est de toute inutilité,
« et qui regarde plutôt le contentement et la sottise de
« quelques habitants, que non pas la nécessité et utilité
« publique ; et de fait, par le moyen de ce port ancien,
« les habitants se sont tellement enrichis, que de pauvres
« pêcheurs, comme ils avouent et soutiennent par leur
« requête, ils sont devenus de riches et puissants milords. »

« Dudit jour (5 décembre 1624) après-midi, au logis
« de la Croix-d'or, en présence de tous les susdits, qui
« ont comparu cejourd'hui, avons baillé serment aux Con-
« suls dudit Cassis de nous dire au vrai le nombre des
« maisons qu'il y a audit lieu, et le nombre des vaisseaux
« et bateaux que les particuliers dudit lieu ont, et qu'ils
« emploient à la navigation et pêche ; lesquels, moyen-
« nant le serment par eux prêté, ont dit y avoir audit
« Cassis, deux cent cinquante-cinq maisons habitées,
« ainsi qu'ils ont compté particulièrement maison par
« maison ; comme aussi ont dit y voir quinze barques,
« compris deux poulacres et cinq vaisseaux qui négocient

« partout; encore y avoir cinq petites barques et tartannes
« qui font négoce du bois, et le chargent tant audit Cassis
« que aux iles d'Hières, l'emportant à Marseille; aussi
« quatre bateaux qui font même négoce de bois, et cin-
« quante-huit bateaux pour la pêche du poisson. »

Le 19 février 1623, le Conseil général délibéra sur le plan des travaux à exécuter. Il fut décidé que le môle partirait de l'île St-Pierre et reposerait son extrémité sur un rocher appelé Canoubier ou Cannouvier.

Voici les termes même du projet : « le môle sera de la
« longueur depuis la pointe de l'île jusqu'à la fin de la
« tête du Cannovier, du côté de la grande Lèque, comme
« aussi il aura douze cannes (24 mètres) de largeur en
« tout ; à ce compte : trois cannes (6 mètres) de bâtiment
« servant pour repadour et neuf cannes (18 mètres) par
« dehors.

Trop pauvre pour subvenir à un si important travail, avec les revenus habituels, la commune sollicita et obtint enfin du Roi, des lettres patentes datées du 30 septembre 1633, qui autorisèrent un impôt sur les vins étrangers à la commune, qui étaient consommés dans le territoire ou embarqués dans ses ports. Ce droit, fixé à quatre sous (20 centimes) par millerolle (72 litres), suscita longtemps des embarras aux administrateurs du pays, et c'est, à peu de chose près, le seul bénéfice qu'ils retirèrent de cette royale concession. Voici cette Charte :

» Louis par la grâce de Dieu, Roi de France et de
« Navarre, Comte de Provence, Forcalquier et terres ad-
« jacentes, à nos amés et féaux les gens tenant notre Cour
« des comptes, aides et finances auxdicts pays, salut.
« Comme il importe extrêmement au bien de notre ser-
« vice, augmentation du commerce, commodité et utilité
« de nos subjets, que les villes et lieux maritimes des

« terres et pays de nostre obéissance, ayent de bons et
« assurés ports et hàvres où les vaisseaux puissent com-
« modément aborder et demeurer en assurance, pour
« entretenir ledit commerce, qui apporte l'abondance des
« pays estrangiers et décharge notre royaume des choses
« superflues, dont nosdits subjets retrouvent de grands
« avantages, et nos droits en sont de beaucoup augman-
« tés, nous avons favorablement escouté l'humble suplication
« et remonstrance de nos chers et bien amés les consuls,
« communauté, manants et habitants du lieu de Cassis
« en nostre dict pays de Prouvence, contenant que le port
« de lèur dict lieu n'est pas naturellement commode ni
« assuré, pour estre exposé au vent de labech, qui y
« excite bien souvent de grandes et horribles tempestes,
« lesquelles empeschent l'entrée et sortie d'iceluy, et met
« les vaisseaux qui s'y trouvent en danger de fere naufrage,
« outre que les vagues et les eaux pluviales, qui ravagent
« la campagne et fondent dans ledit port, jettant conti-
« nuellement le sable contre le quai et môles dudit
« port, il se trouve aux meilleurs endroits presque en-
« tièrement comblé, de sorte que jusques aux moindres
« bataux, ont peine de joindre lesdicts môles, ce qui
« pourrait enfin ruiner entièrement ledit port et le rendre
« inutile; pour à quoi remédier, il est nécessaire de cons-
« truire et parachever l'ancien dessin de conduire le grand
« môle, qui est au-delà de l'isle, jusques au rocher qui se
« trouve à l'embouchure dudit port, et qui la rend fort
« périlheuse, afin de le couvrir et de donner par mesme
« moyen, un plus grand abri et assurance, tant à ladicte
« embouchure que audict port, comme aussi de fere deux
« petits môles qui vullent se rencontrer despuis ladite isle
« jusques audict quai, afin de réduire cet espace en forme
« de *darseuo*, pour y tenir, en temps d'hiver, les barques
« et bateaux, et les mettre à couvert de toute sorte d'orage

« et enfin de cruser et donner le fond necessere à cet espace
« qui doibt former ladicte darseuo et fere toutes les répara-
« tions que besoing sera, pour mettre ledit port en bon état
« et le rendre bien assuré; ce que ne pouvant fere ni en-
« treprendre d'eux-mesmes, à cause de la petitesse du lieu,
« et qu'à peine a le moyen de subvenir aux tailles et charges
« ordinaires, ils nous auroient demandé la permission de
« remettre l'imposition qui a esté levée autrefois pour
« le subjet dudit grand môle et réparation dudict port, de
« quatre sols pour chascune milherolle du vin qui sera ap-
« porté dans ledit lieu, des lieux d'Aubagne, Allauch, la
« Penne, Cuges, Seireste, la Cadière et autres voisins, et
« ce durand un temps suffisant et proportionné à la despanse
« qu'il conviendra fere pour achever lesdictes réparations,
« de quoy lesdicts lieux n'auront pas subjet de se plaindre,
« parce qu'ils retireront la principale utilité de la bonté et
« commodité dudit port, laquelle attirera plus grande quan-
« tité d'estrangers pour venir fere les achepts des vins et leur
« donnera, par mesme moyen, l'adventage d'en multiplier
« la débite et de la fere à plus haut prix, sans quoi il leur se-
« rait presque impossible de les pouvoir vendre, à cause de la
« grande quantité qu'ils en recuilhent et qu'ils ne le peuvent
« pas porter en notre ville de Marseille, et n'ont autre lieu
« commode pour le vendre aux estrangers; de quoi au con-
« trere les habitants dudit Cassis recepvent un notable pré-
« judice, parce cette multitude des vins que leurs voisins
« aportent dans leur dict lieu, faict ravaler les prix des
« leurs, et les empèsche de les pouvoir vandre ni si facille-
« ment ni si advantageusement comme ils fairoient, requérant
« sur ce nos lettres et provisions convenables. Pourquoi nous
« inclinant à ladite suplication, et attendu l'évidente utilité
« que le public recevra desdictes réparations et de l'assurance
« dudit port, dont les voisins dudit lieu retireront le principal
« avantage, et que mesme nos droicts en seront augmentés:

« de l'advis de nostre conseilh, avons, par ces présantes
« signées de notre maing, permis et permettons, octroyé
« et octroyons auxdits consuls, communauté, manants et
« habitans du lieu de Cassis, de mettre et imposer, lever
« et exiger un droit de quatre sols sur chascune milherolle
« du vin qui sera aporté audict lieu et son terroir de ceux
« d'Aubagne, Alauch, la Pene, Ouges, Seireste, la Cadière
« et autres voisins, et ce pour tant de temps que vous ju-
« gerez nécessaire pour fournir à la dépense qu'il convien-
« dra fere, tant pour le parachèvement dud. grand
« môle, que pour la construction et perfection des deux
« petits môles et darseuo, curement et nettoyement dudit
« port, et lui donner la profondeur nécessaire, suivant la
« vériffication qui en sera faicte par l'un de vous, ou par
« les experts ou gens à ce cognoissant, qui seront par vous
« commis; lequel droit et imposition de quatre sols pour
« milherolle dudit vin, pour ledict temps que par vous
« sera jugé, sera par eux affirmé et délivré à l'enchère
« publique, de trois en trois ans, et les deniers retirés par
« le trésorier de ladicte communauté, qui en tiendra compte
« à part, sans pouvoir être divertis, employés ni consumés
« en autres usages, à peine d'estre, les sommes diverties,
« payées et représantées par les contrevenants, en leur
« propre et particulier, et sans les pouvoir recetter sur le
« corps de la communauté, dont, à cet effet, lesdits consuls
« rendront compte annuellement pardevant vous. Si vous
« donnons en mandement que ces présentes vous faciez
« enregistrer, et que du contenu en icelles vous faciez et
« laissiez jouir lesdicts exposants pleinemant et paisiblemant,
« cessant et faisant cesser tous troubles et empêchemants
« contreres, CAR TEL EST NOTRE PLAISIR ; — et à cette fin que
« ce soit chose ferme et stable à jamais, y avons faict apo-
« ser nostre scel.

« Donné à Nancy, le trentième jour du mois de septembre

« de l'an de grâce mil six cent trente-trois et de notre
« règne le vingt-troisième. »

Louis.

Par le Roi Comte de Provence en son conseil,

Carré.

Tous les travaux mentionnés dans la charte qu'on vient de lire, s'exécutèrent tant bien que mal, au milieu des tracasseries et des procès suscités par les communes voisines, qui trouvaient plus simple d'éluder le payement de la contribution à laquelle le Roi les avait assujéties, que de la payer consciencieusement.

Le port acquit, pourtant, une importance plus marquée, malgré le peu de perfection des ouvrages qui le garantissaient.

En 1700, des réparations étant devenues urgentes, la commune s'adressa à l'Assemblée générale de la province, qui ordonna les travaux, lesquels ne furent, cependant, exécutés d'une manière complète qu'en 1731. Ils étaient à peine terminés, qu'une tempête épouvantable, arrivée en 1739, les détruisit presque en entier. La communauté se ruina alors pour mettre le port en bon état, mais ne pouvant y suffire, il fallut qu'en 1772, grâce au concours de la province et des communes voisines, le bassin fut entièrement creusé.

Depuis, bien des accidents sont arrivés encore à la jetée et au môle, notamment en 1821, mais les réparations ayant été faites toujours peu de temps après les dégâts, le port est resté constamment praticable.

Tel qu'il est, le port, garanti à l'Est par un môle de 131 mètres de long, renferme un bassin d'une superficie de 35,000 mètres. Outre le môle et la jetée, qui arrêtent la mer du large, deux petits môles, l'un de 45 mètres de long et le second de 12 mètres 50 centimètres, construits dans l'intérieur du port et formant ainsi une darse, brisent les vagues qui arrivent du large par le goulet.

Par sa position intermédiaire entre les ports de Marseille et de la Ciotat, au fond d'un golfe où la navigation est facile, le port de Cassis offre une relâche sûre et aisée aux navires qui se trouvent contrariés par les vents d'Est et de Nord-Ouest, suivant leur destination.

L'expérience a prouvé que les vents, soit de l'Est, soit du Nord-Ouest, amènent les navires avec facilité et sans crainte à l'embouchure du port. Cette embouchure, un peu étroite, malheureusement, présente quelquefois du danger pour les capitaines qui le fréquentent rarement, en ce sens que le vent qui a conduit le navire jusqu'à l'entrée, manquant par moments à cet endroit, les vaisseaux sont exposés à toucher sur les rochers intérieurs de la jetée du môle, sur lesquels ils sont poussés par la force d'une source qui jaillit au-dessous de l'ancienne chapelle de Saint Clair.

Comme le port de Marseille, celui de Cassis est le récipient de toutes les eaux pluviales qui découlent des côteaux qui l'entourent. Ces eaux entraînant ordinairement avec elles, du sable et du gravier qui encombreraient, à la longue, le bassin, on a construit, depuis quelques années, au vallon dit du *moulin de Revest*, et au vallon voisin, de fortes murailles qui les arrêtent dans leur chute.

Le 14 août 1822, M. Michel, Maire de Cassis, écrivait à l'ingénieur en chef du département, pour répondre à diverses questions que ce fonctionnaire lui avait adressées :

1° Que le port *pourrait contenir plus de 600 navires* de 20 à 300 tonneaux ;

2° Que dans les guerres de l'Empire, il y en avait fréquemment de 100 à 250 de 25 à 250 tonneaux ;

3° Qu'on peut entrer dans le port par tous les vents ; mais que les plus dangereux sont ceux d'Ouest et de Sud-Ouest.

Le lecteur verra, par la précaution que nous avons prise, de souligner certains mots, que nous sommes loin d'adopter tous les chiffres donnés par M. Michel. Bien certainement le port de Cassis ne peut contenir 600 navires, et l'on comprend difficilement qu'un homme auquel on s'est plu à reconnaître mille qualités, ait pu émettre une pareille idée. Ce que nous donnons comme certain, c'est qu'en cas de besoin, en cas de force majeure, le port pourrait contenir de 80 à 100 navires, mais encore faudrait-il que leur tonnage ne fut pas trop considérable et qu'ils eussent eu le temps et la précaution de s'amarrer bien près les uns des autres.

Peu de ports sont aussi sûrs que celui de Cassis : un seul vent lui est désavantageux, c'est celui de *labech* ou de Sud-Ouest, parce qu'il occasionne toujours des tempêtes et que l'entrée du port n'est pas défendue contre les lames qu'il soulève.

La rade offre quelques mouillages excellents surtout par les vents du Nord, du Nord-Est et d'Ouest. Les meilleurs sont :

1º Entre les pointes des Lombards et de Michel, à 400 mètres de distance de la ligne qui les réunit ; le fond est herbe, vaseux et présente de douze à quinze brasses d'eau.

2º Entre la plage du Bestouan et Pormiou, sur toute la côte le fond est très-bon et l'on trouve jusqu'à dix-huit brasses d'eau.

Nous ne dirons rien ici du port de Pormiou, pour ne pas répéter ce que nous avons déjà avancé dans la 1re partie de cet ouvrage, page 8.

§ 2e. NAVIGATION.

Les Carthaginois, s'il faut en croire une tradition assez probable, venaient jadis trafiquer dans nos pays. Plus tard les Romains, auxquels les Marseillais ouvraient toutes les voies, encouragèrent la navigation et établirent même, sur toute la côte de la Méditerranée, un système de poste à bateaux auxquels Cassis, comme un nombre considérable d'autres ports, auraient servi de station.

Pour arriver de cette époque à celle où nous trouvons des preuves écrites du mouvement commercial, il faut franchir bien des années et en venir au XVIe siècle. Cassis commençait alors à être quelque chose, et servait de refuge à un grand nombre de bâtiments, soit qu'ils y vinssent directement pour trafiquer, soit qu'ils fussent obligés de fuir la poursuite des pirates et des *infidèles*, ainsi que le prouve le procès-verbal d'enquête du 16 décembre 1624, dressé par Mathieu Lieutaud, trésorier général de France.

« Du 16 décembre 1624, Joseph Sicolle . . . . commis
« au port de Cassis par le fermier général des gabelles à
« sel, âgé de 70 ans, témoin produit de la part des Consuls
« et communauté dudit Cassis dit :

« Qu'en l'année 1581, que la contagion était à la ville de
« Marseille, il se réfugia audit lieu de Cassis, auquel temps
« le vieux village de Cassis, qui est sur la montagne, était
« habité et n'y avait environ que 60 maisons, lequel lieu
« est, à présent, ruiné et déshabité, ayant depuis, les ha-
« bitants, fait bâtir le nouveau Cassis, qui était lors com-
« mencé de quelques maisons, étant à présent du nombre
« d'environ 250, au bord de la mer, et audit temps n'y avait
« lors que plage, y ayant à présent commencement de port,
« ne sachant depuis quel temps a été commencé.

« Dit aussi que depuis 5 ou 6 mois qu'il est audit Cassis,
« pour sa charge de commis, a vu porter audit lieu, par
« terre, quantité de vins des lieux d'Aubagne et d'Allauch,
« et ceux d'Aubagne en font porter tous les jours, lesquels
« sont vendus à des Génois qui en chargent leurs barques,

« et à des habitants, et sans la commodité dudit port, ceux
« desdits villages voisins seraient en peine de débiter leurs
« vins, d'autant que à Marseille, l'entrée des vins étrangers
« n'est pas permise, ni en payant, ni sans payer.

« Dit, en outre, que si ledit port n'était entretenu, serait
« grandement préjudiciable tant au Roi qu'au public, pour
« ce que sa Majesté reçoit en plusieurs droits audit lieu,
« tant de douane que de foraine ; d'ailheurs, ledit port sert
« de refuge aux barques et vaisseaux et galères, soit en cas
« de mauvais temps ou de piraterie, et par moyen du trafic
« et commerce que ledit port attire, tous les lieux voisins en
« reçoivent commodité.

. . . .

« Dudit jour, David de Monier, commis pour la ferme de
« la foraine audit Cassis, âge de 56 ans,. . . a dit :

« Qu'il y a environ quatre ans qu'il habite audit Cassis,
« faisant la recette des droits de foraine et domaniales pour
« les fermiers, auquel temps il a vu que la communauté
« dudit Cassis aurait fait commencer les ouvrages et fabrique
« de leur port, lequel ils ont depuis fait continuer comme ils
« continuent, n'étant encore entièrement parachevé.

« Dit aussi avoir vu, durant tout le temps qu'il a demeuré
« audit lieu, que les villages voisins, comme Aubaigne,
« Allauch et des métairies voisines, lesdits terroirs et encore
« de Roquevaire, ont fait porter leurs vins audit Cassis,
« lesquels ils débitent aux habitants ; comme aussi a vu que
« les patrons qui viennent avec leurs barques, du côté de
« la rivière de Gênes et de l'Italie, et encore de ceux dudit
« Cassis et de la coste, ont chargé desdits vins étrangers,
« lesquels ils allaient acheter aux villages voisins, les ayant
« fait porter tant à Gênes (Italie) que à Rome.

« Dit aussi qu'il serait un grand préjudice, si on laissait
« perdre le port : premièrement, pour les droits de foraine
« et domaniales qui se perçoivent audit lieu ; d'ailleurs,

« la commodité que tous les négociants reçoivent, et en cas
« de mauvais temps ou de piraterie ès barques, ledit port
« leur sert de refuge, ainsi que lui déposant voit tous les
« jours, même n'y a pas longtemps qu'un vaisseau corsaire
« poursuivit certaine barque jusque proche ledit port, et sans
« le refuge d'icelui elle serait été prise; et les villages voisins
« privés de la commodité de la débite de leurs vins, lorsque
« les négociants ne s'arrêteraient pas audit lieu ains iraient
« en autre part charger d'autres denrées et marchandises. »

A cette époque, les navigateurs de Cassis fréquentaient l'Afrique septentrionale et les côtes de l'Etat de Sienne, qui produisaient une quantité de blé considérable.

Au XVIIe siècle, période la plus florissante, les navires de Cassis sillonnaient toute la Méditerranée. Un armateur du pays, le sieur RASTIT, avait à lui seul 22 navires, et le sieur CURET, qui vivait quelques années auparavant, en possédait un plus grand nombre encore. Aussi, ne sera-t-on pas surpris d'apprendre que du 1er janvier 1659 au 10 juin 1682, les navires cassidens avaient fait, à Livourne, 52 voyages. Sur un autre état des navires qui avaient apporté de Seyde et de St-Jean d'Acre à Marseille des drogueries, soieries, cotons et autres marchandises, Cassis compte 13 bâtiments ou voyages. Aussi comprend-on que l'on ait mis alors à la mer des navires de 400 tonneaux, et que l'on en ait construit pour la compagnie d'Afrique.

Le nombre des jeunes gens qui se destinaient à la navigation était si considérable que, le 28 janvier 1700, intervint une ordonnance de l'Intendant, prescrivant au maître d'hydrographie, qui habitait exclusivement la Ciotat, de résider six mois de l'année à Cassis, pour y donner ses leçons.

Deux causes principales finirent par ruiner une navigation si profitable pour Cassis : la première, fut l'obligation de faire quarantaine à Toulon et à Marseille, et la seconde l'édit de franchise en faveur de cette dernière ville, dont le résultat fut d'y attirer tous les navires et tout le commerce de la Méditerranée. Mais le port de Cassis étant, pour les bâtiments surpris ou chassés par le mauvais temps, un excellent port de refuge, les relâches y ont toujours été très-nombreuses.

Nous allons donner le tableau des navires et des bateaux de pêche attachés au port de Cassis, au 1er janvier 1854, ainsi que celui des marins de tous grades, domiciliés dans la commune, à la même époque.

Navires 4	jaugeant	165 t.	71|100.
Bateaux au-dessus de 2 t. 21	—	59 t.	12|100.
Bat. au-dessous de 2 t. 44	—	46 t.	34|100.
Total des embarcations . 69	—	271 t.	17|100.

TABLEAU
De la population maritime de Cassis.

Lieutenants de vaisseau,	3
Enseignes de vaisseau,	1
Capitaines au long cours,	6
Maîtres au cabotage,	21
Mariniers et matelots,	189
Novices,	16
Mousses,	43
Ouvriers, Charpentiers et Calfats,	5
Total.....	284

Les deux tableaux qui suivent, donnent le résumé du mouvement de la navigation, pendant les cinq dernières années. Nous devons seulement faire remarquer que le vin, une des sources les plus importantes du commerce de Cassis, ayant manqué pendant toute cette période, les navires étrangers qui venaient en prendre plusieurs chargements n'ont pu, comme à l'habitude, fréquenter le port.

Relevé général des navires entrés dans le port de Cassis, de 1850 à 1857.

ANNÉES.	ENTRÉS EN RELACHE.	VENANT DE L'ÉTRANGER.			VENANT D'UN PORT DE FRANCE.			TOTAL DES NAVIRES entrés.
		N de navires.	Tonnage.	Equipage.	N. des Navires	Tonnage.	Equipage.	
1850	385	2	286	22	143	5,223	389	532
1851	366	4	354	33	87	4,346	377	457
1852	295	6	429	38	128	4,610	536	429
1853	260	2	130	12	126	4,224	532	388
1854	293	1	60	5	122	4,086	487	416
1855	318	2	145	14	93	3,810	369	413
1856	300	5	410	57	99	4,986	416	404

Relevé général des Navires sortis du port de Cassis, de 1850 à 1857.

ANNÉES.	SORTANT DE RELACHE.	ALLANT A L'ÉTRANGER.			ALLANT DANS UN PORT DE FRANCE.			TOTAL DES NAVIRES sortis.
		Navires.	Tonnage.	Equipage.	Navires.	Tonnage.	Equipage.	
1850	419	1	85	8	117	3,941	454	537
1851	358	9	593	57	87	2,813	526	454
1852	294	10	828	67	125	4,215	508	429
1853	260	5	476	35	125	3,954	540	390
1854	290	2	148	15	124	4,129	511	426
1855	315	5	357	51	95	3,658	536	415
1856	303	9	1,167	69	92	4,126	586	404

§ 3. Commerce.

On ne peut former que des conjectures très-hasardées sur les rapports commerciaux qu'avait autrefois Cassis avec les autres peuples maritimes. Il est seulement permis de supposer que les Pisans et les Génois ont fréquenté dès longtemps nos côtes. Ce qui est plus certain, c'est qu'on doit attribuer au commerce des grains à l'entrée, et des vins à la sortie, vers le commencement du XVIe siècle, l'accroissement de la ville au bas du château. Plus tard, les Lyonnais et les Catalans y apportèrent leurs industries; ce fut alors que le commerce du corail, avec les habitants de l'Afrique septentrionale, prit un grand développement. En 1822, on faisait encore le commerce de fabrication, d'exploitation, de consommation et d'expédition, tant pour l'intérieur que pour les côtes de la Méditerranée. Le port était fréquenté par les Italiens, les Espagnols, les Hollandais, les Danois et les Américains. De tout cela, il reste peu de choses aujourd'hui, l'exploitation des carrières étant presque la seule source qui alimente le commerce par mer.

Importations.

Le grand banc de Terre-neuve, l'Algérie et les Etats-Sardes telles sont les principales provenances des navires qui viennent apporter à Cassis leurs marchandises, en tête desquelles figurent les morues, les bestiaux, les pâtes d'Italie et les fruits frais. Depuis peu l'Espagne a pris la première place, par suite de l'emploi des minerais de fer traités à l'usine du Bestouan.

Relevé général des importations.

ANNÉES.	NAVIRES.	MORUES.	BOEUFS ET MOUTONS.	MARCHANDISES DIVERSES.
1850	2	231,210 k.	»	4,750 k.
1851	4	225,037	200	3,337
1852	6	84,033	550	60
1853	2	»	310	20
1854	1	»	»	14
1855	1	»	»	4,692
1856	5	81,370	«	348,879

Exportations.

Les pierres de taille et les vins sont les deux branches importantes qui alimentent le commerce de l'exportation. Malheureusement les récoltes de vin étant tout-à-fait nulles depuis l'apparition de l'*oïdium*, les expéditions à l'étranger sont, par suite, insignifiantes. Les pierres-froides, qui ne dépassaient pas, autrefois, Toulon et Marseille, sont aujourd'hui transportées en Algérie, où on les emploie à de grands travaux.

Relevé général des exportations.

ANNÉES.	NAVIRES.	Matériaux et Marchand. div.	VINS.
1850	1	101,200 kil.	»
1851	9	520,000	222 hect.
1852	10	735,000	15
1853	5	665,000	»
1854	2	190,000	»
1855	5	201,000	»
1856	8	1,022,780	»

Cabotage.

On se plaint justement du peu d'importance qu'a aujourd'hui le cabotage, comparativement à celle qu'il avait autrefois. La raison en est bien simple. Entouré de montagnes qu'on ne franchissait jadis qu'en suivant des chemins rudes et difficiles, tous les mille objets nécessaires aux industries locales, à l'alimentation, etc, devaient forcément arriver à Cassis par mer, au moyen de navires plus ou moins nombreux. Depuis 1840, la ville étant ralliée à Marseille et à la Ciotat, par de belles routes, ces mêmes marchandises sont, pour la plus grande facilité des expéditeurs et des destinataires, transportées par terre. De là, la cessation presque entière du cabotage, le mode de transport par mer ne pouvant être maintenu que pour certaines marchandises, au nombre desquelles se placent les matériaux de construction, les vins, les combustibles et quelques autres produits analogues. Trop rapproché de plusieurs grands centres maritimes pour lutter avec eux, Cassis ne peut donc faire qu'un cabotage tout-à-fait secondaire.

Relevé du mouvement du cabotage du port de Cassis, à l'entrée et à la sortie, de 1850 à 1857.

ANNÉES.	ENTRÉE.		SORTIE				
	Navires.	Marchandises div.	Navires.	Matériaux.	Vins.	Sel.	Marchand. div.
1850	145	78,080 k.	117	4,514,200 k	558 hect	45.000 k.	2,700 k.
1851	87	215,000	87	5,588,600	127	72,000	54,700
1852	128	261,000	125	5,065,000	264	»	61,000
1853	126	60,065	124	5,149,000	»	»	»
1854	126	167,100	124	5,289,000	67	»	»
1855	11	16,000	84	4,570,000	6	»	500
1856	54	625,000	71	5,830,000	5	»	200

Nous résumons, dans le tableau suivant, le commerce des sept dernières années. Plus faible pour les entrées, il semble prendre, à la sortie, quelques développements qu'on ne saurait trop encourager.

Relevé général du mouvement commercial de Cassis, de 1850 à 1857.

ANNÉES.	Importations y compris l'Algérie.	Exportations y compris l'Algérie.	CABOTAGE.	
			Entrée.	Sortie.
1850	234,960 k	101,200 k	78,000 k.	4,417,700 k.
1851	252,374	542,200	213,000	3,612,200
1852	101,143	736,300	261,000	5,150,400
1853	13,020	665,000	60,065	5,149,000
1854	14	190,000	167,100	5,356,000
1855	4,692	201,000	16,000	4,370,900
1856	520,249	102,780	625,000	3,850,700

CHAPITRE V.

Statistique industrielle.

Le mouvement industriel n'a guère commencé, à Cassis, que dans les premières années du dernier siècle. On établit, alors, quelques petites filatures de coton et une verrerie qui sont tombées presque immédiatement. L'industrie du corail et celle des carrières, importées à la même époque, ont eu plus de succès et se maintiennent heureusement, de concert avec la pêche et quelques autres, dont nous allons examiner l'importance.

§ 1er. PÊCHE.

On peut hardiment avancer que la pêche a été, de tout temps, l'industrie principale de Cassis. Le voisinage de Marseille, où résidaient tant de riches patriciens, fuyant les dissensions de Rome, dont la table était toujours chargée des poissons les plus exquis, n'a pu qu'encourager cette industrie. C'est aux pêcheurs qu'est dû le commencement de la ville actuelle, c'est à eux qu'il faut attribuer l'étendue du commerce maritime qui fleurit plus tard.

En 1459, Pierre DAILHOT, notaire de Cassis, portant, dans une assemblée à Marseille, la parole pour ses concitoyens, dit qu'ils sont voisins de ceux de la Ciotat, vivant bien les uns avec les autres, comme étant tous *pescadous*. La charte de François Ier, donnée à Marseille, le 11 novembre 1533, explique que, sans la résistance qu'offre aux infidèles le château « *plusieurs pêcheurs, maryniers*, etc., seraient *souventes fois prins par les ennemis.* » Tout cela prouve que longtemps le pays a été principalement habité par les pêcheurs. La mer appartenait alors à tout le monde, *primo occupanti* : les priviléges particuliers n'ayant commencé à être accordés que plus tard.

Le premier, fut conféré au mois de juin 1623, par Louis XIII, à son fauconnier Honoré Bérard. Ce privilége consistait dans le droit de pêche exclusif à Pormiou. Ce droit, confirmé par Louis XIV, au mois de juillet 1645, en faveur du fils, fauconnier et garde des hairs (1) de sa Majesté, comme son père, fut cédé par lui à M⁰ Jean-Augustin de Michaelis, lequel en fit don, à son tour, à la commune, par lettre du 21 novembre 1658.

La faculté d'établir des madragues, fut accordée, par lettres-patentes du Roi, du mois de juin 1633, en faveur de noble Jean-Vincent de Roux, seigneur d'Agay. Cet acte, octroyé à Forges, explique que « le Roi ayant égard aux bons et agréables services que son cher et bien aimé de Roux, lieutenant de son cher et bien amé cousin le Cardinal de Richelieu, au fait de l'artillerie de la marine du Levant, lui a rendus en plusieurs occasions importantes, et désirant les reconnaître, pour lui donner plus de sujet de les continuer à l'avenir, lui octroye la permission d'établir, dans les mers du Levant, deux madragues, l'une à Pormiou, et l'autre à Gignac. » Vincent de Roux, pour tirer plus de profit des droits qui lui étaient conférés, vendit, par acte du 9 janvier 1641, « le don, faculté et permission de faire et poser ladite madrague audit endroit de Pormiou, avec tous les droits, fruits, profits, priviléges et émoluments en dépendants, et ce fut, partie à la commune, partie aux patrons-pêcheurs de Cassis, moyennant la somme de 3,600 francs. » Les patrons-pêcheurs disposèrent de leur part en

(1) *Aires*, Nids des oiseaux de proie.

faveur de quelques particuliers, et la communauté, chargée de dettes, fut obligée de désemparer sa portion en faveur de ses créanciers. La loi du 2 germinal fit disparaître la madrague, mais elle fut rétablie quelques années après, sur la réclamation du Préfet du département, du 18 messidor an XII. Mais, combattue par la Chambre des Prud'hommes de Cassis, elle a été supprimée de nouveau le 1er janvier 1853. Elle était alors affermée 9,525 francs, et produisait de 20 à 25,000 francs par an.

Les pêcheurs de Cassis furent placés sous la juridiction des Prud'hommes de Marseille, jusqu'en 1790 ; ils adressèrent alors au gouvernement leur demande d'une juridiction locale, qui les séparât de celle des Prud'hommes de Marseille, attendu, disaient-ils, *qu'elle était despotique, tyrannique, onéreuse, suspecte et abusive*. Cette demande, appuyée par le Maire Roux, obtint le résultat voulu : un tribunal de pêche fut institué à Cassis.

Nous ne donnerons pas la nomenclature des poissons qui sont les plus fréquents dans les environs de Cassis ; le travail serait aride et le résultat peu satisfaisant. La pêche principale et qui dure toute la belle saison, depuis le mois d'avril jusqu'au mois de novembre, est celle des *sardines*; les quantités pêchées sont souvent énormes ; mais avec dommage parfois pour les patrons. Les dauphins, dont Pline le naturaliste nous a laissé un si poétique tableau, et qui ne sont, au fond, que des poissons voraces, poursuivent souvent les bancs de sardines jusques sur le rivage, rompant et déchirant les filets qu'ils rencontrent.

On se souvient, à Cassis, de deux pêches aux dauphins, exécutées, l'une en 1775 et l'autre en 1814, et dont les détails sont absolument les mêmes pour les deux cas. Quelques bateaux ayant aperçu une troupe d'une cinquantaine de ces cétacés qui jouaient avec leurs petits dans l'anse de l'Arène, cernèrent cette baie, en l'entourant de leurs filets, et ne laissant qu'une issue qui aboutissait dans le port même de Cassis. Bloqués de toutes parts, les dauphins se laissèrent conduire dant le port, où, une fois renfermés, au moyen de gros filets en sparterie, servant à la pêche des thons, ils furent tués et dépécés. De leur chair on fit une grande quantité d'huile.

Il y avait, à Cassis, des ateliers de salaison, où l'on préparait les sardines et les anchois. Ces ateliers avaient, autrefois, rendu de grands services; durant le blocus continental, on salait des *merlans (gradus virens)* les morues étant alors d'un prix excessif.

Cinquante-trois bateaux de 1 à 5 tonneaux, sont employés à la pêche côtière, qui versent annuellement, dans le pays, de 20 à 25,000 francs.

§ 2. Corail.

Le corail, *(corallium de* Κορέω, *j'orne, suivant Pline, et Isis mobilis, d'après Pallas)*, est un polype corticifère.

Au milieu du siècle dernier, l'académicien Peyssonnel avança le premier que le corail n'est ni une pierre, ainsi qu'on le croyait alors, ni l'axe solide et ligneux d'une plante marine, comme on le pense encore aujourd'hui.

Nous avons sous les yeux plusieurs articles fort intéressants d'auteurs recommandables, qui expliquent, dans tous ses détails, la formation du corail; mais préférant puiser dans des renseignements inédits, nous transcrirons ici quelques lignes d'un mémoire signé du nom de Lagrange, jésuite, mémoire qui jouit à Marseille d'une certaine réputation, et qui fut écrit à l'époque de la lutte, à l'Académie, entre Peyssonnel et Réaumur, au sujet de la formation du corail.

Ce mémoire manuscrit, portant la date du 26 août 1758, adressé à M. Garnier, nous a été communiqué par M. d'Authier, de Cassis.

« . . . . Nous examinâmes avec grande attention,
« dit l'auteur, toutes les parties d'une plante de corail :
« le tronc, les branches, les sommités. Nous y reconnûmes
« le même phénomène que nous avions déjà aperçu dans
« d'autres plantes semblables. Il y avait çà et là, sur
« l'épiderme, de petits trous d'où sortaient des espèces de
« fleurs d'un jaune clair. Ces fleurs paraissaient avoir, les
« unes, de 4 à 5 pétales ; les autres, un moindre nombre.
« Ces pétales, vus à la loupe, sont minces, grêles et velus,
« et terminés, ce semble, par un petit globe à leur extré-
« mité supérieure. Du reste, on ne voyait point de ces fleurs
« sur le tronc ni sur les plus grosses branches, mais seule-
« ment sur celles qui étaient les plus éloignées de la racine,
« ou à peu près. Nous rompîmes, l'une après l'autre, deux
« ou trois sommités de ces branches, pour chercher à exa-
« miner le suc laiteux dont nous avons si souvent parlé.
« Ces sommités furent trouvées un peu molasses et faciles à
« écraser. En les pressant fortement, nous en vîmes sortir
« le suc laiteux en question. Nous allâmes plus loin ; nous
« les ouvrîmes et les examinâmes avec la loupe du petit
« microscope. Il parut, en les ouvrant, qu'elles contenaient
« plusieurs petits corps blancs. On voyait ces corps sans
« le secours de la loupe ; ils ressemblaient à des vésicules
« blanches, tachetées, çà et là, de petits points rouges.
« Cette opération fut répétée jusqu'à trois ou quatre fois,
« et toujours avec le même succès. Nous remarquâmes que
« l'intérieur de ces bouts de branche n'est point d'une ma-
« tière dure et compacte comme le reste de la plante ; il
« est fait comme une pierre ponce fort poreuse. Les corps
« blancs, ou les vésicules blanches logent dans les cellules
« dont ces extrémités de branche paraissent n'être qu'un
« assemblage. Je crus voir très-clairement qu'en écrasant
« ces sommités, j'avais écrasé, en même temps, plusieurs
« de ces vésicules. Le suc dont elles sont remplies, est une

« glaire fort visqueuse. Dans une de ces cellules, il y avait
« comme une chaine de cette glue blanche, qui s'étendait
« tout en travers d'une paroi à l'autre et se soutenait en l'air
« par sa seule viscosité.

« M. Peyssonnel pourrait bien ne s'être pas trompé, en
« prétendant que le corail n'est qu'un ouvrage de petits in-
« sectes marins. Il semble que ces insectes commencent par
« travailler le tronc de ce qui nous paraît une plante :
« qu'étant alors fort proches du roc contre lequel ils attachent
« leur ouvrage, ils assemblent plus facilement leurs maté-
« riaux, et qu'en conséquence ils donnent toujours plus de
« grosseur et de volume à leur premier travail ; qu'ensuite,
« à mesure que cet ouvrage se durcit, à cause de la trans-
« piration visqueuse de leurs petits corps, qui sert à lier
« fortement de plus en plus les matières qu'ils rassemblent,
« ils abandonnent le travail fait comme n'étant plus propre
« à les loger, et qu'ils continuent de bâtir de proche en pro-
« che, mais avec plus de peine, parce qu'il faut qu'ils aillent
« plus loin chercher les matériaux, et c'est la raison pour
» laquelle l'ouvrage va en diminuant continuellement de
« grosseur, et qu'on ne les trouve jamais que dans les som-
« mités des branches qui sont le chantier actuel de cons-
« truction..... »

Nous résumons ce que l'on vient de lire, avec ce que nous
pourrions écrire encore, par les quelques lignes suivantes :

« Il est très-essentiel, dit Adolphe Pezant, de distinguer
« le polype du corail d'avec ce qu'on appelle le corail pro-
« prement dit. Le premier croit selon les règles de la géné-
« ration, d'une génération, il vrai, particulière aux poly-
« pes ; le corail, au contraire, produit par les polypes,
« n'augmente, comme les minéraux, que par juxtaposition,
« à peu près comme la coquille du limaçon, par de nou-
« velles couches appliquées successivement sur les premières.
« Une branche de corail n'est donc plus une pierre, ce n'est
« plus une plante, ce n'est pas, non plus, un animal ; mais

« une simple production animale; c'est la métamorphose
« d'un millier de polypes ; c'est un très-bel arbre généalo-
« gique où le polype aïeul est recouvert par la postérité de
« ses enfants ; où le fils devient le tombeau du père, et où
« tous ensemble ne perdent l'existence que pour la retrouver,
« sous une forme nouvelle, et dans des générations con-
« fondues et réunies, en un état plus durable, plus brillant,
« acquérant par la vieillesse et se fortifiant avec les
« années. »

« Le meilleur corail est toujours le plus vieux, le plus
« dur, celui que la vase a recouvert, et qui ne sort de l'eau
« que chargé de fange. Quand le corail n'a plus de polypes,
« il n'augmente plus en étendue ; il ne produit plus de
« branches, mais il se bonifie, il se durcit. Celui que l'on
« retire en cet état, est beaucoup plus serré, plus pesant,
« que celui où il y a des polypes. Les corailleurs l'appré-
« cient davantage. »

Les polypes de corail n'établissent, en général, leurs demeures que dans les mers profondes, et, bien loin que
l'agitation de la mer leur soit nuisible, elle devient absolument nécessaire pour leur nourriture, qui ne consiste que
dans le renouvellement fréquent des matières visqueuses
entraînées par les eaux. Aussi, plus on s'écarte de la côte,
et plus la pêche du corail est abondante.

Le corail des côtes de Cassis est le plus estimé de la Méditerranée : il est de bonne qualité, un peu moins foncé que
celui de Sardaigne, mais beaucoup plus que celui de
Majorque. Tout le fond de la mer, sur la côte et même à
une assez grande distance, est rocailleux et rempli de po-
lypiers. Depuis très-longtemps on y fait la pêche avec succès.
PLINE, en parle en ces termes, liv. II, chap. 32 : *corallium
laudatissimum circà Stœchades insulas*. Les Stœchades
sont, comme on sait, divisées en deux sortes : les *majores*,
(îles d'Hyères) et les *minores*, (îles de Marseille, de Maïré.

de Riou, etc). Les environs de l'île de Riou, de toutes ces îles la plus rapprochée de Cassis, renferme le corail le plus estimé, et en cela, nous ne pouvons que reconnaître la justesse de l'appréciation de Pline.

Nous avons vu, ailleurs, que la pêche du corail se faisait dans le golfe de Cassis, à l'époque où Marseille était florissante. Il est probable que cette industrie s'est perpétuée, depuis lors, et a employé, à diverses époques, plus ou moins de bras.

La manière dont se fait la pêche du corail est très-simple. A deux pièces de bois en croix est attaché, à l'extrémité de chaque bras, un filet de chanvre à larges mailles, qui se développe et s'étend dans l'eau. Du milieu de la croix part un troisième filet qui descend beaucoup plus bas que les autres. Plus long et plus large, il est destiné à accrocher les morceaux de corail qui s'échappent souvent des autres filets.

Cet appareil se nomme *engin*. L'on y attache une pierre d'un poids suffisant pour le faire descendre le long des rochers, jusqu'à la profondeur que l'on désire ; en faisant avancer lentement le bateau, on balaie, pour ainsi dire, les côtés du rocher. S'il s'y trouve du corail, il est accroché par les filets, qu'alors on tire à force de bras avec précaution et par secousses égales. Il en tombe souvent au fond de la mer, et quant les morceaux paraissent de prix, on tâche de les repêcher, mais on y parvient difficilement.

Cette méthode de pêche est à peu près la même sur les côtes de Provence, de Sardaigne et d'Afrique. Sur le littoral de Cassis, elle était faite autrefois par les Génois, les Catalans et les Provençaux ; aujourd'hui elle n'attire plus que les Catalans, en petit nombre même, car en 1818, on a vu jusqu'à 40 bateaux employés à cet effet, tandis que depuis plusieurs années déjà, il n'en vient plus que cinq ou six par an.

L'industrie du corail, telle qu'elle est pratiquée en ce moment à Cassis, y fut apportée, au commencement du dernier siècle, par les sieurs Garnier et Bartro. Longtemps, la fabrication de ce produit fut concentrée à Cassis et à Marseille. Parmi les objets de parure, on préparait des colliers et divers ornements qu'on exportait en Asie et en Afrique, pour la traite des nègres. La guerre maritime fit cesser cette fabrication, mais elle reprit avec vigueur après 1815, la vogue des parures en coraux étant alors dans toute sa force. Des ouvriers habiles travaillaient, en sculpture, et livraient de très-beaux ouvrages, qui centuplaient la valeur des matières premières. Mais peu-à-peu cette industrie est tombée, et l'on ne travaille plus aujourd'hui que les objets de pacotille, qu'on envoie dans le Levant, aux Indes et aux Colonies françaises.

Autrefois, le corail était complètement préparé à Cassis pour l'expédition; on se contente aujourd'hui de l'arrondir, et il est achevé à Marseille.

Malgré les lenteurs apportées dans cette riche industrie, plus d'une centaine d'ouvriers et d'ouvrières y sont encore employés aujourd'hui. On les divise en quatre catégories, savoir : les coupeuses, les perceuses, les rondisseuses et les enfileuses.

Le prix du corail varie, suivant sa grosseur ; voici quelques prix approximatifs :

Moyen — brut : 40 à 50 fr. le kil. — arrondi : 180 à 200 francs.

Gros — brut : 60 à 80 fr. le kil. — arrondi : 200 à 250 francs.

Moyenne prise sur les cinq dernières années, la fabrication du corail verse annuellement dans Cassis : 20,000 fr.

§ 3. Carrières.

Les carrières de Cassis ont-elles été exploitées autrefois par les Marseillais et les Romains, ou bien n'ont-elles été réellement ouvertes qu'au siècle dernier? Telle est la question que nous nous étions longtemps adressée, et que nous espérons aujourd'hui résoudre avec quelque apparence de vérité.

Trouver des monuments anciens en pierre de Cassis, n'est-ce pas prouver que ses carrières ont été exploitées autrefois?

Or, ces monuments existent au nombre de quatre. Deux sont au Musée de Marseille; le troisième n'est pas sorti de Cassis; le quatrième, enfin, a été recueilli à Alger même, et placé dans le Musée de cette ville.

Voici, d'abord, la description des deux premiers (1).

N° 59. *Cippe sépulcral.*

« Il est consacré par Cneius Valerius, fils de Cneius de la
« tribu Quirina, à Pompeius Valerianus, honoré par les
« Empereurs Antonin et Verus. d'un cheval entretenu aux
« frais de l'Etat. Cette distinction, qui résulte des mots *eqvo*
« *pvblico honorato*, était la récompense des services mi-
« litaires. »

« (Pierre de *Cassis*, hauteur 1 mètre 20 centimètres;
« largeur, 74 centimètres). »

N° 48. *Fragment de Sarcophage chrétien.*

« Ce tombeau, en pierre de *Cassis*, est très-intéressant,
« par la bonté du travail. On voit Jésus-Christ avec le

(1) Musée de Marseille, 1854.

« limbe, dans une arcade, assis entre deux pilastres, ac-
« compagné de cinq apôtres debouts, dans un encadrement;
« sur une face latérale est gravé un *pro Christo* renfermé
« dans un médaillon. »

(Tiré de la crypte de St-Victor, longueur 1 mètre 62
« centimètres ; hauteur, 48 centimètres) ».

Après avoir lu ces lignes, le lecteur sensé dira avec nous:
de deux choses l'une, ou les organisateurs du musée, dont
tout le monde connaît le savoir, se sont aventurés d'une
manière regrettable, ou les monuments dont nous relatons
la description, sont réellement en pierre de Cassis. Admettre
cette dernière hypothèse, c'est reconnaître que les carrières
étaient exploitées autrefois, car des blocs de la nature de
ceux dont nous venons de parler, ne se trouvent pas à la
surface du sol, et pour en faire l'extraction il faut un travail plus ou moins considérable.

Le troisième monument, dont nous donnons un peu plus
loin le dessin, est aujourd'hui enchâssé dans un des murs
du presbytère. Ce bloc était, par derrière, chargé d'inscriptions ; un recteur que nous nous dispenserons de nommer, mais qui mérite assurément la qualification de bar-
bare, les a fait disparaître sous le marteau, par l'excellente
raison qu'elles gênaient la pose d'une armoire.

Cette pierre a, de hauteur, 58 centimètres; de largeur,
42 centimètres, et de profondeur 39 centimètres. Elle fut
trouvée au château, il y a un certain nombre d'années, et
placée, comme ornement, à l'endroit qu'elle occupe actuellement. Elle représente un sujet qui ressemble assez à
celui qui existe sur la face latérale du sarcophage conservé
au Musée de Marseille, sous le n° 48, avec cette différence
que ce dernier est beaucoup plus simple. Le monogramme du
Christ de Marseille consiste dans le *P* barré, accompagné de
l'*A* et de l'*ω* dans un cercle, tandis que celui de Cassis,
posé du *X*, du *P*, avec l'*A* et l'*ω* également, a le cercle qui

— 184 —

qui les entoure surmonté d'une colonne, ayant, de chaque côté, un autre *P* barré accosté de l'*A* et de l'*ω* (1).

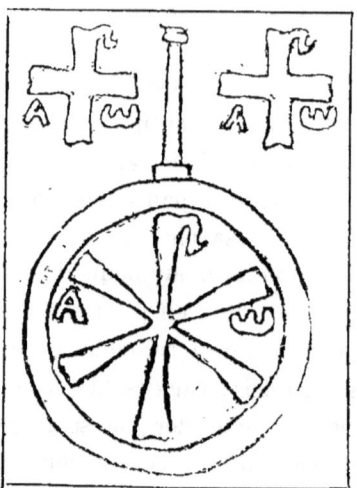

Le quatrième monument dont nous avons promis de parler, se trouve à Alger. En voici la description, d'après M. Berbrugger, conservateur du musée de cette ville (2).

« Cette pierre est une dalle d'un mètre 19 centimètres de
« hauteur sur 55 centimètres de largeur. On y lit une ins-
« cription latine de dix lignes, au-dessus d'un cavalier au
« galop, portant la lance en arrêt, et au-dessous d'une
« couronne contenant une rosace surmontée du croissant,
« emblèmes de la divinité qui s'appelait Diane sur la terre,
« Lune dans le Ciel et Hécate aux enfers. Voici l'ins-
« cription : »

DIS MANIBUS SACR.

Q. VILLANUS Q. F. VOL NEPOS

PHILIPPIS 7. COH. XIII URB.

DONIS DONATUS A DOMITIANO

(1) Les alentours de la chapelle de N.-D.-de-Grâce, à Arles, communément appelés *Aliscans*, sont remplis d'une quantité incroyable de tombeaux de tous genres ; la plupart d'entr'eux sont chargés de sculptures grossières, au milieu desquelles on trouve des *Pro Christo* plus ou moins semblables au nôtre.

(2) Voir le Mémoire à la suite de cet ouvrage.

OB BELLUM DACICUM ITEM AB
EODEM OB BELLUM GERMANICUM
ITEM TORQUIB. ARMILLIS OB BELLUM
DACICUM VIXIT ANN. L. MILITAVIT AN XXXII.
M. SILIUS QUINTIANUS OPTIO BENE MERENTI
POSUIT.

Examen fait de tous ces monuments, ne sommes-nous pas autorisé à conclure que les carrières de Cassis étaient exploitées anciennement, et, par conséquent, que cette industrie y occupait un certain nombre de bras ?

Quoiqu'il en soit, il est certain que l'exploitation des carrières de la Cacau, fut reprise, sinon commencée, en 1720, par un nommé Victor CÉSAR. La construction du fort Lamalgue à Toulon, en 1768, puis celle du bassin de l'arsenal de la même ville, lui firent prendre une extension notable ; enfin celle des quartiers neufs de Marseille, et surtout du Grand-Théâtre, lui acquirent une réputation que tout justifie. Cette réputation tend à s'accroître journellement. Les immenses travaux du port de la Joliette, des forts et des phares d'Alger et de Cherchell, ceux de la bourse de Marseille, ne feront que la répandre encore.

Les carrières sont toutes situées au Nord et à l'Ouest de la ville, dans les collines de Ris, de N.-D. de Santé et de la Cacau. Celles des montagnes de la chaîne N. D. de Santé sont aujourd'hui les plus importantes. A leur tête doit se placer celle du *Moulin* ou du *Figuier noir*, appartenant à la Commune et exploitée par MM. RABATUT.

Nous ne saurions mieux faire, pour donner une idée plus exacte de la pierre dont il s'agit, que de transcrire ici quelques lignes de la Statistique de M. le Comte de VILLENEUVE.

« La pierre de Cassis est un calcaire du Jura, d'un blanc
« tirant sur le gris ; la pâte est un peu grenue, la cassure
« conchoïde, sans aucun vide ni nœuds ; elle est très-dure

« et renferme quelques fragments de coquilles indétermi-
« nables. Elle est disposée par bancs de différentes épaisseurs
« depuis 2 décimètres jusqu'à un mètre et quelquefois davan-
« tage. Cette disposition en rend l'arrachement assez facile.
« On fait des entaillements au ciseau dans l'épaisseur de la
« couche ; on enlève ensuite la couche, au moyen de leviers
« de fer, et on fait glisser la pierre sur des rouleaux de
« bois jusqu'au fond de la carrière. » Le plus souvent on emploie la mine, et lorsque le bloc est trop gros, pour être
convenablement travaillé, ou le refend au moyen de coins
de fer. Lorsque la pierre est suffisamment dégrossie et
qu'on lui a donné, dans le plus grand nombre de cas, les
dimensions voulues, on la transporte sur des charrettes
jusqu'au port, où elle est embarquée pour sa destination.

« La pierre de Cassis réunit toutes les qualités désirables
« pour les grandes constructions et les édifices publics. La
« couleur est nette et égale, son tissu est plein et homogène.
« Elle se prête à toutes les formes que le ciseau veut lui don-
« ner, et, en même temps, l'étendue indéfinie, jointe à
« l'inégale épaisseur des couches, la rend propre à des
« usages infiniment variés. Si à tous ces avantages on ajoute
« le voisinage de la mer, qui en rend le transport facile,
« on verra que les carrières de Cassis doivent avoir la préfé-
« rence sur toutes les autres du département. »

Voici les prix approximatifs, sur les lieux, des blocs, suivant l'usage auquel ils sont destinés.

Baignoires et lavoirs :	35 fr. le mètre cube.
Blanc plombier ou couvertes :	32 —
2es Appareils ou libages :	20 —
Trottoirs :	20 —

Le mètre cube pèse : 2,600 kil;

Le nombre des carrières ouvertes, en 1855, était de 30.

Celui des chantiers où l'on travaillait sans interruption, était de 18.

L'extraction et la taille des pierres froides versent, par an, dans Cassis, de 180 à 200,000 francs.

Une grande quantité de pierres de rebut, ou d'éclats, appelées simplement *pierres brutes*, sont expédiées, chaque année, sur des bateaux connus sous le nom de *soraïrés* ou *lesteurs*, pour être converties en chaux. Ne nous occupant que de pierres équarries, dites *pierres de taille*, moyenne prise des années 1852 et 1853, on en enlève, annuellement, des carrières, 110,000 quintaux métriques; elles sont transportées moitié par navires et moitié par charrettes.

On avait ouvert, il y a quelques années, plusieurs carrières de grès calcaire, pour en tirer les gros pavés de Marseille, notamment sous le château et sur le chemin de la Ciotat, dans la propriété de M. Felen. On a préféré depuis les psammites de cette dernière ville, et ceux des environs de Toulon, qui sont, en effet, plus propres à cet usage. Mais le grès de Cassis pourrait être employé pour les chemins avec plus d'avantage que les pierres communes, parce qu'il a plus de dureté.

§ 4e. Chaix.

On appelle en Provence *chaix* les établissements où l'on fait subir au vin diverses opérations qui tendent toutes à le bonifier.

Ces opérations, complètement diverses suivant la nature du liquide, consistent à couper les différentes qualités qui peuvent s'améliorer l'une par l'autre; à clarifier et à soutirer les vins : à les colorer, les coller et, enfin, à leur donner tous les soins qu'un propriétaire entendu devrait toujours s'appliquer à leur donner lui-même.

M. Bergasse, négociant suisse, apporta le premier, dans ce pays, l'idée de ces établissements. La nature des vins de Cassis ayant appelé son attention, il vints'y établir, en **1776**, après avoir obtenu de l'Intendant de la province, une ordonnance qui autorisait la cession gratuite d'un emplacement à la place Montmarin, faite par la Commune, pour la création de ses magasins.

Le chaix de M. Bergasse n'existe plus depuis longtemps, mais il s'en est établi deux nouveaux, appartenant, l'un à M. Bartro fils, l'autre à M. Philippe Bonifay.

Outre les manipulations du vin rouge, on s'occupe spécialement, dans ces deux chaix, de la fabrication du *muscat* et du *vin blanc*.

Parlons d'abord du muscat, de ce muscat rouge dont la réputation justement méritée tend à s'accroître encore.

Le muscat, ainsi appelé du mot latin *musca*, mouche, mouche à miel, à cause de sa douceur, est connu depuis plusieurs siècles. Les *muscatels* furent introduits en Provence par le roi René, à son retour de Sicile, et propagés, en **1461**, par l'abbé de St-Victor. La Ciotat produisit bientôt du vin dont la réputation arriva jusqu'à la Cour de France. Le duc d'Eepernon, à qui on en présenta, lorsqu'il était gouverneur de la province, étendit encore son renom, en s'en faisant expédier à plusieurs reprises. M. Masse, dans sa Statistique du canton de la Ciotat, cite même une lettre du maître-d'hôtel de ce gourmet, portant la date du 27 septembre **1587**, qui en demande une nouvelle provision pour le Duc. Il paraît que ce vin, qu'il est si difficile de faire même aujourd'hui, que l'industrie a fait de si grands pas, réussissait rarement alors, quoique sa fabrication coûtât beaucoup.

Aussi, la culture des muscatels finit-elle par être peu-à-peu abandonnée à la Ciotat. Les vignobles de Cassis, placés dans des conditions plus favorables, prospérèrent beaucoup mieux ; on continua à faire du muscat, et on l'expédia comme on avait fait de celui de la Ciotat, avec la précaution, toutefois, de conserver l'étiquette de cette dernière ville, sa réputation étant déjà faite.

Il ne sera pas hors de propos de citer, ici, certain passage du voyage, en Provence, des joyeux CHAPELLE et BACHAUMONT, dont la verve piquante distribuait, si légèrement, le blâme ou l'éloge, à toutes les localités qu'ils visitaient d'ordinaire avec tant de rapidité, au commencement du siècle dernier.

« Croyant n'avoir plus rien de rare à voir à Marseille,
« disent-ils, nous le quittâmes sur le champ, et même
« avec empressement, pour aller goûter des muscats à la
« Cioutat. Nous n'y arrivâmes, cependant, que fort tard,
« parce que les chemins sont rudes, et que, passant par
« Cassis, il est bien difficile de ne pas s'y arrêter à boire.
« Vous n'êtes pas assurément curieux de savoir de la
« Cioutat : »

« Que les marchands et les nochers
« La rendent fort considérable ;
« Mais pour le muscat adorable,
« Qu'un soleil proche et favorable,
« Confit dans les brûlants rochers,
« Vous en aurez, frères très-chers,
« Et du meilleur sur votre table.

« Les grandes affaires que nous avions dans ce lieu,
« furent achevées, aussitôt que nous eûmes acheté le meil-
« leur vin. »

Aujourd'hui, le nom de Cassis a complètement détrôné, sur les étiquettes, celui de la Ciotat, et c'est justice.

Nous avons parlé, tout-à-l'heure, de la difficulté de faire le muscat : on en jugera par ce que nous allons en dire.

Le raisin destiné à être converti en vin, doit être cueilli de préférence, sur des vignes vieilles. Un mois avant la vendange, on doit dépouiller les vignes de leur feuillage, afin que le soleil absorbe la partie aqueuse du raisin, le mûrisse et le sèche davantage. Il faut vendanger par un temps sec et un peu froid, s'il est possible. Le raisin rendu à domicile, il s'agit de s'armer de patience, prendre les grappes les unes après les autres, les examiner avec soin et les nettoyer de façon à ce qu'il ne reste que les grains parfaitement sains et intacts. Ce travail terminé, il faut reprendre successivement les grappes et les disposer sur des claies, en laissant entr'elles un espace convenable, pour que l'air puisse circuler librement ; si elles sont trop volumineuses, il convient de les fractionner. Quand les claies sont remplies, on doit les établir sur des échalas, à une hauteur convenable, afin que l'humidité du sol ne puisse pas les atteindre. Les raisins doivent ainsi se dessécher, pendant douze jours consécutifs au soleil, en ayant, toutefois, la précaution de ne les y exposer que lorsqu'il est à une certaine élévation, et de les en retirer avant son coucher ; mais il y a, avant tout, de grandes précautions à prendre contre l'eau du ciel, car, si les raisins étaient mouillés par une pluie, même la plus légère, tout serait perdu. Si par une continuité de mauvais temps il était impossible de les exposer au soleil, il faudrait y suppléer par une chaleur factice procurée par le feu. Quatre ou cinq jours après que l'opération relative aux muscats est ainsi commencée, il faut cueillir des raisins noirs dits *morvèdes,* sur des vignes venues dans des terrains élevés et pierreux, puis, procéder, à leur égard, de la même manière que pour les muscats.

Après les douze jours accordés aux raisins, pour la dessication, il faut les dégrapper, les fouler dans un cuvier n'ayant jamais servi qu'à la fabrication du muscat, renfermer le tout dans une cuve frottée, au préalable, à l'intérieur, avec des *morvèdes* noirs ; recouvrir la cuve de façon à ce qu'elle soit hermétiquement fermée, et laisser fermenter pendant douze jours consécutifs ; après ce laps de temps, décuver le vin, le mettre dans des barriques qui n'ayent jamais servi qu'à cet usage, le transvaser deux mois plus tard dans de nouvelles futailles ; répéter l'opération trois mois après, pour le mettre définitivement en bouteilles, un délai de 250 jours environ expiré.

Comme on le voit, la fabrication du muscat exige les plus grands soins, et il n'est pas étonnant qu'on ne le réussisse pas toujours, le moindre dérangement pouvant tout faire manquer.

La quantité produite, année moyenne, est de 15 à 16 hectolitres. Les quartiers qui fournissent les meilleurs muscats sont : *le Plan (nord), la Douane et le Revesteou.*

La réputation du vin blanc est moins ancienne que celle du muscat, puisque ce n'est que sous Henri IV que l'on commença à le confectionner.

Si nous en exceptons, toutefois, les opérations du filtrage et de la clarification, le vin blanc est assez facile à faire. Il s'agit de ne cueillir que des raisins blancs, de préférence à ceux appelés, en termes du pays, *pascaou*, les fouler dans un cuvier qui n'ait servi qu'à cet usage, filtrer le moût, le renfermer dans des futailles, le laisser fermenter pendant trois mois, le soutirer et le clarifier ensuite et agir pour le reste comme pour le vin ordinaire.

La quantité de vin blanc récoltée dans le territoire de Cassis est, année commune, de deux à trois cents hectolitres. Sur ce chiffre, la moitié, environ, est faite par les propriétaires eux-mêmes ; l'autre (et la qualité en est bien supérieure) est manipulée dans les chaix.

Le nom de Cassis est en droit de figurer honorablement sur la nomenclature des meilleurs vignobles de France.

Ses trois différentes qualités de vin lui assureraient même une supériorité incontestable, si les agriculteurs de la localité, d'accord avec les propriétaires des chaix, voulaient sérieusement s'en donner la peine.

Le muscat de Cassis, nous le disons sans crainte d'être démenti, réunit tous les avantages que l'on recherche dans les vins de liqueur ; le vin blanc est aussi clair et aussi sec qu'on peut le désirer ; le vin rouge, à peine âgé de deux ans, possède le bouquet, la force et la couleur des vins de Bourgogne. Pourquoi ne jouirait-il pas de la même réputation ?

§ 5. Scourtins

Les *scourtins* ou *sportins* sont des espèces de cabas, confectionnés avec le sparte, imitant assez, quant à la forme, le béret espagnol. On s'en sert dans les moulins à huile. L'olive ayant été broyée par la meule, on en renferme la pâte dans les scourtins, qui sont mis sous la presse jusqu'à ce que le suc soit complètement extrait.

Deux cents ouvrières travaillent à la fabrication des scourtins, une grande partie de l'année, notamment l'été, l'automne et une partie de l'hiver : beaucoup d'autres femmes n'y consacrent que le temps que les différentes occupations du ménage leur laissent de disponible, et en font journellement d'un à trois.

Les ouvrières proprement dites, peuvent en confectionner jusqu'à cinq par jour, qui sont payés, en moyenne, 25 centimes pièce.

Cette industrie est dirigée par quinze commerçants ou patrons-fabricants, qui achètent, pour leur propre compte, le sparte qu'ils délivrent aux ouvrières et retirent, plus tard, les scourtins, qu'ils expédient ensuite sur les villes voisines.

La fabrication des scourtins verse, dans Cassis, 30,000 francs par an.

§ 6. Morues.

La sécherie de morues a été fondée, en 1849, par MM. Pi-chaud, négociants à Marseille.

Soutenu dans ses débuts, cet établissement aurait pu faire concurrence aux sécheries de Cette ; mais les encouragements ayant manqué, il n'a point acquis l'importance que dans tout autre pays on eût cherché à lui attirer.

Les opérations que l'on fait subir aux morues n'ont rien de bien intéressant ; nous allons cependant en dire un mot.

Les navires qui vont annuellement au Grand-banc de Terre-Neuve et à St-Pierre et Miquelon n'y sont pas tous employés à la pêche. Un certain nombre se contentent d'aller prendre les morues salées à bord d'autres bâtiments pour les apporter en France. Les morues destinées à être lavées et séchées dans nos ports, arrivent en *vrac*, c'est-à-dire placées à fond de cale entre deux couches de sel, sans autre préparation que celle d'être ouvertes par le milieu et débarrassées de la tête et des intestins. A leur arrivée en France, on les retire du navire et après leur débarquement, on les plonge dans de grands cuviers d'eau de mer, on les brosse avec soin et on les suspend par la queue, sous des hangards disposés à cet effet, jusqu'à ce qu'elles soient bien sèches. Ces diverses préparations terminées, on les emballe et on les expédie pour les livrer à la consommation.

Voici le chiffre des morues arrivées et préparées à la sécherie de Cassis, depuis sa création :

   1849 79,476 morues.
   1850 128,354 —
   1851 124,031 —

1852 49,331 —
1853 17,703 —
1854   0,000 —
1855   0,000 —
1856 44,325 —

Il existe encore une sécherie, à peu-près analogue, mais complètement indépendante de celle de MM. Pichaud, et contre l'existence de laquelle nous protesterions volontiers, si nous pouvions en avoir le droit.

Ce petit établissement ne s'occupe qu'à remettre en bon état, c'est-à-dire à laver et à sécher, soit les morues vieilles, soit les nouvelles qui sont atteintes de ce qu'on appelle vulgairement le *poivre*. Revenant de Cassis, où à peu-près tous les marchands du département savent qu'il existe une sécherie, ces morues, dont personne, avant, ne faisait cas, reprennent faveur et sont vendues au consommateur avec autant de facilité que les nouvelles.

§ 7. Autres Industries.

Nous n'avons pas l'intention de parler, dans ce paragraphe, des mille et une industries qui occupent ce qu'on appelle proprement la *classe ouvrière*; les détails en seraient ennuyeux et le résultat fort insignifiant. Nous ne parlerons que de celles qui ont un peu de relief.

Le *Charrois*, qui comprend le transport de toutes les marchandises et de toutes les denrées, verse, annuellement, dans Cassis, **175,000** francs; **241** chevaux, ânes et mulets sont employés à cet effet.

Nous avons dit, ailleurs, qu'on avait construit, autrefois, à Cassis, beaucoup de bâtiments et d'un très-fort tonnage. Cette industrie des *Constructions navales* était presque tout-à-fait perdue et ne produisait que quelques petits bateaux d'une importance nulle, lorsqu'en 1854,

M. Daumas, constructeur à la Ciotat, vint s'établir à Cassis
et contruisit un navire de 300 tonneaux.

Après le *St-André*, (1) nous espérions que d'autres s'élè-

(1) *Pour la mise à l'eau du trois mâts le* St-André, *le
13 Février 1856.*

A l'antique cité que baigne l'onde amère,
A cet humble Cassis dont Rome fut la mère,
Tu dois le jour, navire au port majestueux !
Prêt à braver des vents le soufle impétueux,
Du pied du cap Canaille, aux rives de Golconde,
Bientôt tu vas courir sur les plaines de l'onde ;
Tu montreras un jour aux plus lointains climats,
La croix de *St-André* flottante sur tes mâts.
Oh ! Gloire soit rendue à ces hommes sincères,
Noblement inspirés par la foi de leurs pères,
Qui sur les flots changeants te lancent aujourd'hui ;
De celui qui peut tout sollicitent l'appui.
Beau trois-mâts, dans tes flancs s'enfermera peut-être,
Un apôtre zélé l'émule de son maitre ;
Loin de sa vieille mère et quittant son berceau,
Il court prêcher la foi dans un monde nouveau ;
Et méprisant la mort, dévorant les outrages,
Annoncer l'évangile à des hordes sauvages,
Jusqu'au jour où son âme ira goûter la paix
Dans le sein de celui qui ne change jamais.
Et toi, Cassis, que j'aime, au fond de tes Rompides,
Fuyant l'épidémie et ses vapeurs putrides,
Deux fois je suis venu dans leur premier printemps,
Contre un fléau du Ciel abriter mes enfants.
Prends courage, ô Cassis : bientôt la providence,
T'accordera des biens de la suprême abondance,
A tes progrès futurs tu peux ajouter foi ;
Le plus riche avenir s'ouvre enfin devant toi.
D'un destin plus heureux, ce trois-mâts est l'augure,
Saluons les bienfaits que ce jour inaugure,
Ton port s'agrandira. La brûlante vapeur,
Puisse-t-elle avec l'or t'apporter le bonheur !
Encore un peu de temps, et les locomotives,
Verseront la richesse en effleurant tes rives.
Mais plaise au ciel pourtant que la grande cité
Ne t'infecte jamais de son souffle empesté !
Des antiques vertus asile héréditaire,
Berceau de prêtres saints, l'honneur du sanctuaire,
Que toujours de la foi le céleste flambeau,
Reflette dans tes murs son éclat le plus beau.

Adolphe Legré.

veraient bientôt sur le même chantier et que Cassis reprendrait bientôt, comme lieu de construction, le rang qu'il a tenu jadis. Nous serions-nous trompé ?....

Il y avait autrefois cinq *Moulins* à vent en pleine activité, mais les boulangers de Cassis, se chargeant eux-mêmes du froment récolté dans la commune, il leur a paru préférable, attendu les facilités qu'ils trouvent pour leurs mélanges, de faire moudre à Aubagne. Aussi les moulins à vent tombent-ils tous en ruine, pour n'être probablement jamais relevés.

Les *Moulins à huile* appartenaient autrefois à la Commune, et lui procuraient des revenus assez considérables. Ils rendent, année moyenne, 800 maultes d'huile, soit 140 hectolitres. 9 hommes et 5 chevaux suffisent par campagne pour leur exploitation.

Cassis étant relié aux villes voisines par plusieurs belles routes, le service des *Voitures publiques* y est convenablement organisé. Le mouvement des voyageurs est considérable, et les deux entrepreneurs de diligences du pays ont parfois de la peine à suffire à toutes les exigences. Outre les voitures de Bandol et de la Ciotat, qui passent par Cassis, et le courrier de Marseille au chef-lieu du canton, qui le dessert également, il y a journellement deux départs de Cassis pour Marseille.

Les voituriers portent au chiffre de 8,000 francs au moins le montant de leurs dépenses annuelles.

Nous ne terminerons pas ce chapitre sans dire un mot de l'usine actuellement en construction au Bestouan.

Destinée à traiter le minerai de fer, provenant principalement, sinon en totalité, des mines de la Cabessa, près la Garrucha (Espagne), cette usine est établie par une société dont le siège est à Marseille, sous la raison commerciale Voulland, Roger et Cie.

A l'heure où nous écrivons ceci (décembre 1856), les travaux ne sont pas assez avancés pour que nous puissions en parler avec quelques détails. Tout ce qu'il nous est permis de prévoir, d'assurer même d'avance, c'est que ce nouvel établissement sera pour Cassis d'un avantage énorme.

Trois hauts-fournaux, consommant chacun par an 9,000 tonnes de minerai et une quantité, qu'il ne nous est pas donné encore d'apprécier avec justesse, de charbon de bois, de houille et de coke, nécessiteront non seulement un personnel d'ouvriers considérable, mais aussi un va et vient continuel de navires pour le transport des matières premières, des combustibles et des produits.

Le port de Cassis se trouvera ainsi en relations directes avec l'Espagne, pour les minerais; avec les côtes de l'Italie, la Corse et la Sardaigne, pour les charbons de bois; et les habitants comprendront, enfin, que nous disions vrai, en leur annonçant que l'industrie peut seule tirer leur petite ville de la somnolence dans laquelle on la tient plongée depuis plus d'un siècle.

QUATRIÈME PARTIE.

RECHERCHES BIOGRAPHIQUES ET ARCHÉOLOGIQUES

CHAPITRE PREMIER.

Biographie.

Si c'est une gloire, pour une nation, d'avoir donné le jour à des hommes illustres, c'est, pour le pays qui les a vus naître, un honneur dont il doit être fier.

Outre Barthélemy, dont le nom eût tant de retentissement à la fin du siècle dernier, Cassis peut compter, parmi ses enfants, plusieurs hommes de bien, dont la vie, peu brillante peut-être, fut du moins utile à leurs concitoyens et dont la mémoire doit être vénérée. Nous sommes heureux d'en fournir la liste à la génération actuelle.

On nous objectera, peut-être, que *tous* ceux dont nous disons quelques mots ne sont pas purement Cassidens; nous répondrons que si quelques-uns d'entr'eux ne sont pas nés dans le pays, ils y ont passé, du moins, de si longues années, que les Cassidens sont en droit de les considérer comme des compatriotes.

ALBISSY. — La famille d'ALBISSY ou d'ALBIZI ; éteinte aujourd'hui, dit l'*Histoire de la noblesse de Provence*, était originaire de Florence, où elle tenait un rang honorable. Elle s'établit à Cassis vers le milieu du XVIIe siècle.

Jean-François d'ALBISSY, reçu gentilhomme de la chambre du Roi, le 27 septembre 1685, et

Louis-Antoine d'ALBISSY, son fils, ont rendu tous les deux de grands services à Cassis. Consuls à plusieurs reprises, ils firent, en maintes occasions, des dons d'argent employés à l'œuvre de l'Hospice et du Mont-de-Piété.

La tradition a conservé le souvenir d'un des anciens autels de l'église, auquel on donnait le nom de : *leï très cors sans dé moussu d'Arbissi*. Le peuple croyait voir les trois personnes de la Ste-Trinité dans trois statues qui devaient probablement représenter des évêques. Le mot de *cor san*, mot du XIIe siècle, ne signifiant, en effet, autre chose que : évêque.

ANDRÉ (Jacques), — prêtre, plus connu sous le nom de Bienheureux ANDRÉ, né à Cassis, mort à Marseille.

Cet homme, que le peuple de Cassis a regardé comme un saint, était prêtre-aubier ; il fit preuve du plus grand dévouement pour ses paroissiens, pendant la peste de 1720, et mourut à Marseille, au sein de la pauvreté, entre les bras de l'évêque de BELZUNCE, qui faisait grand cas de lui. On attribue à ce personnage un certain nombre de miracles opérés sur sa tombe, renfermée dans l'église de la Major, à Marseille.

On raconte, et ce bruit restera probablement longtemps encore dans la population de Cassis, comme justification du nom de *bienheureux,* qui lui a été décerné, une vision extraordinaire qui prouverait bien les rapport de ce saint prêtre avec le Ciel.

André était à son lit de mort ; Belzunce vint le visiter pour adoucir ses derniers moments. Le prélat était à peine assis à côté du grabat du moribond, que celui-ci tira de dessous sa couverture un œillet magnifique, qu'il présenta à son auguste visiteur. Etonné de ce que, dans un pareil état de dénuement et par une saison très-rigoureuse, un pauvre prêtre put lui offrir une telle fleur, Belzunce lui demanda doucement d'où elle provenait : « Cet « œillet, dit le bienheureux, les yeux remplis d'un lim- « pide éclat, m'a été remis, cette nuit, par une belle « dame qui est venue du Ciel pour me soutenir dans mes « souffrances.... Au moment de rendre mon âme à Dieu, « je ne saurais remettre à un plus digne que vous, cette « fleur venue d'en haut. » Après avoir prononcé ces paroles, André expira, en murmurant le nom de Marie.

ARNAUD (Jean-Jacques) — Docteur en médecine. Comme parrain de Barthélemy, cet enfant de Cassis a droit à une mention de notre part ; comme praticien, nous la lui eussions refusée, peut-tre, sans le proverbe qui vivra sans doute, dans le pays, autant que le pays lui-même :

Es un tasseou dé mesté Arnaou,
Sé fa pa ben fara pas maou.

BONET (Antoine). — Les registres des délibérations du conseil, nous apprennent que dans la séance tenue le 9 mai 1683, ce Cassiden annonce qu'il ne peut pas accepter les fonctions de capitaine de ville, puisque il va partir au premier jour pour aller exercer la charge de consul de la nation française en Macédoine, dont il est pourvu par lettres de Sa Majesté, pour cinq années.

BONNET. — Dont Galland, traducteur des *Mille et une Nuits,* publia l'histoire, au commencement du siècle, sous le titre de : *Un esclave de Cassis.*

BONNET (Don Juan-Bautista), — fut, dans le courant du siècle dernier, capitaine-général de l'île de Cuba.

BARTHÉLEMY (Jean-Jacques). — Aubagne, ville voisine de Cassis, s'arrogerait volontiers le titre de patrie de BARTHÉLEMY, si ses prétentions pouvaient être tant soit peu fondées. Certes, le *Voyage du jeune Anacharsis* fait assez de bruit ; les précieux mémoires du savant numismate sont assez répandus pour que le pays qui peut prouver lui avoir donné naissance ait le droit de s'en glorifier. Mais encore faut-il *prouver*, et parce que les ancêtres paternels de BARTHÉLEMY étaient d'Aubagne, parce que les petits-neveux de l'illustre antiquaire habitent Aubagne, est-ce une raison pour qu'Aubagne élève des monuments à BARTHÉLEMY avec des pierres de son pays, sans même rappeler le nom de l'endroit où il est né ?

Examinons d'abord ce qu'étaient les ancêtres du fécond écrivain.

Les aïeux paternels de BARTHÉLEMY occupaient, à Aubagne, une position médiocre, et ne descendaient pas de très-loin. En effet, le nom de BARTHÉLEMY n'est pas porté sur la liste dressée à la suite du règlement de 1654, où se trouvent rangés les cent Conseillers de la commune d'Aubagne ; il figure seulement sur celle des Consuls (1).

Les RASTIT, au contraire, ancêtres maternels de notre écrivain, étaient riches et à la tête de Cassis. De l'année 1590 à l'année 1724, ils figurent *trente-cinq* fois, soit comme Recteurs de l'hospice, soit comme Consuls. Vers la fin du XVIIe siècle, un d'eux possédait à lui seul 22 navires, ce qui, pour l'époque surtout, constituait une fortune considérable.

Tout cela importe peu à la gloire de BARTHÉLEMY, mais il est indispensable de le connaître, pour expliquer com-

(1) MASSE ; *Statistique de la commune d'Aubagne.*

ment le *hasard*, puisqu'on veut absolument que le hasard entre pour quelque chose dans la naissance des grands hommes, comment, dis-je, le hasard fit que Jean-Jacques naquit à Cassis plutôt qu'à Aubagne.

« Dans une visite que ma mère (Madeleine RASTIT), « écrit BARTHÉLEMY lui-même dans ses mémoires, alla faire « à ses parents (établis à Cassis....) elle accoucha de moi « le 20 janvier 1716. »

A en juger par cette phrase, c'est bien, en effet, accidentellement que Jean-Jacques naquit à Cassis; mais, ce qu'il eût pu dire, ce nous semble, et ce que nous dirons pour lui, c'est que madame BARTHÉLEMY *a eu ses cinq enfants* à Cassis, attendu qu'elle allait faire toutes ses couches chez ses parents. Voici les preuves que nous fournissent les registres de l'état-civil de Cassis :

1° **31 Mai 1709**. — Naissance de Marie-BARTHÉLEMY, fille de Joseph et de Madeleine RASTIT.

Registre années 1708 et 1709, f° 36.

2° **11 Juillet 1713**. — Naissance de Madeleine BARTHÉLEMY, fille de Joseph et de Madeleine RASTIT.

Registre année 1713, f° 11.

3° **20 Janvier 1716**. — Naissance de Jean-Jacques BARTHÉLEMY, fils de Joseph et de Madeleine RASTIT.

Registre année 1716, f° 3.

4° **23 Octobre 1718**. — Naissance de Joseph BARTHÉLEMY, fils de Joseph et de Madeleine RASTIT.

Registre année 1718, f° 66.

5° **16 Juin 1720**. — Naissance d'Etienne BARTHÉLEMY, fils de Joseph et de Madeleine RASTIT.

Registre année 1720, f° 112.

Pour ce qui concerne, en particulier, notre écrivain, voici son acte de baptême et de naissance à la fois, tiré du tome III, f° 3 :

« Du vintiesme janvier mil sept cent seize, a été baptisé

« Jean-Jacques Barthélemy, fils de M. Joseph et de da-
« moiselle Magdalene Rastit ; le parrain, maître Jean-Jac-
« ques Arnaud, docteur en médecine ; la marraine, Ma-
« demoiselle Marianne Rastit, qui ont signés avec moy. »
« Barthellemy. (1) — Arnaud, doct. méd. — Marianne
« Rastit. »
                « Gautier, prêtre second. »

La maison dans laquelle cet évènement eut lieu existe encore, mais à moitié seulement. Située sur le quai de la Consigne, elle se distingue, parmi les autres, à travers les dégradations que le propriétaire s'occupe peu de réparer, par un certain air d'élégance et de bon ton. Elle a trois étages sur deux fenêtres de façade. Un balcon en fer, original, quant à la forme, et qui sent son ancienneté, décore la fenêtre où notre antiquaire vint au monde.

Peu de jours après sa naissance, Jean-Jacques fut transporté à Aubagne. Il avait à peine sa quatrième année qu'il perdit sa mère, femme recommandable par les qualités du cœur et de l'esprit. Son père, vivement affecté de la mort de cette épouse estimable, loin de chercher à l'oublier, trouvait au contraire journellement l'occasion de faire comprendre à son jeune fils toute l'étendue de la perte qu'il avait faite, et développait ainsi dans son cœur les germes de la reconnaissance et de l'amour filial. Convaincu que les impressions reçues dans l'enfance suivent l'homme jusques dans l'âge le plus avancé, il se chargea lui-même de donner à son fils l'éducation première, et le garda près de lui jusqu'au moment où il le fit entrer au collège de l'Oratoire de Marseille. Jean-Jacques avait alors douze ans.

(1) Le lecteur remarquera sans doute que le père de Jean-Jacques signait son nom avec deux *ll* et non pas avec un accent aigu.

Pendant le cours de ses études, qui furent brillantes, BARTHÉLEMY se décida de lui-même à embrasser l'état ecclésiastique ; mais l'évêque de BELZUNCE ayant pour principe de refuser d'y admettre les élèves qui étudiaient à l'Oratoire, il alla suivre les cours de philosophie et de théologie dans la maison des Jésuites, chez lesquels, dit-il lui-même dans ses mémoires, il se fit heureusement un plan d'études qui le rendait indifférent aux *bêtises* et aux *fureurs* de ses nouveaux régents. C'est alors qu'il se mit à sonder les mystères de la philosophie de DESCARTES, dont les disciples de LOYOLA étaient si éloignés, et qu'il étudia si sérieusement le grec, l'hébreu et les langues orientales, qu'il en tomba dangereusement malade.

Dès que ses forces lui furent rendues, il entra au séminaire de Marseille, dirigé par les Lazaristes, s'appliqua à l'étude de l'Arabe, et y fit, dans peu de temps, de tels progrès que, secondé par une circonstance dont sa modestie eut voulu l'éloigner, il acquit une véritable réputation de savant.

« Je finis mon séminaire, continue BARTHÉLEMY dans
« ses mémoires, et quoique pénétré des sentiments de la
« religion, peut-être même parce que j'en étais pénétré,
« je n'eus pas la moindre idée d'entrer dans le minis-
« tère ecclésiastique. » — Belle leçon donnée à ces jeunes gens qui ne voient, dans ces augustes fonctions, qu'un moyen de vivre et d'atteindre une position assurée !

BELZUNCE, flanqué de deux Jésuites, l'un ignorant et flatteur, l'autre instruit, mais intolérant, ne chercha pas à le retenir, et BARTHÉLEMY n'ayant de penchant que pour l'étude et de goût que pour les lettres, se retira à Aubagne, dans le sein de sa famille, qu'il n'aurait depuis jamais quitté, car rien, peut-être, dans une tranquille obscurité, n'aurait troublé son bonheur, si l'instinct du génie ne l'avait commandé.

Après des fréquents voyages à Marseille, où il s'instruisit, auprès de l'antiquaire Cary, dans les secrets de la science numismatique, et à Aix, où il s'enfermait dans la bibliothèque du président de Mazangues, muni de la promesse que lui avait faite M. de Beausset, chanoine de la cathédrale d'Aix, de l'appeler comme grand-vicaire auprès de sa personne, aussitôt qu'il serait lui-même nommé évêque, il partit pour Paris où il arriva au mois de juin 1744.

La première année qu'il y passa, fut employée par lui à fréquenter les hommes de lettres, les philosophes, les savants les plus connus; beaucoup d'entr'eux recherchèrent sa connaissance, quelques-uns devinrent ses amis. Ce ne fut bientôt plus qu'à ce dernier titre qu'il vit Gros de Boze, ancien secrétaire de la célèbre Académie des inscriptions et belles-lettres, commissaire de la librairie et garde du cabinet des médailles. Boze, démêlant sans peine, à travers sa modestie, les talents de Barthélemy, jeta les yeux sur lui pour le remplacer et lui fit accorder l'adjonction en 1745. Bientôt sa réputation fit du bruit et à la mort du savant de Boze, arrivée en 1753, malgré l'envie et les intrigues, il fut nommé à la place de son maître, protecteur et ami.

Le 25 août 1754 il reçut la mission d'aller en Italie compléter la suite des médailles et partit l'année suivante avec son fidèle et respectable ami le Président de Cotta. Ils parcoururent ensemble une partie de nos provinces méridionales et arrivèrent à Rome, après avoir passé par Gênes, Parme, Bologne et Florence. Édifices, inscriptions, tableaux, manuscrits, rien n'échappa à ses yeux savants et observateurs; sa sagacité lui faisait tout pénétrer et sa sensibilité tout saisir. Le génie de l'antiquité, dit Sainte-Croix, lui révéla, plus d'une fois, ses secrets, et celui des arts toutes ses ressources, comme le montrent assez l'explication de plusieurs monuments et la description de quelques morceaux de peinture et de sculpture qu'il nous a laissés.

Après avoir été présenté au Pape Benoit XIV, Barthélemy continua ses travaux et ses recherches, s'attirant, dans toutes les villes qu'il parcourait, les égards et l'admiration de tous les hommes remarquables. Les plus riches cabinets lui furent ouverts et il remplit l'objet essentiel de son voyage en faisant l'acquisition de trois cents médailles dont quelques-unes étaient uniques et toutes précieuses par leur rareté.

Ayant visité Pompeia et Herculanum, ce vaste champ de monuments détruits, le savant numismate retourna à Rome où il fit la connaissance de la Comtesse de Stainville, depuis Duchesse de Choiseul et du Duc de Choiseul, ambassadeur de France. Ce fut à ce diplomate que Barthélemy dût, sans la rechercher, toute la fortune dont il fit un si noble usage, en venant au secours des littérateurs malheureux, en aidant surtout sa famille, dont il fut longtemps le soutien.

Nous n'entreprendrons point l'énumération de tous les travaux auxquels il se livra à son retour en France ; la liste de ses ouvrages est assez éloquente. Les mémoires qu'il lut pendant quarante-cinq ans d'assiduité aux séances de l'Académie, présentent tous des recherches neuves et précieuses, des vues utiles et des aperçus pleins de finesse et de sagacité, quelquefois des découvertes heureuses. Tout le temps qui s'écoula jusqu'à sa mort fut employé par lui soit à la rédaction de ces mémoires, soit à celle du *Voyage du Jeune Anacharsis*, ce superbe ouvrage scientifique autant que littéraire, ne s'interrompant dans ses travaux que pour faire le bien, aider et protéger ses parents et ses amis.

La révolution de 1789 ne le détourna pas de ses

occupations. La Convention nationale, qui eut à la fois à combattre les traîtres du dedans et les ennemis du dehors, le couvrit de sa protection. DANTON et COURTOIS vinrent eux-mêmes le retirer des Madelonnettes, où de vils calomniateurs étaient parvenus à le faire renfermer quelques heures, et PARÉ, ministre de l'Intérieur, le maintint dans ses fonctions de garde de la bibliothèque nationale. Mais âgé et maladif, BARTHÉLEMY le pria de le dégager de cet emploi dans la crainte de ne pouvoir l'occuper aussi dignement qu'il l'aurait voulu.

Les deux dernières années de sa vie s'écoulèrent au milieu des chagrins et des inquiétudes que lui occasionnaient la perte ou l'absence de ses amis, et il s'éteignit doucement à l'âge de 75 ans, le 30 avril 1795, en recevant dans ses mains les œuvres d'Horace qu'il avait demandées pour en relire quelques passages.

BARTHÉLEMY est l'auteur de trente-neuf ouvrages d'une étendue plus ou moins considérable. Un seul d'entr'eux eut suffi pour rendre son nom célèbre. Le *Voyage du jeune Anacharsis en Grèce et en Asie* est trop connu pour que nous ne parlions même succictement. Nous nous contenterons de dire, avec un de ses biographes, que ce chef-d'œuvre est un monument de notre langue, qui ne périra qu'avec elle.

Nous nous croyons obligé, en terminant cette courte biographie, de rappeler aux Conseillers municipaux qui siègent aujourd'hui à la Mairie la séance tenue par leurs prédécesseurs, le 9 août 1823. S'ils veulent bien se donner la peine de recourir au registres des délibérations de cette année, ils y verront qu'il a été sérieusement question d'élever un monument à leur illustre compatriote. Qui songera enfin à exécuter ce projet ? Qui se fera une gloire d'inaugurer la statue du savant écrivain, de l'incomparable numismate au milieu de ces murs qui l'ont vu naître ?

BLANC (Joseph-Antoine-Claudien), — né à Cassis le 6 Mars 1757, mort, le 22 septembre 1825, avait composé, dans l'intention de les publier, deux forts volumes in-4°, sous le titre de : *Commentaires sur quelques quatrains des Centuries de Nostradamus ou la révolution française*, 1818.

CABROL (Louis), — prêtre, bachelier en théologie, curé de Cassis, vivait au commencement du siècle dernier. Les archives de l'époque sont remplies des réformes de toute espèce que cet homme estimable introduisit dans l'hospice, la charité, le mont de piété, les confréries et congrégations religieuses. A l'exemple de son évêque, il fit preuve, pendant la peste de 1720 qui frappa si cruellement Cassis, d'un courage et d'un dévouement au dessus de tout éloge.

CHAINE ou JAYNE (Pierre), — recollet, prédicateur distingué. Il apporta de Rome à Cassis, au mois d'octobre 1669, diverses reliques qu'il avait obtenues, en faveur de sa ville natale, du Pape CLÉMENT IX.

EYDOUX (Louis Bonaventure), — né à Cassis, le 9 juin 1765, mort le 14 mai 1833. D'abord ouvrier corailleur, puis garde-magasin d'artillerie, et enfin, rentier, EYDOUX, travailleur infatigable, avait recueilli mille renseignements sur les sciences, les arts, l'histoire, l'industrie. Les papiers qu'il a laissés auraient fourni plusieurs volumes. Il s'était particulièrement attaché à prendre, sur Cassis, des notes qui malheureusement sont loin d'être complètes et surtout exactes. Nous ne pouvons, malgré cela, que donner des éloges à sa mémoire et c'est à ce titre que nous lui consacrons ces quelques lignes.

GARNIER (François), — originaire de Marseille, mort en 1727, revêtu de la charge de secrétaire du Roi près le

Parlement de Provence, qu'il avait obtenue le 12 août 1713, apporta à Cassis, au commencement du siècle dernier, l'industrie du corail.

PIERRE (Pierre-Paul), — plus connu sous le simple nom de l'*abbé Pierre*, vivait dans le milieu du siècle dernier. Il a laissé, sur les archives de Cassis, des notes marquées au coin de l'érudition. Autant que nous pouvons en juger, c'est lui qui aurait fourni à l'évêque de BELZUNCE les matériaux pour son histoire de l'Église de Marseille, en ce qui concerne Cassis.

PRÉVOST (Elzéar), — ménager, mort en 1601. Cet homme, dont les manuscrits de l'époque sont remplis, fut un des principaux bienfaiteurs de l'hôpital St-Esprit. Peu de temps avant sa mort, il établit une messe à perpétuité, tous les vendredis de l'année, en l'honneur de *Dieu notre Sauveur et Sainte-Croix*. Tout nous porte donc à croire qu'ELZÉAR PRÉVOST était un saint homme, imbu des principes de l'Évangile et pratiquant, avant tout, la charité envers le prochain.

RASTIT (Thérèse, veuve d'Antoine EYDIN), —née en 1691, morte le 29 novembre 1720. Cette femme, qui s'était consacrée au soulagement des malheureux, mourut à la fleur de l'âge, de la cruelle maladie dont elle fut atteinte au milieu des soins et des consolations qu'elle apportait aux pauvres pestiférés.

VALOIS (Marie, veuve de Noël PORTE), — fonda, le 1er Mars 1719, le Mont-de-piété, et établit en 1732, une mission qui devait être faite tous les dix ans. L'hôpital reçut aussi de nombreux dons, qui tous furent consacrés au soulagement des pauvres.

VIDAL (Auguste), — connu, dans le monde médical, sous le nom de Vidal de Cassis, né le 3 janvier 1803, commença ses études médicales à Marseille. Il fut, pendant trois ans, élève-interne à l'hôpital de cette ville, et se rendit, en 1826, à Paris, où il termina ses études.

Reçu docteur, en 1828, il fut nommé, peu d'années après et par suite de concours brillants, professeur-agrégé à la Faculté de médecine de Paris, puis chirurgien du bureau central d'admission aux hôpitaux.

En 1836, Vidal devint chirurgien de l'hôpital de Lourcine, et, quelques années plus tard, il remplaça Cullerier à l'hôpital du Midi, où il a continué son service jusqu'à la mort.

Vidal fut un chirurgien ingénieux et un écrivain des plus distingués.

Il avait imaginé plus d'un procédé opératoire ; nous citerons, entr'autres :

1º Un procédé pour la cure radicale du varicocèle par l'enroulement des veines du cordon spermatique.

2º Un procédé pour la circoncision ;

3º Un procédé pour la taille sus-pubienne en deux temps.

C'est Vidal qui, le premier, a débridé le testicule dans l'orchite parenchymateuse.

C'est lui, enfin, qui a inventé les serres-fines, si utiles pour la réunion des plaies. Ce procédé de réunion a été adopté par tous les chirurgiens ; il a été apprécié par l'Académie des sciences, qui a accordé un prix à son auteur (prix Monthion).

Les publications les plus remarquables de Vidal sont :

1º Un *Traité de pathologie externe et de médecine-opératoire*, ouvrage en cinq forts volumes in-8º, qui est arrivé, en quinze ans, à sa quatrième édition ; ce livre a été traduit en plusieurs langues ; il a servi de guide à tous les chirurgiens qui se sont formés en France, pendant les quinze dernières années.

2° Un *Traité des maladies vénériennes*, dont deux éditions ont été publiées en moins de deux ans. Le mérite de ce livre n'est contesté par personne ; la rapidité avec laquelle s'est écoulée la première édition en fait foi. Cet ouvrage a été couronné par l'Institut (prix Monthion 1854), et par l'Académie impériale de médecine (prix ITARD 1855).

— VIDAL a encore publié un grand nombre d'écrits importants ; nous citerons entr'autres ;

— Son *Essai Historique sur Dupuytren* ;

— Sa *Thèse inaugurale sur la taille quadrilatérale* ;

— Un *mémoire sur le débridement multiple appliqué à la hernie étranglée* ;

— *Essai sur un traitement méthodique de quelques maladies de la matrice, injections vaginales et intra-utérines* ;

— *Des hernies ombilicales et épigastriques* ;

— *Du cancer du rectum et des opérations qu'il peut réclamer ; parallèle des méthodes de* LITTRE *et de* CALISSEN, *pour l'anus artificiel* ;

— *Des opérations en plusieurs temps* ;

— *Des indications et des contre-indications en médecine opératoire.*

Enfin, les œuvres que nous venons d'énumérer, et une consultation nombreuse ne suffisaient pas à l'activité intellectuelle de VIDAL. Depuis 1827, il n'avait cessé d'écrire dans des recueils périodiques de médecine.

Les journaux auxquels il a coopéré sont : *La Lancette française* ; *la Gazette des hôpitaux civils et militaires*, dont il fut l'un des premiers rédacteurs ; *la Gazette médicale* ; *le Journal hebdomadaire des progrès, sciences et institutions médicales* ; *la Presse médicale* ; les

Annales de la chirurgie française et étrangère, qu'il fonda avec MM. Begus, Marchal (de Calvi) et Velpeau; *l'Union médicale ; le Bulletin général de thérapeutique médicale et chirurgicale ; la Gazette hebdomadaire de médecine*.

Vidal s'était distingué à Paris, pendant la grande épidémie de choléra de 1832. En 1835, pendant que le fléau affligeait le Midi, il fut envoyé par M. Thiers, alors ministre de l'intérieur, au secours de la ville d'Aix ; la croix de la Légion-d'honneur lui fut décernée à cette occasion.

Vidal fut membre de la Société médicale d'émulation ; membre-fondateur de la société de chirurgie ; correspondant de plusieurs sociétés savantes de la France et de l'étranger. Il a succombé, à l'âge de 53 ans, à une maladie qui l'avait tourmenté pendant les vingt dernières années de sa vie. Il est mort alors qu'il pouvait rendre encore bien des services à la science et à l'humanité, vivement regretté des hommes de l'art qui s'étaient habitués à voir en lui un maître habile et précieux (1).

---

(1) Les détails de cette notice nous ont été fournis, en très-grande partie, par M. Vidal, notaire à Cassis, frère du docteur.

CHAPITRE DEUXIÈME.

Recherches Archéologiques.

§ 1er. Ruines romaines et autres.

Nous allons dresser, dans ce paragraphe, la nomenclature de toutes les ruines découvertes dans la commune. Que ceci serve du moins à perpétuer le souvenir de ce qui a été.

1° *Ruines de l'Arène, du Courton et du Château.*

Il y a une centaine d'années à peine que l'anse de l'Arène n'existait pas. Bien loin de là, ce terrain, envahi aujourd'hui par la mer, formait un plan incliné qui se prolongeait à peu près en ligne droite depuis la pointe de Michel jusqu'au point appelé *Téouliéro*, au pied de Canaille. « J'ai vu moi-même, dit M. Eydoux dans ses notes, le « ruisseau de *Pebro* d'une longueur au moins double de « celle qui existe à présent, et les *vieux* m'ont assuré « qu'elle était autrefois beaucoup plus considérable. » A cette époque encore, on cultivait là, entre quelques murs et diverses ruines dont personne n'a eu la bonne idée de prendre la description, des primeurs qui réussissaient parfaitement. Aujourd'hui, rien de tout cela n'existe plus ; la mer rongeant les terres, avance à vue d'œil et menace de pénétrer plus avant encore.

Amphores, urnes, coupes, briques. L'Arène et le Courton, sont remplis de débris de toute sorte ; nous avons vu ailleurs d'où cela provient. Outre ces débris on voyait assez fréquemment des urnes et des amphores entières, qui ont été brisées à *coups de pierres* par les passants. On y trouvait aussi des jarres d'une grandeur énorme, mais qui se brisaient avec les éboulements du terrain qui les renfermait. Ces récipients, assez semblables aux jarres dans lesquelles nous renfermons l'huile, étaient de la même forme que ceux qui ont été découverts, autrefois, dans les ruines de *Taurœntum*.

On a également trouvé, à diverses reprises, en creusant le port actuel de Cassis, des débris du même genre, ce qui vient à l'appui de notre opinion : que le port romain était bien là où il est aujourd'hui.

Aqueducs, viviers, puits. Nous avons parlé assez longuement, ailleurs, des trois aqueducs de l'Arène. Il nous suffit ici de rappeler qu'on y a trouvé, il y a peu d'années encore, des tuyaux de plomb ; que nous y avons aperçu nous-même des traces de bassins ou viviers et une construction qui, par sa forme circulaire, ressemblait assez à un puits.

Il existe, à la même hauteur à peu près que la *grande source*, au fond du *Vallat de pébro*, une sorte de réservoir parfaitement conservé, dont l'eau est intarissable et que nous présumons provenir des Romains.

Inscriptions. D'ANVILLE, ACHARD et d'autres auteurs après eux, nous apprennent que l'on trouva à l'Arène une pierre sur laquelle l'abbé BARTHÉLEMY put lire : *Tutelœ Carcitanœ*.

Il y avait, autrefois, à la margelle du puits de la maison de campagne dite de *Michel*, entre l'anse du Courton et celle de l'Arène, divers fragments de marbre, chargés d'inscriptions. Ces marbres ont été enlevés, par on ne sait quel amateur qu'il a été impossible de retrouver. Il existe encore, à ce puits, une moitié de brique romaine, sur laquelle on lit la fin du nom du fabricant.

Près de la citerne du château, se trouve enseveli, dit feu Eydoux, parmi d'autres ruines, un bénitier portant un chiffre arabe de 174.. Eydoux croyait voir, dans ce chiffre, qu'il assure, cependant, être gratté en partie une preuve de la haute antiquité de ce morceau de sculpture. qui dans le fait ne peut être que du XVIIIe siècle.

Médailles et Monnaies. Il est positif qu'on a trouvé une grande quantité de ces objets ; les plus communs étaient d'Antonin. En 1835, on remit à M. Autheman une médaille en or de Valentinien III, très-bien conservée, dont il a fait don au cabinet d'antiquités de Marseille. M. Moïse Coulin possède une médaille en cuivre de Domitien, d'une conservation parfaite.

Nous avons entendu parler aussi de quelques fragments de colonnes qui se trouveraient, à ce qu'il parait, à demi-enfouis dans le sable, à l'anse de l'Arène. La chose est très-possible, mais il ne nous a pas été permis de nous en assurer.

Il a été trouvé récemment, dans quelques fouilles exécutées au château, des monnaies en cuivre et en argent très frustres et peu reconnaissables ; mais tout porte à les croire en grande partie du moins, du XVe et du XVIe siècle.

Murs. J'ai vu moi-même, dit Eydoux, des mosaïques, des briques de très-belle couleur, et sur le bord du ruisseau une muraille de deux pieds d'épaisseur. Cette muraille, entièrement écroulée au mois de février 1835, présentait des pierres en losange placées sur d'autres en parallélogramme, et avait 23 mètres de longueur, 2 mètres 25 centimètres de haut, du côté de Cassis et 1 mètre 25 centimètres seulement du côté de Canaille. C'est de cette même muraille que nous avons parlé, à l'article *Cassicis Portus.*

Tombeaux. En 1814, on enleva de la plage de l'Arène une pierre que M. Autheman pense être une pierre tumulaire.

On y apercevait quelques traces d'inscriptions qu'il a été de toute impossibilité de déchiffrer et que l'on a fait disparaître sous le marteau.

La tempête du 25 décembre 1821, dit M. de Villeneuve, mit à découvert deux cercueils en briques. Dans l'un était un squelette assez bien conservé ; l'autre était vide. Les briques avaient 50 centimètres de longueur, 36 de largeur et 2 1/2 d'épaisseur. Il y avait trois briques de chaque côté des cercueils, une aux deux extrémités et trois au fond, ainsi qu'au couvercle.

Il a été découvert d'autres tombeaux de même nature à l'endroit où passe aujourd'hui la route de Marseille devant l'hospice, dans une maison bordant le grand chemin de la Ciotat, ainsi qu'au *Plan*, comme nous allons le dire.

2° *Ruines et tombeaux du Plan.*

Au mois de juillet 1838, M. d'Authier, propriétaire du domaine de N.-D.-des-Lumières, au Plan, faisant exécuter certains travaux, découvrit, non loin d'un chemin que l'on peut à bon droit regarder comme un des plus anciens de la commune, et à peu de distance d'un champ où l'on rencontre, à chaque pas, une multitude de débris de briques, d'amphores, de lacrymatoires, de coupes, etc, un tombeau romain renfermant un squelette intact. Nous transcrivons ici la description de ce monument, que nous devons à l'obligeance de M. d'Authier.

« Le squelette était couché sur le dos, dans la direction Est
« et Ouest, les pieds tournés vers l'Orient, les bras étendus
« le long du corps. Il était renfermé entre deux rangs de
« grandes briques à rebord, ayant chacune 37 centimètres
« de longueur sur 94 de largeur. Il y en avait cinq de chaque
« côté posées de champ et légèrement inclinées sur le sque-
« lette. Ce genre de cercueil, fermé du côté de la tête par une

« onzième brique, ne l'était pas du côté des pieds. Quelques
« fragments de briques étaient placés au dessus et en travers
« des trois entières qui renfermaient la tête, sans doute pour
« garantir la face du heurt des pierres mêlées à la terre
« avec lesquelles on avait recouvert le tout.

« Au côté droit du squelette et à la hauteur de la hanche,
« étaient les débris d'un petit vase à col étroit, noir vio-
« lacé à l'intérieur, rouge morne à l'extérieur. Du reste nous
« n'avons trouvé ni médaille, ni tout autre objet qui ait
« pu faire soupçonner l'époque de l'ensevelissement du
« cadavre; toutefois, on peut raisonnablement conjecturer,
« à la forme et à la grandeur des briques et à la nature
« du petit vase, que cette tombe remonte aux derniers
« temps de la domination romaine.

« J'ajouterai que, non loin de cette sépulture, dans le
« même enclos, vers le Sud, on rencontre un grand nombre
« de fragments de ces mêmes briques, mêlés à des débris
« d'autre poterie. Cela semblerait indiquer qu'il a existé,
« dans ce lieu, d'autres tombes semblables et fouillées déjà
« à certaine époque. »

3°. Castel de Veilh.

Nous avons dit, page 2 de ce mémoire, quelques mots des ruines du château de *Veilh* qui a donné son nom à une presqu'île, à l'Ouest du cap Cacau et faisant aujourd'hui partie du territoire de Marseille.

Nous n'avons pas grand'chose à ajouter ici. Nous mentionnerons seulement la découverte récente d'un tombeau gallo-romain qui a été dévasté par celui-là même qui l'avait trouvé. Non content de détruire ce monument formé comme tous les autres de briques à rebords, le vandale moderne a transporté dans le bourg la tête du squelette qui était *énorme*, à ce qu'il paraît, et l'a livrée, comme un jouet rare et précieux aux enfants du pays qui l'ont d'autant mieux conspuée qu'on leur avait dit que c'était une tête de *Sarrasin*.

4°. *Camp de Juan ou de Jeanne.*

M. AUTHEMAN (de Cassis) toujours à la recherche des antiquités que l'on peut trouver dans la commune, nous conduisit un jour devant une ruine qui, à son dire ainsi qu'à celui de quelques autres habitants du pays, se nomme *camp dé Jouanne.*

Les apparences semblant justifier cette tradition, nous consignons ici le fait, dans l'espoir qu'il pourra un jour aider à la découverte de la vérité.

Cette ruine, située dans la propriété du sieur J.-B. DURAND, à 300 mètres environ N.-E. du château, consiste en débris d'une tour ronde dont les murs ont 1 mètre 75 centimètres d'épaisseur.

Cette tour paraît avoir été reliée à une autre tour carrée, renfermant une voûte, placée à 25 mètres plus loin et à laquelle ont été adossées des constructions récentes. Placées sur une hauteur, à peu de distance du château, qui se voit de là parfaitement à découvert sur deux faces, ces constructions datent évidemment de plusieurs siècles. Quelques paysans des environs disent bien que la tour ronde était autrefois un moulin, mais on peut leur répondre qu'on a vu, ailleurs, des édifices autrement importants et autrement anciens, être affectés à des usages qu'on eût été loin de soupçonner, lors de leur construction et que leur destination primitive n'en a pas moins existé.

S'il est vrai, ainsi qu'on l'assure, que le nom de camp de Juan appartient à la tour dont il s'agit, ne peut-on pas supposer qu'il lui a été donné à la suite de l'établissement d'un camp par le corps d'armée qui vint assiéger et prendre le château, en 1524, sous le commandement d'un Espagnol nommé JUAN, officier de l'armée de CHARLES-QUINT, dont le connétable de BOURBON, qui vint attaquer Marseille, était lui-même chef, ou bien faut-il penser que ce nom de *Jouanne* n'est autre chose que celui de la fameuse reine JEANNE ?

5° Anciennes Chapelles.

St-ANTOINE (*Château*). Dédiée à St.-Sébastien, St-Antoine l'hermite et St.-Roch, cette chapelle, dont rien, dans les archives, n'indique la date de la construction, fut démolie au mois de septembre 1813, sur la demande du Génie militaire, attendu son trop grand rapprochement de l'enceinte du château.

St-ANTOINE, (*quartier Fontaine du chemin ou des Faisses*). Dépouillée de sa cloche au mois de novembre 1793, elle est, depuis lors, tombée en ruine.

St-CLAIR (*port*). La date de sa fondation nous est inconnue ; nous savons seulement qu'en 1614, elle était mise à la disposition des Pénitents du St-Esprit, et qu'en 1673, la congrégation des garçons, fondée au château, en 1521, y fut installée. En 1747, elle n'était déjà plus affectée au culte, puisqu'elle servait de poudrière à la batterie St-Clair, et il ne paraît pas que l'arrêt de la Cour des comptes, qui approuvait des réparations devenues urgentes, ait jamais reçu son exécution. Il ne reste, aujourd'hui, de cette chapelle, que quelques pans de mur, que la prudence conseillerait même d'abattre jusqu'aux fondations.

St-CLAIR (*Pénitents*). Probablement construite lors de la fondation de la confrérie des Pénitents, en 1569, cette chapelle fut entretenue avec le plus grand soin jusqu'au 18 août 1792, époque à laquelle elle fut fermée ; la cloche en fut enlevée le 6 novembre 1793, et les autels, en partie transportés à l'église paroissiale. Le 14 octobre 1812 elle fut mise en vente, par les Recteurs de l'hospice de Ceyreste, et achetée par M. Michel et Fonblanche de Cassis, pour être définitivement démolie, en 1839, pour cause d'utilité publique. Elle était placée sous l'invocation de St-Clair et du St-Esprit. Comme édifice, cette chapelle avait une certaine importance, puisque dans la séance du 15 janvier 1792, le Conseil de la commune avait l'intention de la convertir en caserne.

St-DOMINIQUE. Elle servait à la congrégation du tiers-ordre de St-Dominique, qui avait été établie dans la commune en 1690. Mais cette chapelle ne fut bénite que le 31 août 1715. Elle est aujourd'hui affectée à tout autre usage.

St-ENFANT-JÉSUS. Construite en 1732, elle reçut la bénédiction de l'évêque le 16 décembre de la même année. Une circonstance assez curieuse à rappeler, c'est l'emprunt que cette congrégation fit de la cloche de Ste-Croix, aux fêtes de Noël de 1732, pour le service de cette chapelle, qui n'est plus affectée au culte depuis 92.

St-FRANÇOIS (Femmes). Les dames du tiers-ordre de St-François d'Assises, dont la mission était de soigner les malades, y étaient installées. Cette chapelle subit aujourd'hui le sort de la précédente.

St-FRANÇOIS (*Hommes*). C'était plûtot une salle qu'une chapelle, située au dessus de N.-D.-d'Espérance et dans laquelle se réunissaient, pour psalmodier, les hommes formant la confrérie du tiers-ordre de St-François. Quant à la destination actuelle, même mention que ci-dessus.

Ste-MAGDELEINE. Elle n'existe plus qu'en ruines. Avant la Révolution, on y allait chaque année en procession ; sous la Restauration, on dansait devant sa porte. Ces deux usages sont également perdus.

N.-D.-D'ESPÉRANCE. Cette chapelle était une prieuré ou bénéfice à la possession duquel étaient attachées quelques petites propriétés. Elle portait vulgairement le nom de *Capelette*. Vendue en 92, elle sert aujourd'hui de cellier.

St-PIERRE. Bien que nous ne puissions pas donner la date de sa fondation, nous sommes autorisé à croire qu'elle était très-ancienne. Déjà, en 1634, les pénitents de N.-D.-de-Miséricorde y établissaient leur confrérie; avant et après cette époque, outre les processions solennelles qui y étaient faites par les pêcheurs et mille autres usages religieux, il est plusieurs fois question de cette chapelle, dans les archives de la ville, notamment à propos de la peste de 1720. Dégradée à plusieurs reprises et surtout par la tempête de 1821, à la suite de l'autorisation donnée par le Conseil municipal, cette chapelle fut démolie en 1822 et les matériaux furent employés aux réparations du môle. C'est à sa place qu'on éleva l'oratoire qui existe encore.

Il ne nous reste plus, pour compléter la nomenclature des anciennes chapelles, qu'à nommer celles de l'*Assomption, de St-Barthélemy de N.-D. de Lumières et de St-Jean*, dont l'importance est trop minime pour que nous en parlions plus longuement.

Les inscriptions ou décorations murales sont rares à Cassis. La seule que nous puissions citer, est celle qui ornait la porte de l'ancien hôpital St-Esprit; elle représentait le pélican nourrissant ses petits, allégorie bien souvent répétée de la charité, et portait au dessous la date de 1601. Le millésime, aussi bien que l'allégorie, n'est guère reconnaissable aujourd'hui.

§. 2ᶜ ÉDIFICES ET ÉTABLISSEMENTS D'UTILITÉ PUBLIQUE.

Que le lecteur n'espère pas trouver, sur notre plume, la description de quelque monument grandiose, de quelque superbe basilique ou d'édifices vraiment remarquables. Rien ne distingue Cassis de ses voisines, sous le rapport de l'art ; la ville est seulement dotée de quelques établissements vraiment utiles et jusqu'à présent cela suffit à son ambition.

Hospice.

On jugera de la difficulté que nous rencontrons, de préciser l'époque de la fondation de l'hôpital, en lisant ce qu'écrivait, il y a plus de cent ans, un des administrateurs de cet établissement de bienfaisance, qui était plus à même que nous d'avoir des renseignements détaillés.

« Il serait à souhaiter, dit-il, que nos anciens eussent
« été plus soigneux et plus exacts à marquer, dans des
« mémoires qui nous auraient été transmis, l'établissement
« et le progrès des œuvres pies établies dans cette paroisse
« et surtout celle de l'hôpital ou de la charité. » Ce regret est suivi de réflexions qui nous ont paru d'autant plus justes, que l'auteur semblait pressentir le vice de notre époque.... « Les anciens ont établi l'œuvre, et nous ont
« laissé le soin de la perfectionner ; ils nous ont montré
« à bien faire, et nous leur devons savoir gré de cette
« connaissance. Il est vrai qu'ils ont fait sans écrire ou
« en écrivant fort peu. *Prenons garde que nous n'écrivions*
« *sans rien faire, ou que nous fassions peu en écrivant*
« *trop.* »

Nous réunissons, sous ce titre, les trois établissements de : *l'Hôpital S*ᵗ*-Esprit, de la Maison de charité, et du Mont-de-piété.* Longtemps, ils n'ont fait, quoique séparés dans leur but particulier, qu'une seule administration, dirigée par les mêmes recteurs. Nous allons les reprendre séparément, et conduire le lecteur, à travers toutes leurs transformations, jusqu'à nos jours.

Hôpital St-Esprit.

Dans un règlement des assemblées générales et particulières des Conseillers de la commune, fait en 1576, il est dit :

« Quand sera appelé et crié conseil général dudit lieu
« de Cassis, quand on sera au château ou à l'église ;
« icelui chacun particulier que devra assister sera défaillant
« et ne s'y trouvera, payera, si c'est du nombre des
« Conseillers 8 sols (1) pour chaque fois, et si n'est du
« nombre desdits Conseillers 4 sols (2) applicables, le tiers
« au seigneur, autre tiers à l'hôtel-Dieu, et l'autre pour
« l'entretien de ladite maison commune. »

« L'an 1583, le 17, 18, 19 et 20 avril, notaire ROBINI de
« la Ciotat, les sieurs Antoine DELIABIS, François DALMAS
« et Antoine BRUNET, Consuls de Cassis, vendirent aux enchè-
« res publiques, selon le pouvoir à eux donné par une déli-
« bération du Conseil-général de la communauté, du 27 mars
« 1583, 26 places de maison, situées à la Bourgade, à divers
« particuliers, à constitution de rente. (3)

Les deux faits que nous venons d'indiquer prouvent que l'hospice existait déjà dans le XVIe siècle, et que ce n'est point, ainsi qu'on le suppose, Elzéar PRÉVOST, qui en fut le fondateur.

Ce n'est qu'en 1600 que cet excellent homme fit son testament, en faveur des Recteurs de l'hôpital de Cassis, acte qui reçut son exécution dès l'année suivante.

(1) 18 francs du jour, environ.
(2) 2   idem.
(3) *Archives de l'hôpital.*

On n'a rien de positif sur la manière dont l'hôpital, en principe, était administré. Nous sommes seulement autorisé à croire que les mêmes recteurs dirigeaient, en même temps, l'hôpital et la maison de charité, celle-ci étant plus spécialement pour les gens du pays, tandis que l'hôpital St-Esprit était destiné aux pauvres passants.

En **1693**, Louis XIV donna des lettres-patentes pour maintenir l'hôpital St-Esprit, et la confrérie de la charité en possession et jouissance de leurs biens, en les déchargeant de la redevance ou pension annuelle que l'hôpital faisait à l'ordre de St-Lazare et du Mont-Carmel (1). Ce fut alors que l'on ne fit plus qu'un hôpital, sous le nom de la Charité, pour le secours des pauvres honteux et malades ; cette fusion devint plus complète encore, lors de l'achat de la nouvelle maison, qui eût lieu en **1698**.

Pour ne plus nous répéter sur un sujet aussi restreint, nous ne nous occuperons pas plus longtemps de l'ancien hôpital ; le seul fait qui puisse être ajouté à ce que nous venons de dire, c'est que les administrateurs de l'hospice confiaient le soin à donner aux malades, aux dames du tiers-ordre de St-François et à celles de la confrérie de Ste-Elisabeth.

Maison de la Charité.

« La maison de la charité, dit le manuscrit cité plus haut, date de temps immémorial et a été régie, jusqu'en **1650**, par les Recteurs de la paroisse » (1).

En **1650**, l'administration prit une nouvelle forme ; les Consuls et les Recteurs de l'hôpital commencèrent, conjointement avec le curé, à diriger cet établissement.

En **1671**, Messire Estelle, prêtre de la congrégation de la mission, fut envoyé à Cassis, par l'évêque

---
(1) *Archives de l'hôpital.*

Toussaint de Forbin, pour y ériger une confrérie des Sœurs de la charité en forme.

Le 21 décembre 1692, l'Évêque Charles-Gaspard-Guillaume de Vintimille, et l'intendant Pierre Cardin Lebret, envoyèrent à Cassis le R. P. Guenarre, Jésuite, pour y établir un bureau de la charité, qui fut constitué suivant les termes du mandement de l'Évêque, du 20 décembre de la même année ; et de l'ordonnance de l'Intendant, du 12 novembre 1687.

Les Recteurs se distribuèrent alors les charges de donner le pain ; d'avoir soin des passants, de visiter les honteux, de voir les malades, et, pour mettre les pauvres de la paroisse dans la nécessité de s'adresser au bureau, pour en recevoir des secours, on demanda au Viguier de faire publier une ordonnance pour que tous les pauvres mendiants ou nécessiteux qui n'étaient pas de la paroisse et qui n'y étaient pas domiciliés depuis plus de trois ans, eussent à se retirer chez eux, sous peine de prison. Cette ordonnance portait aussi ordre aux mendiants du lieu, de se faire inscrire au bureau. Défense fut faite également aux habitants de donner, en particulier, aux mendiants, sous peine d'un écu d'amende (1).

Le 21 mars 1698, le bureau ayant vendu l'ancienne maison, en acheta une nouvelle, où elle fit transporter et placer, en 1699, le tableau de l'Ange gardien, qui se trouvait au château.

Le curé Cabrol qui, pendant tout le temps de sa gestion, fit à tous les établissements religieux d'importantes réformes, donna, le 20 janvier 1729, un règlement où il est rappelé :

« Que le bureau sera composé, suivant l'usage, de six
« Recteurs d'office, qui sont : le Curé, le Juge, le Viguier

(1) *Archives de l'hôpital.*

« et les trois Consuls en exercice, et de six Recteurs d'élec-
« tion. »

La réunion définitive du bureau de la charité à l'hospice, que l'on peut, à la rigueur, considérer comme faite, lors de l'achat de la nouvelle maison, en 1698, a été opérée à la suite de l'arrêt du Directoire du département, du 6 août 1790, arrêt qui décide que la municipalité du lieu de Cassis pourvoira elle-même à l'administration de la Maison de charité dudit lieu.

Enfin, un arrêté du Préfet des Bouches-du-Rhône, du 14 septembre 1805, a créé un bureau de bienfaisance.

Depuis cette époque, les administrateurs de l'hospice, réunis en un seul bureau, dirigent les soins à donner aux indigents. Ils sont au nombre de six : savoir : 4 administrateurs, 1 ordonnateur et 1 économe.

Mont-de-Piété.

On lit dans une relation manuscrite de *quelques œuvres pies de cette paroisse* : (1)

« A cette époque (1693), l'abus s'introduisit de
« donner de l'argent même de la charité, aux femmes
« des matelots, pendant l'absence de leurs maris, argent
« qu'on avait beaucoup de peine à ravoir. »

Il est probable que le bureau de la charité exigeait quelque nantissement contre l'argent qu'il prêtait, et c'est de là que date la création du Mont-de-piété, qui ne fut réellement organisé que le 28 septembre 1728, grâce aux soins du curé Cabrol, de la demoiselle Marie Valois et du consul Louis-Antoine d'Albissy.

Le mandement de l'Évêque de Belzunce, du 9 novembre 1727, spécifie que le Mont-de-piété sera régi par le curé, le juge, et en son absence le viguier, ou lieutenant du

(1) *Archives de l'hôpital.*

juge, les Consuls et les 6 directeurs de l'hôpital de la charité.

Supprimé, pendant la révolution, le Conseil municipal en a demandé plusieurs fois le rétablissement, mais sans succès.

Le 11 Mai 1821, eût lieu la vente des effets qui étaient encore déposés, et la maison affectée à tout autre usage.

L'Hôpital-hospice de Cassis, qui comprend, ainsi que son nom l'indique, les soins à donner aux malades et aux infirmes indigents, est plus que suffisant pour les besoins de la population. Ses revenus, qui n'étaient, en 1826, que de 2,576 fr. sont aujourd'hui, moyenne prise de 1838 à 1853, de 3,419 fr. 76 cent. par an.

Il y a 18 lits, dont 10 sont occupés par les indigents sédentaires. Il reste donc 8 lits à la disposition des malades ; au besoin on pourrait, sans peine, en avoir 12, ce qui porterait à 22, le chiffre total des lits de l'établissement.

L'hospice est desservi, depuis le 27 novembre 1856, par deux Sœurs trinitaires du couvent de Ste-Marthe, (territoire de Marseille) dont la fondation est due à l'abbé Margalan, ancien vicaire de Cassis.

Paroisse.

La reconstruction de cette église étant activement demandée aujourd'hui par le Conseil municipal, attendu qu'elle menace ruine, le lecteur nous dispensera de lui faire la description d'un édifice qui ne renferme rien de curieux. La nef principale, voûtée à plein cintre, est accostée de deux nefs latérales qui laissent entrevoir quelques prétentions à l'ogive ; son principal mérite consiste en son développement qui est suffisant pour la population.

Son histoire ne serait pas, pourtant, tout-à-fait dénuée d'intérêt. Construite fragment par fragment, à la suite de l'antique chapelle de Notre Dame-de-la-mer, elle s'agrandit successivement, jusqu'en 1722, époque où le clocher fut terminé ; mais cinq ans après une partie de la voûte s'écroulait et il fallut recourir à un emprunt pour la relever.

Belzunce avait consacré la paroisse, le 16 octobre 1718, et l'avait placée sous l'invocation de St-Michel et de St-Henri, bien que Cassis fut autrefois plus particulièrement sous la protection de la Sainte-Vierge, pour laquelle les habitants ont toujours eu grande dévotion.

Le presbytère est attenant à l'église. L'Intendant de la province ayant accordé, le 5 juin 1703, l'autorisation préalable, la commune fit travailler à sa construction la même année. Aliéné pendant la révolution, ce local a été rendu à sa destination primitive, et, depuis lors, il est convenablement entretenu.

Notre-Dame-de-Santé.

Le nom de *Pormiou*, suivant M. de Villeneuve et quelques autres personnes dont nous nous plaisons, du reste, à reconnaître l'érudition, est, aussi bien que Riou, Morgiou, Sormiou, etc., un mot grec, dont, cependant, on ne donne pas l'explication. C'est donc uniquement une probabilité que rien ne justifie. Quant à nous, nous sommes fort loin de partager cette opinion aussi bien que celles de MM. Marin et Masse de la Ciotat, et de M. E. Garcin de Draguignan, qui font dériver Pormiou de *Portus-Melior* et de *Portus-Œmines*. Nous sommes disposé, au contraire, à croire que le nom de Pormiou vient du mot latin *promylius*.

Nous pensons, en effet, qu'il y avait autrefois à la pointe de Pormiou un de ces genres d'oratoires sur lesquels on plaçait la divinité à laquelle les marins adressaient des vœux pour le bon retour : *promylius*. Bien que nous ne soyons pas, comme certains auteurs, à la recherche des étymologies, celle-ci nous paraît trop juste pour que nous ne prenions pas le soin de l'indiquer. Il suffit, pour partager notre avis, de remarquer que le nom véritable de *Port-Miou*, nom que l'on a successivement modifié, est non pas *Port-Miou*, mais *Promiou* et *Pormioulx*, ce qui est bien différent : or, entre *promiou* et *promylius* (prononcez *promylious*), quel rapprochement !

Voilà pour le mot. Quant à la chose, nous comptons sur le jugement de nos lecteurs, persuadé que nous sommes qu'ils trouveront plus frappant le rapprochement qu'il y a entre le petit oratoire que nous supposons avoir existé et la chapelle actuelle.

On sait que les Chrétiens, tout en s'éloignant, dans les principes de leur religion, des idées du paganisme, ont, cependant, conservé mille usages païens qui se sont confondus plus tard avec les coutumes chrétiennes. Nous n'essayerons pas de les énumérer, nous nous écarterions trop de notre sujet ; contentons-nous de rappeler qu'au fur et à mesure que la religion du Christ prenait du développement, les divinités de la mythologie étaient chassées de leurs temples et ces temples appropriés au culte nouveau. C'est ainsi que le nom de la divinité tutélaire de Pormiou, *promylius*, qui signifie proprement *de bon voyage* fut remplacée avec le temps par celui de *Notre-Dame-de-Bon-Voyage*, nom employé indistinctement avec ceux de *Miséricorde*, *de Pitié*, *de Bon secours* et enfin *de Santé*, qui tous, au bout du compte, éveillent l'idée de la protection céleste.

Comment, sans cela, expliquer le choix que firent d'un pareil emplacement les Consuls, en 1649, pour la construction de la chapelle dédiée à la Vierge, patronne et protectrice de Cassis? N'est-il pas plus juste de penser qu'en élevant à cet endroit un petit temple chrétien, les magistrats de la ville agissaient sous l'impression du respect, de la dévotion que les générations précédentes avaient toujour conservés pour ce lieu béni?.....

Nous avons eu plusieurs fois déjà occasion de le dire : avant la construction de la paroisse actuelle, Cassis était plus particulièrement placé sous la protection de la Vierge

La peste ayant éclaté à Marseille, au commencement de 1649, s'était répandue rapidement dans les environs et, s'il faut en croire l'*Histoire de l'église de Marseille*, par de Belzunce, avait fait déjà des progrès à Cassis lorsque les Consuls et les habitants, ayant fait vœu de bâtir à l'entrée du port une chapelle en l'honneur du mystère de la Visitation de la Sainte-Vierge, le fléau disparut. Le Conseil de la commune, en reconnaissance, vota, le 15 août de la même année, deux cents francs pour la construction de la chapelle à élever à Pormiou. Estienne de Puget, Évêque de Marseille, en ce moment à Cassis, alla le 19 décembre de la même année poser la première pierre.

La procession, dit l'historien cité plus haut, partit de l'église paroissiale où l'Évêque venait de célébrer la messe. Les filles couvertes d'un voile blanc et les veuves d'un grand crêpe noir, marchaient les premières deux à deux. Le pontife était accompagné d'Honoré Jourdan, son archidiacre et son vicaire général, du curé de la paroisse, des secondaires, de son aumônier et de son secrétaire; le juge général de ses terres, nommé Balthazard de Puget, les Consuls et les plus notables de Cassis assistèrent à cette cérémonie.

Dix-huit mois après, le 1er juillet 1651, le même prélat accorda la permission d'y célébrer la messe, en attendant la bénédiction définitive de la chapelle.

La peste, dont le germe fut, dit-on, apporté de Seyde à Marseille, le 25 mai 1720, par le navire *Grand Saint-Antoine*, capitaine Chataud, se déclara le 18 septembre de la même année et ne cessa qu'au mois de juillet suivant, après avoir fait deux cents quatorze victimes. Confiants dans la protection divine et espérant être, comme en 1649, préservés du terrible fléau et non point, ainsi que le dit M. de Villeneuve, pour avoir échappé à la peste, les habitants de Cassis obtinrent, par l'entremise de leurs magistrats, que le curé Cabrol prononçât le vœu dont nous transcrivons l'acte ci-après :

« Au nom de Dieu soit-il, † père et fils et saint-es-
« prit. L'an du monde cinq mille six cent soixante-cinq ;
« de la fondation de Rome deux mille quatre cent soixante
« et onze ; de la nativité de Notre-Seigneur Jésus-Christ
« mil sept cent vingt ; de la mort et passion mil six
« cent quatre vingt six ; du pontificat de Notre-Saint-Père
« le Pape Clément XI le vingtième ; le siège de Marseille
« étant rempli par Monseigneur l'illustrissime et révéren-
« dissime Henry-François-Xavier de Belzunce de Castelmo-
« ron, abbé de Notre-Dame-des-Chambons, Conseiller du Roi
« dans tous ses conseils et du règne du très-haut et très-
« puissant prince Louis XV, Roi de France et de Navarre le
« cinquième ; monseigneur Philippe de Bourbon, duc d'Or-
« léans, étant régent du royaume et le huitième du mois de
« septembre, jour de la Nativité de la Très-Sainte-Vierge,
« mère de Dieu ; Nous, curé de cette paroisse de Cassis,
« adhérant aux saintes et pieuses intentions de Messieurs
« les Consuls et en conformité de leurs réquisitions, étant
« monté en chaire à la fin de la grand'messe, avons pro-
« noncé comme nous prononçons, fait comme nous faisons
« les vœux dont s'agit, devant le Très-Saint-Sacrement, le
« Tabernacle où il réside ouvert, en présence des sieurs Vi-
« guier et Consuls et de tout le peuple assemblé ; en leur
« nom et à celui de toute la paroisse, Sçavoir est que le
« pasteur, Messieurs les prêtres de la paroisse, Messieurs
« les Consuls et tout le peuple avons voué comme nous
« vouons à Dieu tout puissant, Créateur du ciel et de la
« terre, auquel appartient uniquement le suprême domaine

« sur toutes les créatures, d'aller tous les ans en proces-
« sion, le plus solennellement qu'il se pourra et avec piété
« et dévotion, célébrer la sainte messe à la chapelle Notre-
« Dame-de-Santé, le dimanche qui suivra immédiatement
« la fête principale de ladite chapelle qui est celle de la Visi-
« tation de la Sainte-Vierge, le deuxième du mois de juillet
« et lorsque cette fête se trouvera le dimanche, la procession
« se fera le même jour, pour implorer la miséricorde de
« Dieu par l'intercession de la Sainte Mère sur les besoins
« de la paroisse et pour la délivrance de tout mal conta-
« gieux, tant sur la terre que sur la mer, et comme l'au-
« mône jointe à la prière est d'un grand point pour
« fléchir la bonté divine, messieurs les Consuls déclarent
« devant Dieu que leur intention est que le vœu soit
« accompagné chaque année à perpétuité d'une aumône
« aux pauvres le jour que la procession se fera à la
« dévotion et à la disposition de leurs successeurs et
« de la communauté. Et nous Curé, prions nos succes-
« seurs et les supplions par la miséricorde de Dieu et les
« mérites de la Sainte-Vierge de vouloir chaque année
« exhorter le peuple à un jeûne de dévotion le samedi qui
« précédera immédiatement cette procession. N'ayant pas
« jugé à propos de la vouer et de même suite voulant don-
« ner au glorieux St-Roch une marque de notre reconnais-
« sance pour la protection qu'il nous donne par ses priè-
« res, avons voué et promis à Dieu, comme nous vouons
« et promettons de célébrer tous les ans la fête de ce
« grand saint avec dévotion (jusqu'à ce que Monseigneur
« l'Évêque trouve bon de l'établir d'obligation) de chanter
« la grand'messe et les vêpres et de porter ensuite le
« buste de ce grand saint par la ville avec le plus de vé-
« nération qui se pourra ; ainsi le promettons et le vouons
« à Dieu dans ce saint temple, à la face des saints au-
« tels, priant tous ceux qui viendront après nous d'exécuter

« tout ce que dessus selon l'intention que nous en
« avons, par la miséricorde de Jésus-Christ, les mérites
« de sa Sainte Mère, du glorieux St-Roch, St-Michel-Ar-
« change, St-Henry et tous les saints protecteurs de la
« paroisse, et avons signé : CABROL, curé, LONGIS, viguier,
« L. BONNET, consul, à l'original et au registre de la com-
« munauté. »

C'est pour se conformer à ce vœu, que chaque année la procession accompagne le Recteur qui dit la messe à Notre-Dame-de-Pormiou.

Estimée 252 francs en assignats par les citoyens GARAUDY et MAUREL de Marseille, le 21 thermidor an IV, la chapelle fut vendue au citoyen MAURANCHON, le 7 fructidor de la même année.

Cette même chapelle, gênant l'exploitation d'une carrière, fut démolie au mois d'août 1847, reconstruite à quelques mètres plus loin, en février 1848, et bénite le 4 juin de la même année.

Quant aux miracles qui ont eu lieu, en 1847, ou aux étranges coïncidences qui ont pu faire crier au miracle, nous renvoyons le lecteur à la note de M. AUTHEMAN (1); la lecture impartiale de cette pièce l'éclaircira mieux que nous ne pourrions le faire nous-même.

(1) L'histoire rapportée par M. MARIN, dans son *Mémoire sur la Ciotat et Cassis*, page 140, édition de 1782, offre un phénomène merveilleux qui, tout incroyable qu'il ait pu paraître pendant longtemps, n'a plus rien qui doive étonner aujourd'hui que l'on commence à connaître les propriétés surprenantes du somnambulisme artificiel appelé *Magnétisme*.
C'est pour cela que, fort de l'avenir qui dévoile et explique toutes choses, je n'appréhende plus l'espèce de ridicule qui semble encore s'attacher à celui qui raconte une nouveauté devant ses contemporains, en offrant à mon tour le récit d'un fait tout aussi remarquable et plus important peut-être que celui rapporté par M. MARIN. En tous les cas, il est bien digne, je crois, d'être consigné dans un travail statistique qui vise à l'histoire de *tous les faits* météorologiques, psychologiques et autres du même genre.

La chapelle de Pormiou renferme quelques tableaux et plusieurs *ex-voto ;* un de ces tableaux représente l'épisode de la peste de 1720. Le curé CABROL, les vicaires et les

« Le 11 *août* 1847, on avait commencé à Pormiou-lès-Cassis la démolition d'un antique sanctuaire dédié à Notre-Dame-de-Santé, construit en 1650 par la piété et la reconnaissance des Cassidens.

« Cette chapelle, consacrée par Monseigneur Estienne de PUGET, Évêque de Marseille, et à laquelle les paroissiens allaient tous les ans en procession, depuis le vœu solennel de 1720, était un de ces rares monuments de nos pères, qui avaient survécu aux ravages du temps et des révolutions et qui, pourtant, était condamné à disparaître de nos jours, avec cette particularité déplorable de ne pouvoir laisser après lui aucune trace quelconque, car il était décidé qu'on exploiterait profondément le sol et la roche même sur laquelle reposait l'édifice depuis des siècles !

« Ami de l'antiquité, je formai dès-lors le dessein de conserver sur le papier *le souvenir* de cet ancien monument.

« Pour cela, il fallait agir sans retard pour mesurer la chapelle avant que la démolition en fut trop avancée. Ce qui me fit décider à partir sans délai le soir même.

« N'ayant strictement besoin que de deux aides pour ce travail, je me fis seulement accompagner par Mlle Rosa AUTHEMAN et le premier ami que je rencontrai dans la rue, porté de bonne volonté ; ce fut M. Louis DALLEST, pharmacien.

« Mais comme il était déjà tard et qu'il s'agissait de s'absenter pour quelques heures, je crus devoir, *en partant*, avertir quelqu'un du but et du motif de notre excursion, afin d'en prévenir nos parents au besoin.

« Or, la personne ainsi avertie, voyant que c'était un incrédule qui voulait conserver le souvenir d'un *Monument religieux*, me prédit par trois fois : *Que la Sainte-Vierge m'éclairerait !*,..., A quoi je répondis que je pourrais en avoir grand besoin, la nuit étant assez prochaine.

« Arrivés à Portmiou, nous trouvâmes les démolisseurs travaillant avec zèle à leur ouvrage qu'ils ne quittèrent qu'à *huit heures du soir*, ayant prolongé leur tâche pour profiter de la fraîcheur du crépuscule.

« Ils avaient déjà renversé la voûte du sanctuaire ; l'avant-corps était seul intact.

« Nos opérations s'effectuèrent par la plus belle soirée ; le ciel était serein, parfaitement limpide et sans clair-de-lune ; pas la moindre agitation ne troublait l'air; on entendait distinctement les éclats de voix des habitants de Cassis, nonobstant une distance de près de trois kilomètres.

Consuls de la ville invoquant la protection divine. Comme souvenir, mais seulement à ce titre bien entendu, cette peinture mérite d'être conservée.

« Il était donc environ *neuf heures du soir ;* toutes les mesures allaient être achevées ; il ne restait plus qu'à relever *la dernière* encore retenue sous mes doigts, faute de pouvoir la déchiffrer à cause de la faiblesse du crépuscule.

« Mon camarade qui tenait l'extrémité du *ruban métrique* n'avait pas quitté son poste à l'angle occidental du sanctuaire.

» Lorsqu'au moment où, comptant mépriser la *prédiction* qui m'avait été faite et porter en même temps défi à la patronne du lieu contre tout autre moyen d'éclairage, j'appelle mon ami pour me faire battre le briquet, afin d'y voir un peu à la lueur des étincelles.

« Soudain, une clarté vive et subite *m'éclaire* et me force à porter mes regards vers une énorme *traînée lumineuse*, apparue tout-à-coup, qui resplendissait silencieusement en face de moi vers le haut du mur méridional du sanctuaire et qui scintillait avec agitation dans un périmètre de 150 centimètres de long sur environ 30 centimètres de large.

« *La prophétie était accomplie !.....*

« Mais, ce n'est pas tout !..... A l'instant où, me croyant dupe de mon camarade qui arrivait à moi avec son briquet, je le faisais retourner pour avoir l'explication de toutes ces brillantes figures hiéroglyphiques que je croyais fabriquées par lui, et qui se trouvaient composées d'une infinité de lignes phosphorescentes qui se perlaient et ondulaient en tout sens.....

« Voilà qu'aussitôt l'apparition, subissant une transformation radicale, semble se résoudre complètement et va se contracter en un seul point *central* qui reluit un instant *comme une petite étoile*, puis s'allonge immédiatement, pour prendre la forme d'une véritable *larme de feu* qui commence à couler avec une extrême lenteur sur la superficie du mur, laissant après elle une trace fugitive de 60 centimètres de long, d'abord jaune, puis verdâtre, puis noirâtre, et descendant toujours, tranquillement, sans rien perdre de sa forme, de son volume, ni de sa limpidité comparable à celle d'une *goutte* incandescente de *cristal fondu !*

Cette larme qui, comme pour nous narguer, vint majestueusement glisser littéralement à deux doigts de notre visage, avait environ 18 millimètres de long sur à peu près 5 millimètres d'épaisseur ; sa base plus large, était arrondie et son sommet presque aigu ; elle n'avait ni odeur ni chaleur, et nous pûmes, pendant près d'un quart-d'heure, l'observer et l'examiner avec tout le soin, le loisir et l'attention possible, jusqu'à ce que, enfin parvenue à la base du mur, à quelques centimètres des décombres (sur lesquels nous étions accroupis), elle parut à nos

Chapelle des Pénitents.

La chapelle réservée au service de la confrérie des *Pénitents du St-Nom de Jésus*, fut fondée dans les premières années du XVIIe siècle. Des agrandissements et des réparations opérés en 1700, 1775 et 1807, ont rendu ce petit édifice assez convenable à l'usage auquel il est affecté. Destiné, en principe, aux *Pénitents noirs de N.-D.-de-Miséricorde*, la chapelle fut fermée en 1792; ouverte en 1807, elle sert, depuis lors, uniquement pour les fêtes de la

yeux se diviser en quelques parcelles, puis finit par s'éteindre tout-à-fait avant d'avoir atteint le sol, nous laissant tous deux dans l'ébahissement et le désappointement le plus complet.

« Cette singulière apparition, déjà suffisamment remarquable d'elle-même par son étrangeté, paraît l'être encore bien davantage par les nombreuses *coïncidences*, qui l'ont précédée, accompagnée et suivie, et dont, pour n'éveiller aucune susceptibilité, il faut se borner à ne citer qu'une *principale* de chaque catégorie :

« *La première* : celle de la prédiction *antérieure*, improvisée au moment du départ pour la chapelle.

« *La deuxième* : celle de la réalisation *ponctuelle* et précise de cette même prédiction pendant les opérations géométriques.

« *La troisième* : celle enfin de la découverte bien *extraordinaire* d'une petite statue de la Sainte-Vierge, en albâtre, trouvée le lendemain par un des démolisseurs (Joseph Brun, carrier), bâtie dans l'épaisseur du mur du sanctuaire, tout juste à l'endroit de l'apparition.

« La statuette, dont le piédestal a été brisé et égaré par l'ouvrier, a été replacée dans le mur de la nouvelle chapelle, en 1851, par ordre de Monseigneur l'Evêque.

« Quant aux plus amples détails, ils sont consignés dans la notice dressée par moi, sur la demande d'une personne considérable.

« Cette pièce, faite à double original avant d'être déposée, a été affirmée, certifiée et signée par tous les témoins qui sont : M. Louis Dallest, pharmacien, adjoint à la mairie de cette ville, Mlle Antoinette Tassy, mère de l'hospice, Rosa Autheman et moi enfin soussigné.

« *Cassis, le* 25 *mars* 1854.

« Autheman fils,
Conseiller municipal, ex-économe de
l'hospice de Cassis, membre de plusieurs
Sociétés, etc. »

confrérie religieuse, placée sous l'invocation du *Saint-Nom-de-Jésus*.

On y remarque un hôtel portant la date de 1659, ayant autrefois appartenu à la chapelle de *St-Clair*, et un tableau de grande dimension, qui ne manque pas de mérite.

Ste-Croix.

Ste-Croix-en-Jérusalem est une jolie chapelle ogivale, fraîche et élancée, qui couronne le sommet des collines qui vont se relier à la chaîne de Roquefort. En relevant de ses ruines, ou plutôt en construisant, sur les ruines d'un petit temple chrétien, détruit par le temps, un nouvel édifice chrétien, M. le Chanoine COULIN laisse espérer qu'il n'a fait que commencer la construction d'un monastère. Pour notre compte, nous le désirons vivement, à la condition, toutefois, que moines ou religieuses, une fois établis, les habitants de Cassis trouvent toujours, chez eux, des exemples, non point de stérile ferveur, mais de dévouement et de sincère humanité.

En attendant les constructions à venir, Ste-Croix, bâtie en 1852, par M. BÉRAUD, Jérôme, maître maçon de Cassis, d'après les plans de M. BÉRENGER, architecte de Marseille, offre à la fois un but de dévotion, pour les âmes pieuses, et simplement de promenade, pour les personnes qui veulent jouir d'une vue magnifique, en faisant un exercice salutaire au corps.

Il serait difficile de préciser l'époque de la construction de la première chapelle Ste-Croix ; mais nous sommes fondé à la croire très-ancienne, puisque déjà, le 9 juillet 1677, et le 2 septembre 1685, le Conseil de la commune votait des réparations à *l'Hermitage Ste-Croix*.

Hôtel-de-ville.

La maison qui sert aujourd'hui de Mairie, ne fut achetée et appropriée à son nouvel usage, par la commune, qu'en 1740. Précédemment, la maison-de-ville était, à la place Cendrillon, et, dans des temps plus reculés, au château. Tel qu'il est, l'hôtel-de-ville est suffisant et convenable ; la grande salle de délibérations, ornée, depuis 1823, du buste de Barthélemy et d'une inscription sur marbre, donnée par la préfecture, est vaste et bien éclairée. L'escalier spacieux et commode, est décoré de trois statues, remarquables beaucoup plus par leur originalité que par les emblèmes des trois vertus théologales qu'elles représentent.

La porte d'entrée est surmontée d'un écusson représentant les armoiries de Cassis, qui sont : d'azur à une crosse d'argent posée en pal, accostée de deux poissons de même, aussi en pal.

Elles datent, probablement, de 1473, époque à laquelle l'Évêque de Marseille fut investi, par Réné, de la Seigneurie de Cassis.

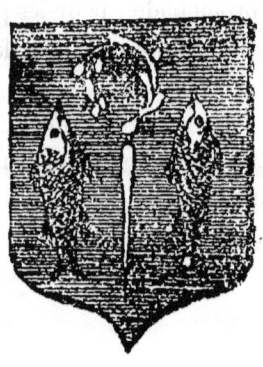

Fortifications.

Nous avons vu, dans la partie historique, le *Château* s'appeler *Castrum Cassiciis*, et être, pendant plusieurs siècles, village fortifié. On ne doit plus considérer cette antique citadelle de Cassis que comme simple batterie.

Dominant entièrement la ville, le château est un excellent poste pour la protection immédiate qu'il offre au port et à la rade.

Les batteries des *Lombards*, de la *Lèque* et de la *Cacau*, concourent, avec le château, à un système complet de défense.

La batterie d'Orléans ou des Lombards fut construite de 1745 à 1761 et armée en 1778.

Celle de S.t-Clair ou de la Lèque, fut commencée et terminée en 1747.

Quant à la batterie de la Cacau, nous n'avons rien trouvé, dans les archives, qui nous ait donné la date précise de sa fondation. Nous savons seulement qu'en 1635, 1657 et 1658 on avait établi une garde sur ce point.

Il y avait aussi, au dessus de l'anse du Bestouan, plusieurs redoutes élevées en 1744, mais qui sont ruinées depuis longtemps.

Cimetière.

Nous avons parlé, ailleurs, des tombeaux romains découverts, soit à l'Arène, soit au Plan, soit, enfin, à l'hospice. Aussi, ne reviendrons-nous pas sur ce sujet.

Le christianisme, et avec lui la civilisation, ayant donné sur l'âme et sur son immortalité, des idées plus larges que celles qu'en avaient les païens, on entoura les morts d'une plus grande vénération, et on les ensevelit aussi près des églises qu'il était possible de le faire, lorsqu'on ne pouvait leur donner place dans les caveaux même. C'est pour cela que le cimetière du *Castrum Cassiciis* était renfermé dans l'enceinte même du Château, sous le mur extérieur de la chapelle. Plus tard, lorsque la population redescendit à peu près en entier au lieu actuel, le champ des morts fut placé tout près de l'église *St-Michel* ; les frères des deux confréries des Pénitents étant seuls ensevelis dans les cimetières particuliers des deux chapelles qui avaient été bénis : celui des *Pénitents noirs*, en 1727, et celui des blancs, en 1779.

La loi de 1792 fit cesser ce genre de distinction et tous les morts, indifféremment, furent enterrés dans le cimetière commun. Mais celui-ci étant devenu trop étroit, la commune songea, en 1808, à en établir un nouveau. L'amiral GANTEAUME ayant offert et cédé gratuitement une partie du terrain qu'il possédait au quartier du *Figuier noir*, le cimetière actuel a été construit en 1810, l'ancien ayant été, depuis lors, laissé au Recteur de la paroisse, comme jardin d'agrément. Tel qu'il est, le cimetière de Cassis est à peine suffisant pour les besoins de la population : espérons que dans peu de temps il sera, ainsi qu'on en a l'intention, convenablement agrandi.

Fontaines.

Cassis est, sous le double rapport de la qualité et de l'abondance de l'eau, qui alimente ses fontaines, placé dans des conditions excellentes, et beaucoup de villes d'une importance plus considérable seraient en droit de lui envier la source qu'elle possède. Il n'en était point ainsi, autrefois. L'exiguité de ses revenus, la cherté et la difficulté de certains travaux, ne lui permettaient pas d'utiliser, comme aujourd'hui, la belle source de l'Arène. On se contentait, alors, de puits tels que ceux du *Bagnol* et du *Plan*, vulgairement appelé de *Cassis*, dont l'eau est intarissable, même pendant les plus grandes sécheresses. Plus tard, au commencement du XVIIe siècle, époque à laquelle Cassis prit un grand accroissement, la commune fit l'acquisition de la source dite *Fontaine du chemin*, et y établit des lavoirs, en 1613 ; un peu plus tard elle construisit des conduits, amena l'eau dans l'intérieur de la ville, et éleva enfin, en 1651, la fontaine des *Quatre nations*, monument assez élégant, dont le souvenir peut bien vivre à Cassis, encore quelques générations.

Cette source n'étant pas suffisante pour les besoins de la population, les habitants de Cassis et les bâtiments qui arrivaient dans le port, faisaient leurs provisions à une fontaine placée dans une propriété particulière, à l'Arène, et lavaient leur linge dans les bassins établis à cet effet dans le même domaine, gratuitement, en principe, et plus tard, moyennant une redevance qu'ils payaient au propriétaire. Cet usage se maintint jusqu'en 1785, époque à laquelle M. Roux étant Maire, la ville acheta, moyennant 6,870 fr. la même source de l'Arène, et construisit la fontaine actuelle, en remplacement de celle des *Quatre nations*, qui fut abattue (1). Des réparations aux conduites, dont l'entretien, jusque là, coûtait annuellement des sommes énormes, étant devenues urgentes, elles furent faites et heureusement terminées en 1847, et aujourd'hui le pays jouit d'une eau toujours abondante, qui remplit toutes les conditions de salubrité indispensable pour l'hygiène publique.

(1) La destruction de ce petit monument fut commencée un jour de fête. On prétend qu'un pêcheur catalan, désireux de voir de plus près la course des chevaux et des ânes, lors du trin de la St-Jean, grimpa sur la statue de Louis XIV, croyant y trouver une place convenable ; mais ayant perdu l'équilibre, il tomba, entraînant avec lui le puissant monarque.

Les deux fontaines de la place royale et du port dépensent ensemble et en moyenne, par jour, 55,296 litres, soit 2,304 litres par heure et 38 litres 40 centilitres par minute.

Un lavoir large et commode est établi sur la place Cendrillon.

Bien que les fontaines existantes suffisent pour les besoins de la population, espérons que sous peu, on mettra à exécution le projet de construction de plusieurs autres, et notamment de celle de la *Place des pénitents*.

Phare.

L'absence d'un feu, à l'entrée du port, amenait autrefois de nombreux sinistres. Il n'en est plus arrivé que d'insignifiants depuis le 1er novembre 1841, époque à laquelle le phare actuel a été inauguré.

Le phare de Cassis, établi à gauche de l'entrée du port, est placé sous le 43° 12' 40" de latitude et le 3° 11' 43" de longitude. De la portée des 9 milles, soit 12 kilomètres, il est élevé de 28 mètres au dessus des plus hautes mers.

Autres Edifices

Une statistique pour être complète, doit indiquer jusqu'aux moindres détails. Aussi, est-ce en raison de ce motif que nous plaçons, sous le titre de *autres édifices* : la *consigne*, *les prisons*, *la chapelle du St-Enfant-Jésus, la gendarmerie* et *l'établissement* communément appelé *St-Louis*, quoiqu'il soit réellement placé sous l'invocation du St-Enfant-Jésus.

Le bâtiment de la *consigne* fut construit en 1764, à la suite de la délibération du Conseil-général de la commune, du 12 février de la même année. Par suite du décret du 27 Mai 1853, qui a modifié à-peu-près en entier les règlements sanitaires, l'usage de ce petit pavillon est nul.

La maison des *prisons*, située rue de l'Arène, renfermait autrefois le Mont-de-piété. Elle pourrait, au besoin, servir de caserne à un détachement de 30 à 40 hommes.

La maison occupée actuellement par la brigade de *gendarmerie*, qui y a été installée le 10 décembre 1856, n'offre absolument rien de particulier ni de remarquable.

La chapelle de la *congrégation des filles* n'a pas grande importance, non plus, et nous n'en parlons que pour mémoire. Terminons ce paragraphe en félicitant notre ami M. Moïse Coulin d'avoir, il y a quelques années, conjointement avec M. l'abbé Grimaud, rétabli la congrégation et fondé le petit établissement du St-*Enfant-Jésus*, dit St-*Louis*, pour l'amélioration des jeunes garçons.

Maisons particulières, places, rues.

Les rues de Cassis, au nombre de 29, non compris 5 impasses plus ou moins profonds, sont généralement droites et bien entretenues ; quelques-unes sont ornées de trottoirs élégants, qui se ressentent du voisinage de Marseille. Les bienfaits du nouveau pavage s'étendent, depuis quelque temps, jusqu'aux traverses même les moins fréquentées.

Les maisons sont, en majeure partie, en très-bon état : les constructions qui laissent le plus à désirer sont celles du port, habitées généralement par les pêcheurs, et soumises, d'ailleurs, au nouvel alignement.

Les places ne sont pas nombreuses (il n'y en a que 7), mais elles sont suffisantes, parce que l'on se promène peu dans les petites villes ; ce n'est que le dimanche et les jours de fête que la population se livre à cet exercice salutaire et elle préfère alors, le môle, placé entre la grande mer et le port, où l'on voit au loin et où l'on respire à l'aise. La mal propreté et l'encombrement des rues, par les immondices, disparaissent peu-à-peu, et, si l'amélioration que nous nous faisons un plaisir de constater ici continue, dans peu de temps Cassis sera, sur ce point, un véritable modèle pour toutes les villes voisines.

Conclusion.

Notre travail ne serait pas complet, malgré les développements que nous lui avons donnés, si nous ne résumions pas, en quelques lignes, nos idées sur l'avenir de Cassis.

Examen fait de toutes ses ressources, nous disons que ce n'est point dans l'agriculture que la commune trouvera sa prospérité future.

Ses vignobles lui assureront, sans doute, longtemps encore, non pas seulement une réputation gratuite, mais des revenus positifs, qui dédommageront les propriétaires des frais considérables qu'ils déboursent chaque année, mais cela ne nous empêche point de répéter que, quelque cas que l'on fasse, à Cassis, de l'agriculture, c'est vers le commerce maritime, vers l'industrie surtout, que doivent se tourner ses habitants.

Né de la mer, Cassis doit vivre de la mer; mais les navires ne doivent pas remplir le port les jours de mauvais temps seulement; il faut que les produits de l'industrie locale les y attirent pendant toute l'année.

N'encourager que la pêche, ne protéger que la fabrication du corail, des scourtins, etc, c'est vouloir empêcher le pays de prendre plus d'extension.

Ce que nous demandons, c'est qu'on favorise, d'une manière énergique et soutenue, l'exploitation des carrières, la sécherie des morues, la construction des navires et les ateliers de salaisons, autrefois florissants, morts aujourd'hui; l'établissement, si souvent proposé et si mal reçu, d'usines, de fabriques, d'ateliers, etc.

N'est-ce pas, en quelque sorte, malgré certaines personnes influentes, que les hauts-fourneaux du Bestouan se construisent?... N'a-t-on pas cherché à empêcher l'érection de la sécherie ?... N'est-ce-pas, parce que mille petites contrariétés ont entravé sa marche, que le chantier de navires n'existe plus ?...

Le chemin de fer de Marseille à Toulon n'aura, sur l'avenir de la commune, qu'une influence médiocre ; la ville est trop éloignée de la ligne, pour qu'il soit permis d'espérer que celle-ci lui apporte quelque avantage direct.

Propriétaires, marins, artisans, commerçants de tout état, demandez que votre port soit creusé, que le môle soit allongé ; c'est en grande partie de la sûreté, de la commodité de ce port que dépend votre fortune.

Et vous, administrateurs et conseillers-municipaux, intéressés les premiers à la richesse de votre pays, croirez-vous avoir rempli votre tâche, quand vous aurez repavé les rues, nivelé une ou deux places et planté quelques arbres ? Aurez-vous fait beaucoup, dans l'intérêt de votre petite ville, lorsque vous aurez célébré la douceur de son climat, la beauté des sites qui l'environnent, l'élégance et la propreté de vos habitations ?...

Vous ne parviendrez, tout au plus, avec de tels éloges, qu'à faire de Cassis une vaste salle d'asile, pour les retraités de tout sexe, les vieillards et les valétudinaires......

C'est donc l'industrie qu'il faut encourager à Cassis ; elle seule peut le faire vivre et prospérer.

TABLE
DES MATIÈRES.

∽∽∽

AVANT-PROPOS.

A MM. les Membres de la Société de Statistique de Marseille. v
Aux Habitants de Cassis VII

PREMIÈRE PARTIE.
Topographie.

CHAPITRE UNIQUE.

§ 1er. *Territoire*. 2
§ 2. *Côte Maritime*. 5
§ 3. *Curiosités naturelles*. 10
§ 4. *Météorologie*. 13

DEUXIÈME PARTIE.
Histoire.   15

CHAPITRE PREMIER. — Liguriens et Marseillais. . . . 16
§ 1er. *Des habitants du Littoral de la Méditerranée avant l'arrivée des Phocéens*. 16
§ 2. *La Colonne Phocéenne dans les Gaules*. . . 19
CHAPITRE DEUXIÈME. — Carsicis-Portus 22

§. 1er. Domination des Romains............	22
1° Où était le Carsicis-Portus?.....	24
2° Quel est le véritable nom de Carsicis et qu'elle est l'étymologie de ce nom?.	28
3° Quelle importance avait Carsicis-Portus?	30
§ 2. Invasions des Barbares.............	35
CHAPITRE TROISIÈME. — Castrum Cassiciis......	41
§. 1er. Les Vicomtes de Marseille, la Maison de Baux et les Seigneurs d'Aubagne........	41
§ 2. Les Évêques de Marseille, Barons d'Aubagne	51
CHAPITRE QUATRIÈME. — Cassis............	58
§ 1er. Nouvelle Seigneurie des Évêques......	58
§ 2. Gouvernement de la France depuis 1789...	94

TROISIÈME PARTIE.

Statistique.

CHAPITRE PREMIER. — Statistique administrative, militaire et religieuse...............	102
§ 1er Administration municipale et militaire...	103
§ 2. Administrations publiques.........	106
§ 3. Impositions et revenus............	108
§ 4. Congrégations religieuses..........	110
CHAPITRE DEUXIÈME. — Statistique civile.......	115
§. 1er. Population.................	115
§ 2. Maladies..................	120

§ 3. *État-civil*. 123
§ 4. *Consommation*. . . . . . . , ... 126
§ 5. *Instruction publique* 127
§ 6. *Usages particuliers, fêtes religieuses, trins,*
proverbes, etc. 129

Chapitre troisième. — Statistique agricole. 134
§ 1er *Territoire* 134
§ 2. *Productions* 137
§ 3. *Économie agricole*. 143
§ 4. *Animaux nuisibles et gibier* 145
§ 5. *Routes et chemins*. 146
§ 6. *Proverbes*. 151

Chapitre quatrième. — Statistique commerciale. . 152
§. 1er *Port et Rade*. 152
§. 2. *Navigation*. 160
§ 3. *Commerce* 168

Chapitre cinquième. — Statistique industrielle. . . 173
§. 1er *Pêche*. 173
§. 2. *Corail* 176
§. 3. *Carrières* 182
§ 4. *Chaux* 187
§ 5. *Scourtins* 192
§. 6. *Morues* 193
§ 7. *Autres industries*. 194

17

QUATRIÈME PARTIE.

Recherches Biographiques et Archéologiques.

CHAPITRE 1ᵉʳ — § Unique. — Biographie.	198
CHAPITRE 2. Recherches archéologiques . . , . . .	213
§. 1ᵉʳ. Ruines romaines et autres	213
1° Ruines de l'Arène, du Courton et du château.	213
2° Ruines et tombeaux du Plan	216
3° Castel de Veilh	217
4° Camp de Juan ou de Jeanne	218
5° Anciennes Chapelles.	219
§. 2. Édifices et établissements d'utilité publique.	222
Conclusion	243

ERRATA.

Page	Ligne	Au lieu de	Lisez
10	21	pour si minime quelle soit	si minime qu'elle soit.
11	11	la source puissante	sa source puissante.
11	17	du poste de douane, de la Cacau.	de douane de la Cacau.
20	33	Qu'elle relâche plus favorable.	Quelle relâche.
23	28	quoiqu'on en puisse dire	quoi qu'on en puisse dire.
33	18	que dédaignent les nobles	que dédaignaient les nobles.
42	31	par suite de ses constatations.	par suite de ces constatations.
46	15	aussi bien que les trois	aussi bien que le trois.
47	27	Raymomd,	Raymond.
48	8	Villeneuuve,	Villeneuve,
66	10	qui liait aussi la commune	qui liait ainsi la commune.
79		Transposition,	Pages 78 et 79.

Page	Ligne	Au lieu de	Lisez
100	16	les habitants avaient vacué	avaient évacué.
129	19	de l'hôtel de ville les, nouveaux mariés	de l'hôtel-de-ville, les nouveaux mariés.
161	5	auraient servi de station.	aurait servi de station.
176	12	qui versent annuellement	qui verse annuellement.
»	26	jésuite, mémoire qui jouit	jésuite, qui jouit.
188	22	Eepernon,	Epernon.
191	23	de préférence à ceux	de préférence ceux
201	7	fait assez de bruit,	a fait assez de bruit.
207	21	pour que nous ne parlions même succinctement	pour que nous en parlions même succinctement.
236	7	Destiné, en principe	Destiné, en principe

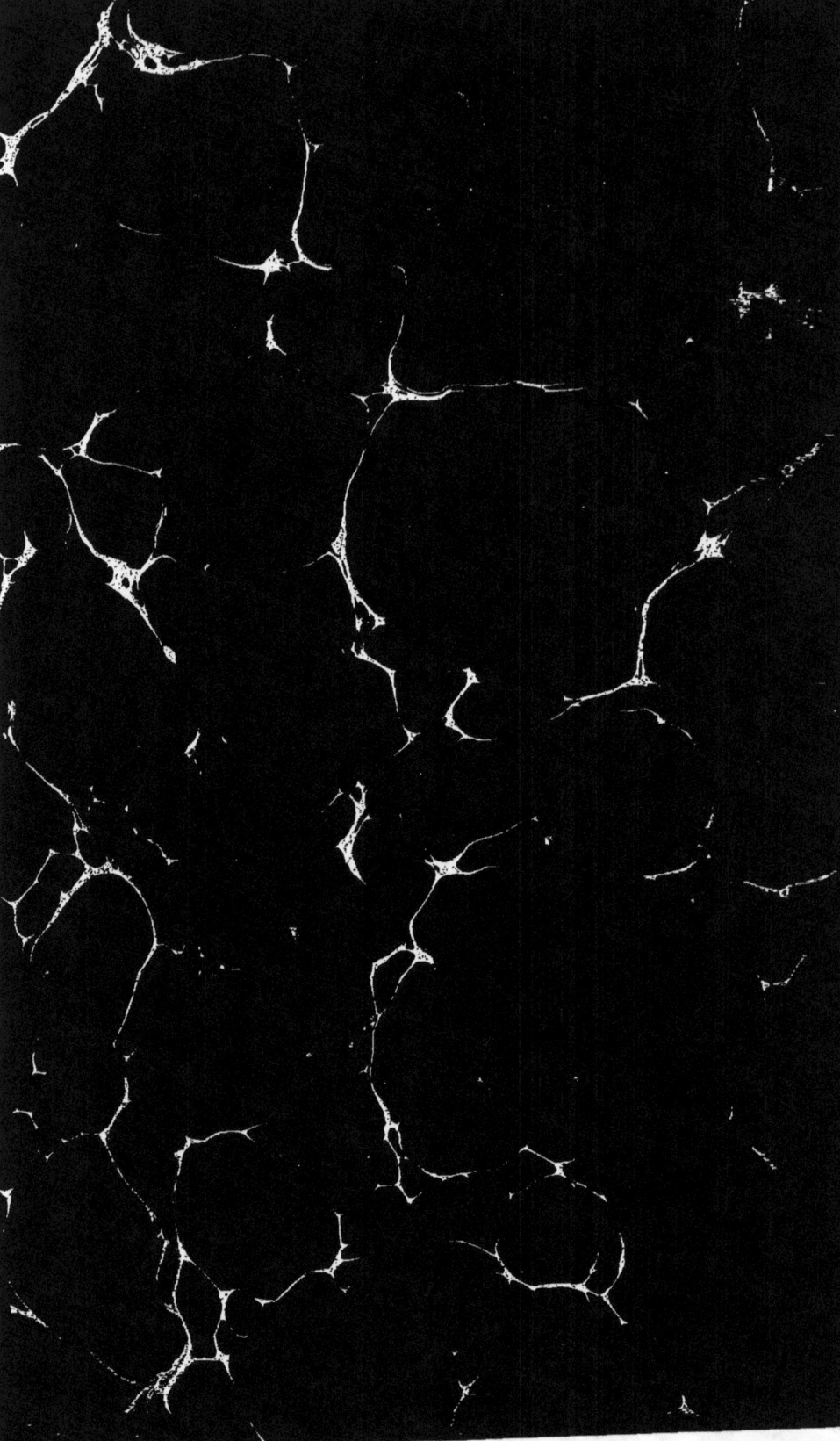

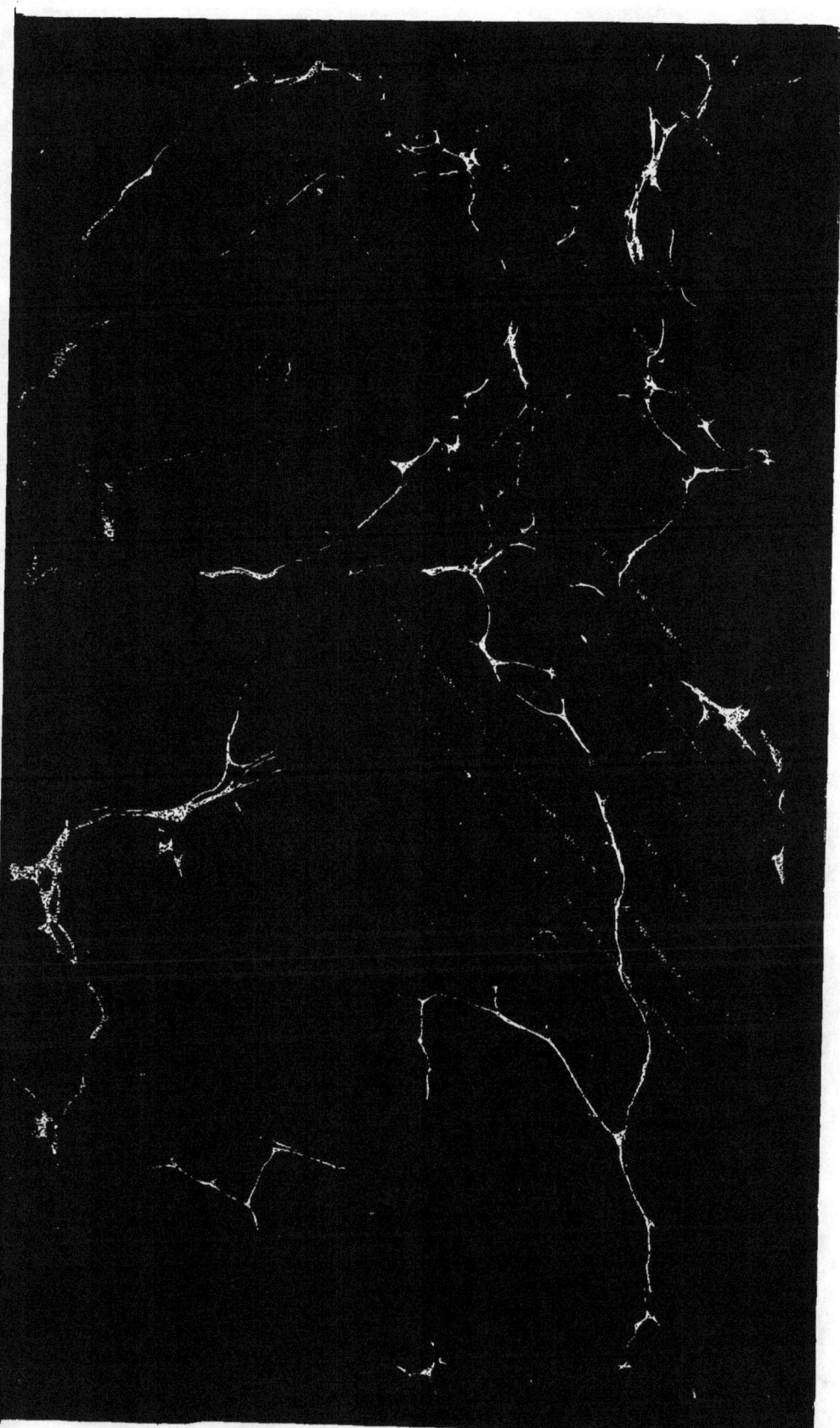

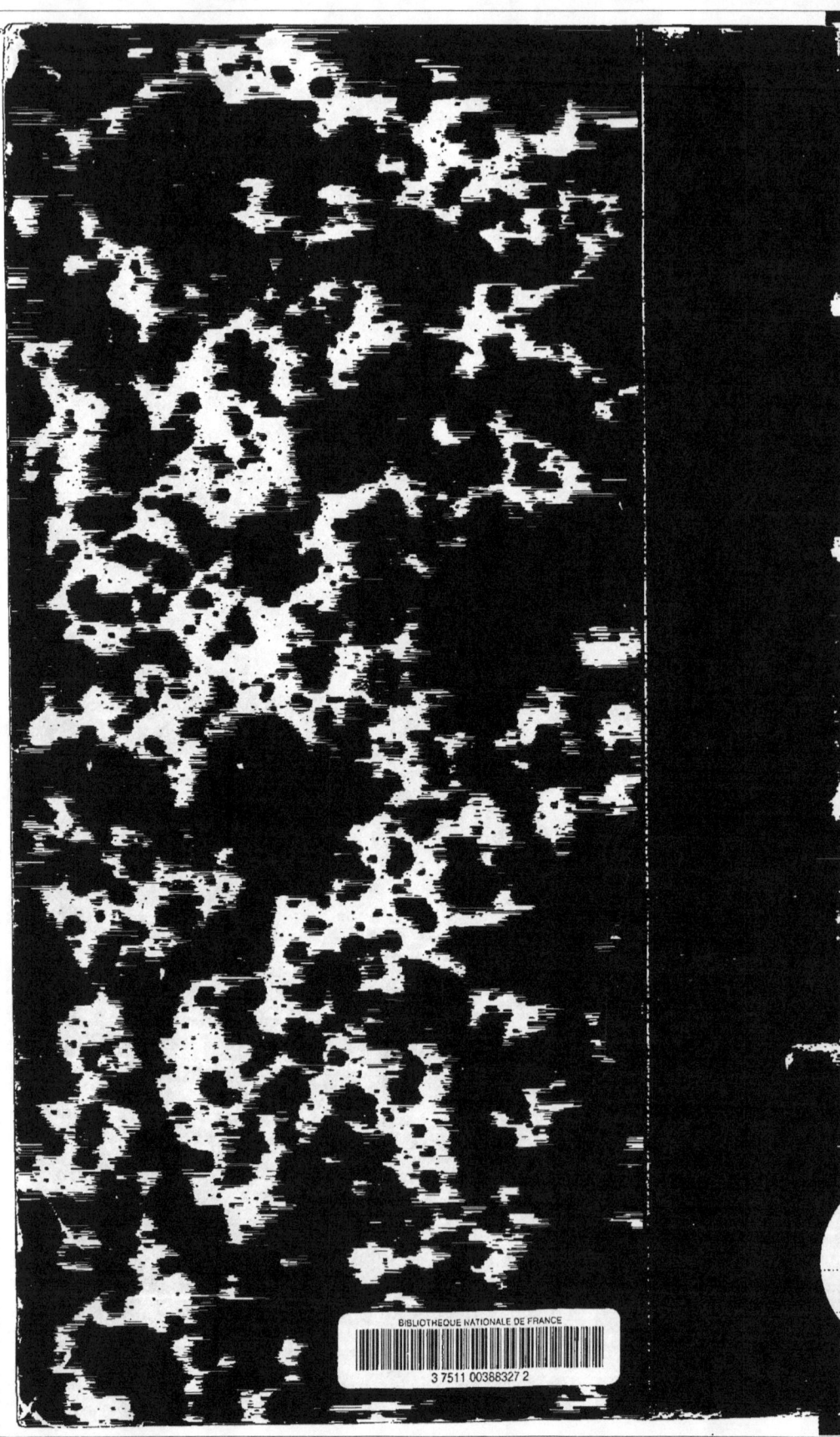

www.ingramcontent.com/pod-product-compliance
Lightning Source LLC
Chambersburg PA
CBHW050320170426
43200CB00009BA/1398